长江经济带山区绿色发展报告
（2021 年）

周宏芸　朱显岳　李　莉　著

中国农业出版社

北　京

前　　言

党的十八大以来，党和国家高度重视生态文明建设与区域协调发展。推动长江经济带高质量发展，是以习近平同志为核心的党中央作出的重大决策，是关系国家发展全局的重大战略。长江经济带覆盖上海、江苏、浙江、安徽、江西、湖北、湖南、重庆、四川、云南、贵州11个省（市），横跨东中西三大区域，是具有全球影响力的内河经济带、东中西互动合作的协调发展带、沿海沿江沿边全面推进的对内对外开放带，也是生态文明建设的先行示范带。长江经济带辖区面积约205万平方千米，占全国总面积的21.4%，山地面积约150万平方千米，占该区域总面积的73.17%，占全国山地面积的23.2%。人口和经济总量均超过全国的40%。长江是横贯中国东西的水运大通道，长江经济带生态地位重要、经济活力充足、综合实力较强、发展潜力巨大。

绿色发展是顺应自然、促进人与自然和谐共生的发展，是用最少资源环境代价取得最大经济社会效益的发展，是突破资源环境瓶颈制约、转变发展方式、实现高质量发展的必然选择。牢固坚持生态优先、绿色发展，是切实推动长江经济带以及我国经济高质量发展的必然要求和前提保障。2018年11月，中共中央、国务院明确要求充分发挥长江经济带横跨东中西三大板块的区位优势，以共抓大保护、不搞大开发为导向，以生态优先、绿色发展为引领，依托长江黄金水道，推动长江上中下游地区协调发展和沿江地区高质量发展。习近平总书记强调，要推动长江经济带高质量发展，使长江经济带成为我国生态优先绿色发展主战场、畅通国内国际双循环主动脉、引领经济高质量发展主力军。长江经济带肩负着绿色发展的重要使命。

山地是国家生态安全屏障的主体、自然资源的重要蕴藏区、生物多样性的宝库。山区是以山地为依托、人与自然相互作用的区域，是中华文明的重要起源地、多民族的共同家园、现代化建设的潜力区。习近平总书记心系山区，考察调研足迹遍及广大山区，作出了"绿水青山就是金山银山"和"人不负青山、青山定不负人"的重要指示。长江经济带地貌上跨越高原、盆地和丘陵平原三大阶梯，地势西高东低。生态用地中，山地在全区分布最广，是最主要的生态用地类型。长江经济带多级阶梯地形造成了地表物质稳定性差、生态环境脆弱、山地灾害频发，加上人类活动对生态系统的干扰，导致山区成为地形上的高地、经济上的低谷，是长江经济带现代化建设和高质量发展的难点区。推动长江经济带山区绿色发展是实现长江经济带高质量发展的重点与难点。

在中国（丽水）两山研究院的部署下，课题组聚焦长江经济带"生态经济化、经济生态化"的山区绿色发展需求，编制形成了《长江经济带山区绿色发展报告（2021年）》。报告通过数据换算、极差标准化、变异系数赋权、欧几里得空间距离计算公式等量化分析手段，构建绿色发展综合指数，运用该指数对各个山区城市（自治州）的绿色发展水平进行测度，并在此基础上，比较分析各省山区城市（自治州）以及不同省份（市）、不同板块的绿色发展综合水平，讨论区域差距和协调发展问题。报告对剖析各地优势条件和发展短板，为各个山区城市（自治州）更好谋划绿色发展提供有益参考，对于缩小区域发展差距、缩小城乡收入差距、铸牢中华民族共同体意识具有积极意义。

目　　录

D. 展 望 篇

A

政策篇

第一章 绪 论

一、长江经济带发展情况概述

长江经济带包含云南、贵州、四川、重庆、湖南、湖北、江西、安徽、浙江、江苏、上海等 11 个省（市），辖区面积约为 205 万平方千米，占全国的21.4%，人口占比超过全国的 40%，经济总量占全国的 46.6%（2021 年），对全国经济增长的贡献率则达到了 50.5%（2021 年），是我国纵深最长、覆盖面最广、影响力最大、最具竞争力和发展潜力的经济区域之一。

长江经济带横跨我国东部、中部、西部三大经济板块，地理、气候、禀赋差异非常显著。长江经济带既涵盖了四川盆地、江汉平原等自然资源丰富、地理条件优越的区域，也包括很多地形复杂、交通不便的山地、丘陵地带。由于各种自然和历史的原因，长江经济带经济发展不平衡的状况也比较突出。在区域层面，长江下游具有较为发达的经济与社会基础，制造业、现代服务业发展水平高，辐射带动作用大；而长江中上游地区经济发展则相对滞后，农业和中低端制造业比重较大。在城乡层面，长江下游地区城镇化水平较高，城乡差距较小；而长江中上游地区城乡差异较大，城乡一体化发展有待加强。

从人均指标上也可以看出长江经济带经济发展的不平衡状况。图 1-1 中的实线显示出 1949 年以来长江经济带人均 GDP 最高的上海市和相对欠发达的贵州省人均 GDP 之比的变化轨迹（1949—2021 年），虚线显示的则是改革开放以来全国城乡居民收入之比的变化轨迹（1978—2021 年）。

从 1949 年到 2021 年，上海市和贵州省人均 GDP 的平均差距约为 8.82倍。1953 年国家开始实施第一个五年计划，在西部地区建设了一些重大工业项目以优化生产力布局，区域发展不平衡状况有所改善，上海市和贵州省人均GDP 之比由 1953 年的 8.94 倍缩小到 1957 年的 7.20 倍。随后区域差距虽有所波动，但总体上显著拉大，1976 年上海市与贵州省的人均 GDP 之比已经达到 17.54：1，仅次于历史峰值 17.87：1（1974 年）。1978 年年底党的十一届三中全会启动改革开放之后，国家逐步释放政策红利，解放和发展了城乡生产力，缩小了区域发展差距，上海—贵州人均 GDP 之比下降到 1989 年的 7.15

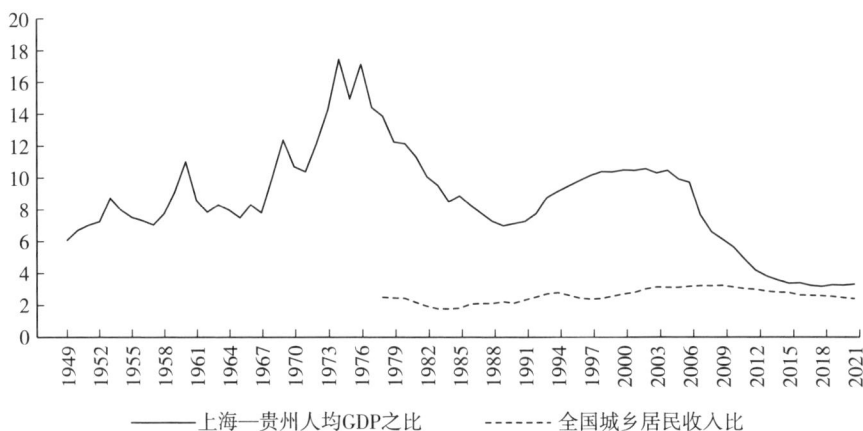

图 1-1 我国区域发展差距和城乡收入差距
数据来源：WIND 数据库。

倍。20 世纪 90 年代，以开发浦东为标志，上海等东部地区加快发展，和西部的发展差距又一度开始拉大。上海—贵州人均 GDP 之比从 1989 年的 7.15 倍上升到 2002 年的 10.85 倍。21 世纪之初，国家开始实施"西部大开发"战略，区域发展失衡状况得到明显扭转，上海—贵州人均 GDP 之比大大缩小，近年来大体维持在 3.4 倍左右，处于历史最低区间。

从图 1-1 中的虚线可以看出，改革开放以来全国城乡居民可支配收入比在 1.8~3.4 区间波动，2021 年约为 2.5。2021 年，上海市城镇常住居民人均可支配收入为 82 429 元，农村常住居民为 38 521 元，城乡居民收入比为 2.14，低于全国平均水平；而同期贵州省城镇、农村居民的人均可支配收入分别为 39 211 元和 12 856 元，城乡居民收入比为 3.05，虽然相比 2012 年已经缩窄 0.56，但仍然显著高于全国平均水平[①]。由此可见，长江经济带不同区域的城乡一体化发展仍然存在明显差异。

历史上，长江很早就表现出巨大的经济潜能，并受到有识之士的重视。孙中山先生早在 1918 年发表的《实业计划》中就率先提出了"长江经济带"的概念。孙中山先生认为，扬子江流域拥有大量的人口和丰富的自然资源，具有重要的发展前景，通过在扬子江流域建造城市及发展工商业，既可促成全国经济均衡划分，同时也将改变中国的工业遍布于东南沿海的畸形状态（武菲等，2019）。

---

① 数据来源：上海市和贵州省统计局官方网站。

新中国也高度重视发挥长江三角洲的经济火车头作用。20 世纪 90 年代党和国家在长江中下游地区陆续实施浦东开发和三峡工程建设等重大决策。1992年召开的"长三角及长江沿江地区经济规划会议"提出了发展长江三角洲及长江沿江地区经济的战略构想。党的十四大和党的十四届五中全会均提出建设以上海为龙头的长江三角洲及沿江地区经济带。然而在当时东部地区优先加快发展的战略背景下，上海仅仅带动了长三角浙江、江苏两个相邻省份部分城市，长江沿江地区经济带并未得到全面发展。

二、长江经济带发展战略概述

2012 年党的十八大以后，我国区域发展战略得到进一步完善，提出了"区域重大战略"这一重要概念。2014 年政府工作报告明确提出要"依托黄金水道，建设长江经济带"。同年 9 月，国务院印发《关于依托黄金水道推动长江经济带发展的指导意见》（国发〔2014〕39 号），将长江经济带发展地位阐述为谋划中国经济新格局的重大战略决策；虽然没有直接使用区域重大战略表述，但"重大战略决策"这一表述与其后"区域重大战略"在内涵上并没有本质差别，长江经济带的发展已经正式上升为国家战略。国发〔2014〕39 号文件明确指出，发展长江经济带的战略意义在于"打造中国经济新支撑带，有利于挖掘中上游广阔腹地蕴含的巨大内需潜力，有利于优化沿江产业结构和城镇化布局，有利于形成上中下游优势互补、协作互动格局，有利于建设陆海双向对外开放新走廊，有利于保护长江生态环境。"①

2016 年 1 月，习近平总书记在重庆主持召开"推动长江经济带发展座谈会"，指出推动长江经济带发展是国家一项重大区域发展战略，"重大区域发展战略"这一概念被正式提出和使用。2016 年 3 月中共中央政治局审议通过《长江经济带发展规划纲要》，明确了长江经济带的"四带"战略定位，即建设成为生态文明建设的先行示范带、引领全国转型发展的创新驱动带、具有全球影响力的内河经济带和东中西互动合作的协调发展带。建设长江经济带重点要完成六大战略重点任务，即推进长江生态环境保护、构建综合立体交通走廊、创新驱动产业转型升级、推动新型城镇化、构建全方位开放新格局、创新区域协调发展体制机制。在新时期，推动长江经济带高质量发展的重要使命体现为

---

① 国务院关于依托黄金水道推动长江经济带发展的指导意见［N/OL］．中央政府网站，2014 - 09 - 25. https：//www.gov.cn/。

"五新三主"，即：谱写生态优先绿色发展新篇章、打造区域协调发展新样板、构筑高水平对外开放新高地、塑造创新驱动发展新优势、绘就山水人城和谐相融新画卷；以及我国生态优先绿色发展主战场、畅通国内国际双循环主动脉和引领经济高质量发展主力军（李琳，2022）。从中可以看出，"绿色转型发展"是长江经济带发展战略的一个中心环节，"共抓大保护，不搞大开发"是长江经济带生态优先、绿色发展的总基调。

表1-1列出了近年来国家和各部委有关长江经济带生态文明建设和绿色发展的具体政策和行动计划。特别是2020年12月26日第十三届全国人大常委会第二十四次会议通过的我国第一部流域法律——《中华人民共和国长江保护法》，成为我国以生态文明观为基础的第三代环境法的典型代表（杨朝霞，2022）。该法确立了"生态优先、绿色发展"的原则，从流域生态系统管理的高度，对水环境污染防治、水资源保护节约、水生态保护修复、流域高质量发展、流域协调机制等问题作出了全面系统的规定。

2020年10月，党的十九届五中全会通过《中共中央关于制定国民经济和社会发展第十四个五年规划和二〇三五年远景目标的建议》，进一步提出要坚持实施区域重大战略，并将其放置在区域协调发展战略和主体功能区域战略之前，强调其要在构建高质量发展的国土空间布局和支撑体系中担负起引领示范责任①。

习近平总书记先后于2016年1月、2018年4月、2020年11月在长江上游重庆、长江中游武汉和长江下游南京召开长江经济带发展座谈会，为长江经济带高质量发展起到全局性的指导作用。三次座谈会始终贯穿着"生态优先、绿色发展"的主线，对长江经济带发展战略的定位逐次拔高，对长江经济带发展存在的问题逐次聚焦，对长江经济带发展的支持力度逐次增大。

总体而言，我国长江经济带发展政策体现了由粗放式增长向高质量绿色发展的转型方向，体现了由单一主体向多主体协同转变的政策责任主体格局，体现了由碎片化管理向一体化治理的政策演变路径。

在多年实践中，长江经济带发展战略与京津冀协同发展、粤港澳大湾区建设等区域重大战略一道，绘就了我国区域经济和社会发展的新图景，并取得了历史性的成就。经过长期不懈的努力，长江经济带生态环境保护发生了转折性变化，实现了"在发展中保护"和"在保护中发展"的辩证统一，2021年优

---

① 中共中央关于制定国民经济和社会发展第十四个五年规划和二〇三五年远景目标的建议［N/OL］.中央政府网站，2020-11-03.https：//www.gov.cn/。

良水质比例达到了 92.8%①。袁茜、吴利华和张平（2019）研究也证实，三大区域发展战略对城市经济绿色增长、降低二氧化硫和工业废水排放量都有显著的积极效应。

表 1-1　长江经济带生态文明建设相关政策及行动计划

序号	政策或行动计划	主管单位	提出时间
1	《关于加强长江黄金水道环境污染防控治理的指导意见》	国家发展改革委、环境保护部	2016 年 2 月
2	《长江经济带气象保障协同发展规划》	中国气象局	2016 年 4 月
3	《关于开展长江经济带饮用水水源地环境保护执法专项行动（2016—2017 年）的通知》	环境保护部	2016 年 5 月
4	《关于建立推动长江经济带发展司法合作协同机制的合作框架协议》	推动长江经济带发展领导小组办公室、最高人民法院	2016 年 12 月
5	《关于加强长江经济带工业绿色发展的指导意见》	工业和信息化部、国家发展改革委、科学技术部、财政部、环境保护部	2017 年 6 月
6	《长江经济带生态环境保护规划》	环境保护部、国家发展改革委、水利部	2017 年 7 月
7	《关于推进长江经济带绿色航运发展的指导意见》	交通运输部	2017 年 8 月
8	《长江经济带船舶污染防治专项行动方案（2018—2020 年）》	交通运输部	2018 年 1 月
9	《关于建立健全长江经济带生态补偿与保护长效机制的指导意见》	财政部	2018 年 2 月
10	《长江经济带绿色发展专项中央预算内投资管理暂行办法》	国家发展改革委	2018 年 2 月
11	《农业农村部关于支持长江经济带农业农村绿色发展的实施意见》	农业农村部	2018 年 9 月
12	《关于加快推进长江经济带农业面源污染治理的指导意见》	农业农村部	2018 年 10 月

---

① 陆娅楠，李心萍，李凯旋 .2022. 推动长江经济带高质量发展［N］. 人民日报，第一版，6 月 12 日。

（续）

序号	政策或行动计划	主管单位	提出时间
13	《关于开展长江经济带小水电清理整改工作的意见》	水利部、国家发展改革委、生态环境部、能源局	2018年12月
14	《长江保护修复攻坚战行动计划》	生态环境部、国家发展改革委	2019年1月
15	《长江经济带发展负面清单（试行）》	推动长江经济带发展领导小组办公室	2019年3月
16	《长江经济带船舶和港口污染突出问题整治方案》	交通运输部、国家发展改革委、生态环境部、住房和城乡建设部	2020年1月
17	《关于完善长江经济带污水处理收费机制有关政策的指导意见》	国家发展改革委、财政部、住房和城乡建设部、生态环境部、水利部	2020年4月
18	《中华人民共和国长江保护法》	全国人大常委会	2020年12月
19	《关于全面推动长江经济带发展财税支持政策的方案》	财政部	2021年9月
20	《关于加强长江经济带重要湖泊保护和治理的指导意见》	国家发展改革委	2021年11月
21	《"十四五"长江经济带发展实施方案》	国家发展改革委	2021年11月

资料来源：张莹、潘家华（2020）及作者补充整理。

三、长江经济带山区绿色发展的重要意义

（一）缩小区域发展差距

在长江经济带的一些省份（特别是长江上游省份和直辖市）中，山区覆盖了辖区面积的很大比重，如贵州省地处云贵高原，92.5%的面积为山地和丘陵，有"八山一水一分田"之说。这些省份地形地貌复杂，道路交通不便，基础设施条件差，生产要素流通不畅，人力资源匮乏，产业集聚效应不佳，经济社会发展存在诸多制约因素。山区比较集中的省份在与其他板块、其他省份的横向比较中往往处于不利地位，区域发展不均衡状况比较突出。因此，推进山区发展和乡村振兴，推动生态优势向区域优势转化，有助于培

育新的经济增长点，有利于消除经济发展中的薄弱环节，缩小东、中、西三大板块的差距。

（二）缩小城乡收入差距

一般而言，山区城市（自治州）经济密度和城镇化率低，农村人口比重大，人均收入水平偏低。除了区域差距之外，城乡收入差距是我国经济发展不充分、不平衡的又一大表现。如图 1-1 中的虚线所示，1978—1984 年，由于农村率先实行生产经营制度改革，极大激发了农民生产积极性并提高了实际收入，城乡差距有所缩窄，城乡居民人均可支配收入之比从 1978 年的 2.57 倍缩小到 1984 年的 1.84 倍。然而，随着经济体制改革的重心向城市转移，从1985 年开始城乡居民人均可支配收入之比又有所提高。21 世纪前 10 年，全国城乡居民可支配收入比有所扩大，2010 年开始持续下降，从 3.23 倍下降到2021 年的 2.50 倍。2020 年 12 月脱贫攻坚事业圆满收官，我国消除了绝对贫困，向全世界宣布全面建成小康社会，开启了共同富裕新征程。然而，共同富裕不是同步、同等富裕，广大山区群众依然存在相对贫困问题。广大山区是实现共同富裕的主攻方向、缩小城乡差距的主战场，只有持续推进山区的高质量发展，才能不断提升山区群众可支配收入和生活水平，不断接近共同富裕目标。

（三）厚植高质量发展的绿色本底

山区城市（自治州）往往都是生态富集区，具有良好的自然禀赋和生态资源优势，特别是西南一些山区城市（自治州），具备广阔的辖区面积、秀美的自然风光、丰富的动植物种类以及独特的热带光热资源。在"五位一体"发展新理念和实现"双碳"目标的大背景之下，长江经济带山区城市的经济起飞不能走以往其他地方"先污染后治理"的老路，而是要处理好"绿水青山"和"金山银山"的辩证关系，摈弃高投入、高耗能、高排放的粗放型发展道路，依靠科技创新和制度创新，固本护绿，点绿成金，探索生态产品价值实现的有效路径，培育区域经济发展新动能，推进经济总量和生态功能量同时增长。

（四）铸牢中华民族共同体意识

长江经济带很多山区城市是民族聚集区，如湖北省恩施土家族苗族自治州（简称恩施州），湖南省湘西土家族苗族自治州（简称湘西州），四川省阿坝藏族羌族自治州（简称阿坝州）、甘孜藏族自治州（简称甘孜州）和凉山彝族自治州（简称凉山州），贵州省黔西南布依族苗族自治州（简称黔西南州）、黔东南苗族侗族自治州（简称黔东南州）、黔南布依族苗族自治州（简称黔南州），云南省楚雄彝族自治州（简称楚雄州）、红河哈尼族彝族自治州（简称红河州）、文山壮族苗族自治州（简称文山州）、西双版纳傣族自治州（简称西双版纳）、大理白族自治州（简称大理州）、德宏傣族景颇族自治州（简称德宏州）、怒江傈僳族自治州（简称怒江州）和迪庆藏族自治州（简称迪庆州）。特别是云南省地处我国西南边陲，是我国民族种类最多的省份，也是我国边境线最长的省份之一。加快以上山区城市（自治州）的发展，让各族人民平等共享生态文明建设和经济发展的巨大红利，提升获得感和幸福感，毋庸讳言有利于铸牢中华民族共同体意识，强化民族团结，巩固国家安全，在中华民族伟大复兴战略全局中发挥更大作用。

四、长江经济带山区绿色发展研究路线与主要方法

（一）研究路线

在长江经济带山区绿色发展研究过程中，我们主要依据以下的研究路线展开：首先，阐述研究背景和研究意义，阐明长江经济带经济发展情况和梳理生态文明建设的政策演变和发展战略。其次，梳理近年来学术界有关长江经济带绿色发展的研究状况，总结主要理论基础和广泛使用的研究方法，评述学术界现有研究的不足之处，探讨进一步研究的方向。接着，厘清绿色发展的相关范畴，围绕"创新、协调、绿色、开放、共享"五大发展理念，对长江经济带山区绿色发展议题展开理论研究和路径探索。在此基础上，开展实践研究。"实践篇"作为研究的主体，占据主要篇幅。我们选取长江经济带四川省、重庆市、云南省、贵州省、湖南省、湖北省、江西省、安徽省、浙江省76个样本城市，选取2个一级指标、7个二级指标和32个三级指标，运用极差标准化法、变异系数赋权法和高维空间欧几里得距离公式测度了各个城市（自治州）的绿色发展综合指数。在此基础上，我们分别在城市（自治州）、省（直辖市）和三大区域（华东、华中、西南）层面比较研究了32个三级指标的均值和绿色发展综合指数，针对各个山区城市（自治州）绿色发展的优势和短板进行了剖析。为了总结实践经验，报告分别选取长江上游、中游、下游典型山区城市案例，从生态产品价值实现机制改革、绿色金融创新实践、绿色转型发展等专题进行案例研究。最后总结全文，提出推动长江经济带山区绿色发展的政策建议，并展望后续深化研究的方向。

（二）主要方法

我们在研究过程中综合运用了多种方法，概括起来主要有以下四个方面：

1. 理论分析与实证分析相结合

基于文献梳理和述评，我们围绕"创新、协调、绿色、开放、共享"五大发展理念开展理论研究，为后续分层次指标的选取和绿色发展综合指数的构建提供坚实的理论基础。进而，我们搜集、整理长江经济带76个山区城市（自治州）样本的基础数据，通过数据换算、极差标准化、变异系数赋权、高维空间欧几里得距离计算公式等量化分析手段，测度了76个山区城市（自治州）的绿色发展综合指数，以及浙江省、安徽省、江西省、湖北省、湖南省、四川省、贵州省、云南省和华东、华中、西南三大板块的加权综合指数。

2. 归纳分析与演绎分析相结合

我们梳理了长江经济带国家发展战略的形成脉络，总结了国家及有关部委关于长江经济带生态文明建设和绿色发展的主要政策文件。在长江经济带山区绿色发展的理论研究方面，我们始终以习近平新时代中国特色社会主义思想为指导，紧密围绕"创新、协调、绿色、开放、共享"五大发展理念展开演绎分析。

3. 比较研究

在构建绿色发展综合指数、提供测度标准的基础上，我们比较分析了省内各个山区城市（自治州）以及不同省份（直辖市）、不同板块的32个三级指标的均值和绿色发展综合水平，讨论了区域差距和协调发展问题。

4. 案例研究

我们选取长江经济带上游的重庆市和贵州省遵义市、中游的湖南省株洲市和下游的江西省抚州市、安徽省黄山市以及浙江省丽水市进行案例研究，通过不同的专题概括总结上述六个城市在绿色发展实践和创新性探索中的好故事、好做法，为形成可复制、可推广的模式发挥积极作用。

B

理论篇

第二章　长江经济带绿色发展研究现状与述评

自从长江经济带被纳入国家发展战略之后，尤其是自 2019 年以来，长江经济带绿色发展问题成了学术界的研究热点，特别是在长江流域、长江经济带省份的高等院校、社科院、党校等科研机构和智库出现了大批研究团队并取得一定的研究成果。他们中既有中老年权威专家，又有相当多的青年才俊，聚焦长江经济带生态文明、环境保护、绿色发展等诸多问题，进行了长期的持续跟踪研究。大体上，这些研究可以粗略分为以下四个方面：一是关于长江经济带绿色发展绩效测度与地区差异的研究；二是关于长江经济带绿色发展影响因素的研究；三是关于长江经济带分行业、分部门、分领域的研究；四是有关长江经济带绿色发展路径的研究。

一、关于长江经济带绿色发展绩效测度与地区差异的研究

邓霞（2019）通过选取经济、资源和环境三个方面的九个基础指标，构建出区域生态效率评价指标体系，运用 Super - SBM 模型评测得到 2005—2018 年长江经济带 11 个省（市）的生态效率值，用 Tobit 回归模型对影响长江经济带生态效率的关键因素进行分析。最终得出如下结论：十年来长江经济带整体生态效率有所提升，且长江经济带三大区域生态效率存在明显的差异性，下游、中游和上游三大区域生态效率呈现出逐渐递减态势。地区经济发展水平、产业结构、科技进步和地区因素是影响长江经济带生态效率的重要因素。

李扬杰和李敬（2020）从经济发展、生态保护和社会效益的三个角度分别选取与产业生态化相关的 21 个指标构建测算体系，利用全局主成分分析（GP-CA）模型，对长江经济带 11 个省（市）2011—2017 年产业生态化水平进行动态评价。研究发现：从综合指标得分与动态排名看，长江经济带产业生态化水平总体平稳提升，但省际、流域间呈现显著的非均衡性特征；从空间布局与演化特征看，长江经济带产业生态化水平基本呈现"东高西低"的梯度时空分异格局，即下游地区领先、中上游地区相对滞后；从细分指标得分与动态排名来看，上

海、浙江在持续发展因子中优势明显，江西、江苏在绿色集约因子中表现突出，重庆、贵州、云南在环境治理因子中成效突出。进而分别通过微观、中观和宏观三个维度，从发挥比较优势和空间溢出效应两个方面，提出了加快提升长江经济带产业生态化总体水平和缩小地区间产业生态化水平差距的政策建议。

汪再奇和余尚蔚（2020）认为人类绿色发展指数（Human Green Development Index，HGDI）能够较好地反映和评价该地区生活和生产环境水平。他们在前人研究的基础上，修订了人类绿色发展指数指标体系，以长江经济带区域中9省2市的人类绿色发展为分析对象，测算了长江经济带区域内9省2市的人类绿色发展指数，分析了长江经济带绿色发展模式。结果表明：修订后的人类绿色发展指数通过健康与教育、经济、环境维度对区域生活环境进行评价，能够较好地反映出当地的生活和生产环境水平；长江经济带所在省（市）的人类绿色发展指数存在不平衡现象，长三角地区稳居前列；整体上来看，长江经济带发展正在摆脱传统的以牺牲环境为代价的发展模式，逐步走向经济与环境良性互动的高质量发展模式，但经济快速发展与环境有效改善的融合度还有待进一步提升，需要坚持综合改革思路，关注百姓的生活所需，构建良性循环系统，推动区域的高质量发展，以实现长江经济带整体的绿色发展。

吴传清等（2020）综合运用区域经济学、产业经济学、城市经济学、新经济地理学、环境经济学、制度经济学等多门学科，引入内生增长理论、诱致性创新理论、点—轴开发理论、产业梯度转移理论、方向性距离函数理论、新古典增长理论、环境规制理论、"波特假说"理论等数十种国内外经典理论，综合利用传统DEA模型、改进超效率的DEA模型、基于非期望产出的SBM模型和EBM模型、熵权法、泰尔指数、莫兰指数、面板回归模型、空间计量模型、门槛效应模型、中介效应模型、面板Tobit模型、耦合协调模型等各种技术手段，研究了长江经济带技术创新及影响因素、工业绿色创新发展效率及其协同效应、高技术制造业创新效率、全要素能源效率、农业绿色全要素生产率、环境规制、高耗能产业集聚等主要问题，也涉及长江经济带生态文明建设与产业结构优化的耦合关系、长江经济带绿色发展的难点与路径等议题。吴传清等（2020）采用多元化研究视角，在省份、城市、产业等层次进行了比较分析；对长江经济带高质量发展典型案例也给予了足够的重视，选取湖北省、江苏省化工产业发展案例进行深入研究，总结破解"化工围江"难题的实践进展、实践效果以及有序转移与科学承接方略，为相关部门制定全面推动长江经济带高质量发展的政策提供了参考和依据。

张跃和刘莉（2021）基于产业结构高度化和产业结构合理化两个指标，借助重心模型、Dagum 基尼系数、空间收敛方法，分析 2000—2017 年长江经济带产业结构优化升级的地区差异和空间收敛性。研究发现：长江经济带产业结构优化升级呈现显著的空间非均衡性，东西方向的非均衡性大于南北方向；长江经济带产业结构优化升级水平呈现东—中—西梯度式递减格局，东、中、西部地区均呈现"中心—外围"空间分布特征；长江经济带产业结构高度化的总体差异不断减小，产业结构合理化的总体差异呈波动扩大趋势，产业结构优化升级的地区间差异是总体差异的第一来源；长江经济带产业结构高度化存在 σ 收敛、β 收敛和俱乐部收敛，产业结构合理化存在 β 收敛和俱乐部收敛；收敛影响因素存在差异性，人力资本和市场规模对促进长江经济带整体、东部和西部地区产业结构优化升级的收敛具有促进作用，政府干预对产业结构优化升级的收敛具有抑制作用。

于善波和张军涛（2021）基于 SBM-GML 模型，以 2005—2019 年长江经济带省级面板数据为样本，测算长江经济带省域绿色全要素生产率，并对其收敛性进行了分析。研究结果表明：长江经济带省域绿色全要素生产率在样本期内有效，虽然表现出短期波动，但是整体而言，波动幅度不大，并且在 2010 年之后呈逐年递增态势。其中，技术效率是提高省域绿色全要素生产率的主要原因，规模效率不高影响了省域绿色全要素生产率的水平。同时，长江经济带省域绿色全要素生产率不存在显著的 α 收敛，但是存在绝对 β 收敛。即省域绿色全要素生产率在时间序列上并不具有延续性，省域绿色全要素生产率低的省份存在向绿色全要素生产率高的省份的"追赶效应"，并将最终以相同的稳态趋于均衡。

于丽英、刘宏笪和陈子璇（2021）基于绿色治理的内涵与特征，首先从投入、产出和环境三个维度构建绿色治理评价指标体系；其次考虑系统进步性与非管理性因素对绿色治理效率产生的影响，设计了基于广义面板三阶段 DEA 的评价模型；最后测度了 2008—2018 年长江经济带绿色治理效率，并在此基础上对投入要素展开投影分析。研究认为，长江经济带绿色治理效率呈现典型的地域与时间分布特征，长江经济带战略的制定进一步缩小了各省市间的绿色治理效率差距，具有明显的一体化效应；但发展基础相对薄弱的地区投入冗余现象较为严重，存在"绿色治理资源诅咒"现象。

黄成和吴传清（2021）基于全国视野，选用 2011—2017 年省级面板数据，采用 Super-SBM 模型测度了长江经济带工业绿色转型效率，运用熵权法-Topsis 评价模型测度了长江经济带生态文明建设质量，构建耦合协调度模型实证研究了长江经济带工业绿色转型与生态文明建设的协同效应。研究结果显示，长江经济带工业绿色转型效率低于全国平均水平，上中下游地区呈梯度递增空间格局，即下游高于中游，中游又高于上游，省际差异显著。长江经济带生态文明建设质量与全国平均水平基本持平；上中下游地区呈 V 形空间格局，即中游生态文明建设质量相对偏低，省际差异较小；长江经济带各省份工业绿色转型效率与生态文明建设质量的协同系数普遍较低，且呈加剧趋势，主要原因在于生态文明建设滞后于工业绿色转型。因此，长江经济带各地方政府需提高对工业绿色转型与生态文明建设协同发展的重视程度，着力扭转生态文明建设滞后于工业绿色转型的发展态势。特别要加大辖区空间和生态环境治理保护力度，推动长江经济带中上游地区农业和工业生态化发展，普及生态文化，完善生态安全治理体系。

王倩、陈军飞和邓梦华（2021）以五大发展理念为指导，提出长江经济带水资源与区域高质量发展和谐的内涵并阐述其和谐特征，从创新、协调、绿色、开放、共享 5 个维度构建了长江经济带水资源与区域高质量发展和谐度评价指标体系，采用熵权法和模糊联系度分析法对 2018 年长江经济带沿线 11 个省份水资源与区域高质量发展和谐度进行综合评价。结果表明：长江经济带共享维度和绿色维度和谐度水平较高，开放、协调及创新维度和谐度水平较低；就各维度内指标而言，进出口虚拟水量、外资总额虚拟水量等指标和谐度水平较低，节水灌溉指数、城乡居民人均虚拟水量之比、人均水资源量、节约用水情况等指标和谐度水平在长江经济带上、中、下游的分布呈现不同空间特征。因此，需因地制宜、多措施并举地提升长江经济带水资源与区域高质量发展的和谐度水平。

柴莹莹、孟晓杰、韩永伟、叶露锋和雷硕（2022）选取长江经济带第一批 16 个国家生态文明建设示范市县，以创建开始年（2017）至第一个创建周期年（2019）为研究时段，选取生态环境、经济社会方面的 6 个关键指标，分析了各示范市县生态文明发展时空变化趋势。结果表明，各示范市县 6 个指标基本能实现稳定向好，到 2019 年指标值优于本省（市）平均指标值的示范市县数量分别占 81.25%、87.50%、87.50%、68.75%、90.91%、56.25%。通过构建生态环境—经济社会协同模型，将长江经济带 16 个示范市县分为环境—经济和谐发展、经济社会高质量发展、环境—经济滞后发展和生态环境有限保护 4 种类型，分析了各类示范市县 2017 年和 2019 年生态环境、经济社会协同发展状况，以及在发展中注重生态环境质量改善而经济社会发展缓慢或注重经济社会提升而生态环境改善较慢的问题。结果表明，大多数示范市县生态环境与经济的协同发展状况有所提升。到 2019 年，31.25% 的示范市县和谐发展程度较高，17.65％的示范市县生态环境、经济社会发展较靠后，51.10％的示范市县在发展中侧重一方面，生态环境、经济社会发展协调度较低。

刘伟明、王明、吴志军和赖新峰（2022）构建环境质量和经济增长双向互动关系模型，选取 2003—2018 年长江经济带 108 个地级以上城市的面板数据，运用熵值法估算各地的环境质量，分区域呈现其动态演变规律和时空特征，并利用空间杜宾模型实证检验长江经济带环境质量与经济增长之间的互动关系及空间效应。研究发现：长江经济带的环境质量呈逐年改善的趋势，下游地区的污染排放相对较低，中游和上游则相对较高；环境质量与经济增长之间存在显著的双向互动关系，在高质量发展阶段，经济增长有利于改善环境质量，而环境质量的改善有利于减少治理成本，吸引高端要素集聚，从而促进经济增长。各地级及以上城市之间的环境质量和经济增长存在显著的空间相关性，产业结构、人口规模、技术水平、政府干预和污染治理投入等因素对相邻地区的环境质量和经济增长都存在间接空间效应。

邹小伟、陈福时、张永薇和万贤贤（2022）选取长江经济带 74 个国家级可持续发展实验区 21 个指标数据，采用熵值法和耦合协调度模型，评估了科技创新能力、可持续发展水平以及两者之间的耦合协调关系。研究发现：长江经济带科技创新与可持续发展水平整体较高，但区域差异明显，下游发展较好，中游发展不充分不平衡，上游支撑力度不够。在可持续发展的不同维度以及与科技创新耦合协调方面也存在明显的区域不均衡特征，突出体现为自东向西梯度递减，高水平区域主要集中在长三角核心区，中、上游地区省会城市协调水平较高，其他地区总体相对落后。

李旭辉、李丽雅和李敬明（2022）选取昆明、成都、重庆、贵阳、武汉、宜昌、南昌、岳阳、合肥、芜湖、杭州、宁波、苏州、南京、无锡、上海等16 个长江经济带上游、中游、下游中心城市的 2016—2018 年数据，运用基于二次加权的"纵横向"拉开档次法对长江经济带"创新、协调、绿色、开放、共享"五大发展理念实施绩效进行了动态测度，并运用最优化指数及统一度指数、Theil 指数等方法考察了长江经济带五大发展理念实施的协同效应以及空间非均衡规律。结果表明：研究期内，长江经济带五大发展理念实施绩效在波动中总体呈上升趋势，部分区域处于"滑坡"趋势；长江经济带五大发展理念实施的协同效应较弱，部分区域呈现发展绩效低且各发展子系统非均衡特征，上游、中游、下游之间的非均衡特征也比较明显，存在"马太效应"，区域协调发展需要进一步推进。

李林子、田健、赵玉婷、王凯和李小敏（2022）选取自然资产维持、资源环境利用、经济绿色增长、绿色福利提升和绿色公平实现等 5 维目标和自然资源存量、自然资源增量、资源合理配置、资源高效利用、资源循环利用、污染有效控制、经济增长速度、经济增长结构、经济增长驱动、经济矫正政策、环境健康、环境安全、环境舒适、收入分配公平和资源环境服务获得公平等 15 类要素，运用基于专家群决策的层次分析法确定各个指标权重，构建了长江经济带绿色发展指标体系，以识别不同主体功能区绿色发展目标的优先次序。研究认为，以长三角为代表的优化开发区，绿色发展首先要关注经济增长方式转型和改善环境问题，工作重点在于经济结构优化升级、科技创新和绿色投资驱动以及改善环境、增进人体健康安全。以长江流域城市群为代表的重点开发区，需要重点解决经济绿色增长和资源环境清洁高效、低碳、循环利用问题，主要工作在于优化经济结构、保持经济增速、有效控制污染、推进资源能源高效利用。对于长江经济带农产品主产区，则需要重点关注自然资源资产保护和农业生产资源环境利用的问题，着力保护耕地资源，增加农民收入，促进公平分配。对于长江经济带重点生态功能区（主要覆盖川滇黔山区、秦巴山区、三峡库区、武陵山区、大别山等地区），绿色发展的首要任务则是保护和修复自然资源资产，并且保护比修复更加重要。

二、关于长江经济带绿色发展绩效影响因素的研究

李爽、周天凯和樊琳梓（2019）基于长江经济带 9 省 2 市的 105 个地级市的面板数据，运用非期望 SBM 模型对各城市绿色效率进行了测算，并利用面板 Tobit 模型探索了绿色效率的影响因素。结果表明：长江经济带城市绿色发展较好，呈现 V 形变化趋势；各地区绿色发展水平差距显著，下游地区、上游地区、中游地区绿色水平依次降低，其中武汉城市群、滇中城市群、长三角城市群是促进城市绿色发展的三大增长极；绿色发展效率与经济发展水平表现为 U 形关系，大部分城市位于 U 形曲线的上升一方，对外开放、科技投入、经济集聚和环境规制有助于绿色发展效率的提升，而产业结构则阻碍了城市绿色发展。

袁茜、吴利华和张平（2019）从国家三大区域发展战略视角，利用 2007—2016 年中国 285 个地级市数据，对城市经济绿色增长进行实证分析。结果表明：三大区域发展战略提高了城市绿色增长的整体水平，京津冀协同发展战略对绿色效率具有显著的正影响，"一带一路"与长江经济带发展战略则对绿色 GDP 呈现出显著增长效应；区分城市异质性后发现，省会城市的绿色

效率和其他地级市的绿色 GDP 受到三大区域发展战略的正向影响最为显著；工业污染指标分解结果显示，国家三大区域发展战略对城市二氧化硫排放量的降低效应最为明显，工业废水次之，工业烟尘不显著；"一带一路"的工业污染物排放效应同国家三大区域发展战略整体保持一致，京津冀协同发展战略仅对控制二氧化硫排放显著，而长江经济带发展战略对改善各类污染物的排放状况均有待提高。

滕堂伟、孙蓉和胡森林（2019）通过构建科技创新与绿色发展综合评价指标体系，以长江经济带 108 个地级及以上城市为研究对象，采用熵权 Topsis 法、耦合协调度模型和空间马尔科夫链方法，分析了 2006—2016 年长江经济带科技创新与绿色发展的耦合协调水平、时空分布格局以及空间关联性演变。研究结果表明研究期内：长江经济带科技创新和绿色发展指数总体上虽然均有一定程度的上升，但整体水平较低，2013 年开始呈现同步增长的趋势；科技创新与绿色发展的耦合度及协调度指数整体上呈上升趋势，但带内空间分异明显，长三角地区协调度明显高于其他地区；科技创新与绿色发展的协调性呈现集群化现象，且具有"下游＞中游＞上游"的梯度化空间分异特征，低水平协调的城市单元可以划分为科技创新领先区、绿色发展领先区和平衡区 3 种类型；科技创新与绿色发展协调性具有明显的空间溢出效应，长江经济带内相邻城市协调度的变换具有趋同特征。

张平淡和袁浩铭（2019）构建了"五化"协同发展（协同推进新型工业化、信息化、城镇化、农业现代化和绿色化）的评价指标体系用以测度生态文明建设水平，采用熵权法对长江经济带 128 个地级城市 2006—2015 年的生态文明建设水平进行评价。发现研究期内生态文明建设水平逐步提升，差距不断缩小。进一步地，基于面板数据的 VAR 模型（PVAR）分析了生态文明建设与经济发展的动态关系，结果显示：生态文明建设对经济发展有显著的正向效应，而且在长江经济带中上游地区表现更为明显。他们认为，大力推进生态文明建设，能够促进经济发展，能够实现生态文明高水平建设和经济社会高质量发展的融合与共赢。

李光龙和江鑫（2020）通过分析城市绿色发展影响城市创新力的理论机制，实证检验城市绿色发展对城市创新力的影响。结果表明：城市绿色发展与城市创新力之间存在 U 形关系；高素质创新型人才集聚正向调节城市绿色发展对城市创新力的影响效应，城市绿色发展通过吸引高素质创新型人才集聚，促进城市创新力提升。因此，各城市应根据自身绿色发展阶段制定差异化的城市创新力提升政策，提高城市自然生态质量和环境质量，做好城市园区规划，形成生活、生产、生态和谐共生的城市新空间，发挥城市绿色发展的"留才引才"效应，形成企业、政府与公众共同支持创新的氛围。

张建清、于海潮、范雯和田婧（2021）采用改进的 DEA 模型测度 2004—2017 年长江经济带沿线 108 个城市的创新绩效，并采用面板门槛模型，揭示长江经济带沿线城市污染排放（EP）、环境治理（GE）、人居环境（RE）等环境异质性因素对创新绩效的影响机制。结果表明：研究期内，长江经济带上、中、下游地区城市的创新绩效整体上在波动中稳步提升，且存在较大的空间非均衡性；污染排放对沿线城市创新绩效的影响呈现显著的双门槛特征，跨越第二门槛之后，污染排放对沿线城市的创新绩效产生一定的抑制作用；环境治理对创新绩效的正向双门槛影响随着城市人均 GDP 的提高不断增强，而人居环境的正向单门槛影响随着城市人均 GDP 的提高不断下降。

苏科和周超（2021）以人力资本积累为核心线索，系统梳理和归纳了人力资本、科技创新和绿色全要素生产率之间的逻辑关系。基于长江经济带 108 个城市的面板数据，实证检验了人力资本、科技创新对绿色全要素生产率的直接影响，并对科技创新在人力资本作用发挥过程中的中介效应进行了考察。研究结果发现：人力资本、科技创新是长江经济带绿色全要素生产率提升的重要推动因素。相比科技创新，人力资本对绿色全要素生产率具有更强的推动力。人力资本对于科技创新的绿色发展效应具有显著的约束性影响，同时具有显著的"门槛值"特征。随着长江经济带人力资本水平的不断提高，科技创新对于绿色全要素生产率的正向作用得到更为充分的发挥。

吕有金和高波（2021）选取 2003—2016 年长江经济带 108 个城市的面板数据，从人口、经济、社会、空间、绿色 5 个维度构建新型城镇化指标体系，采用空间杜宾模型实证检验新型城镇化对环境污染的直接影响与空间溢出效应。研究结果表明：从空间格局来看，新型城镇化指数上升，环境污染指数下降，两者均存在高—高（低—低）的空间集聚特征，且空间差异明显，表现为区域中心城市城镇化水平较高，西部地区污染水平较高；从直接影响来看，新型城镇化能够降低本地区的环境污染，且经济、社会和空间城镇化发挥了主要作用；从空间溢出效应来看，人口城镇化加剧了周边地区的环境污染，经济和社会城镇化在一定程度上降低了周边地区的环境污染；从城市群来看，长三角和成渝城市群新型城镇化对本地区环境质量的提升作用更强，且成渝城市群新型城镇化也能降低周边地区的环境污染。

苟兴朝、张超峰和张斌儒（2021）采用改进熵权法测算了长江经济带乡村绿色发展水平，并运用全局莫兰指数（Moran's I）分析了 2008—2017 年各省（市）间乡村绿色发展的空间相关性，然后结合空间杜宾模型（SDM）考察长江经济带省级地方财政支农支出对乡村绿色发展的促进效应及其空间溢出效应。研究发现：考察期内流域各省（市）间乡村绿色发展具有显著的空间相关性；地方财政支农支出对长江经济带乡村绿色发展的促进效应并不明显，但具有显著的空间溢出效应。因此，需进一步强化财政支农政策体系的绿色发展导向功能，不断提升财政支农支出在乡村绿色发展投入上的精准性；进一步完善和落实横向生态保护补偿制度、积极践行"生态命运共同体"理念。

陈思杭、雷礼和周中林（2022）利用长江经济带 11 个省市 2005—2019 年面板数据，构建面板向量自回归模型（PVAR），检验环境规制、绿色技术进步与绿色经济发展间的相互作用关系，并引入脉冲响应函数构建环境规制、绿色技术进步与绿色经济发展的响应模型，从静态和动态视角分析三者间的相互影响程度。研究结果表明：环境规制对绿色技术进步与绿色经济发展具有长期正向促进作用；绿色技术进步对环境规制具有长期正向促进作用，对绿色经济发展具有短期抑制作用与长期正向促进作用，且绿色技术进步对环境规制与绿色经济发展的影响较显著；绿色经济发展对环境规制与绿色经济进步具有长期正向促进作用，但是作用程度较小。

李强和刘庆发（2022）系统阐释了环境分权影响经济增长质量的内在机理，选取长江经济带 2004—2018 年 108 个城市面板数据，运用双重差分方法（DID）实证研究了环境分权对长江经济带经济增长质量的影响。研究发现，环境分权政策的实施有利于促进长江经济带城市的高质量发展，且效果具有长期性和异质性，河长制的实施有利于非省会城市经济增长质量的提升，但不利于省会城市（直辖市）经济增长质量的提升。其传导机制在于，环境分权有利于地方实现产业升级，从而对经济增长质量产生促进作用。

王伟、文杰和孙芳城（2022）选取长江经济带 110 个地级城市样本（长江上游 33 个城市、中游 36 个城市、下游 41 个城市，包含重庆市和上海市），运用面板数据分析从多个视角检验了政府环境审计对长江经济带绿色发展的影响和机制。研究显示：政府环境审计对长江经济带绿色发展有着显著的直接促进效应，且政府环境审计广度的效果略大于政府环境审计强度；政府环境审计的效应具有明显的区域和时间差异性，上下游流域的政府环境审计的绿色效应要大于中游流域，而非重点环保城市的政府环境审计绿色治理效能又要高于重点环保城市，从时间上来看，2009 年加强政府环境审计工作之后阶段的服务效能要高于之前阶段；政府环境审计间接促进长江经济带绿色发展的作用机制包括地方政府竞争效应、绿色技术创新效应和产业结构升级效应，政府环境审计强度的间接推动作用要高于政府环境审计广度，而绿色技术创新机制发挥的绿色治理效应则更高。

吴传清和张冰倩（2022）选择 2010—2019 年长江经济带 11 个省市数据，运用数据包络分析（DEA）方法测度了长江经济带制造业绿色发展效率；运用 DAGUM 基尼系数法分析了长江经济带上中下游地区制造业绿色发展效率的地区内差异和地区间差异；构建空间面板回归模型，分析了长江经济带制造业绿色发展效率的影响因素。研究发现，长江经济带制造业绿色发展效率呈波动增长趋势，上中下游地区间差异是总体差异的主要来源；对外开放、产业结构、城镇化、环境规制对长江经济带制造业绿色发展效率具有显著影响，经济发展、金融水平、研发投入未产生显著影响。

袁华锡、封亦代和余泳泽（2022）选用 2003—2016 年长江经济带 110 个城市样本，运用空间面板杜宾模型和面板门槛模型检验了制造业集聚对绿色发展绩效的影响与作用机制。研究发现：制造业集聚与长江经济带绿色发展绩效存在显著的倒 U 形关系，主要作用机制包括劳动力蓄水池效应、中间投入共享效应和知识溢出效应。即，在三大作用机制都处于低水平门槛时，制造业集聚有利于提高长江经济带绿色发展绩效；而一旦超过门槛值，其效果将由促进作用转变为抑制性影响。

三、长江经济带分行业分部门的绿色发展研究

程莉和文传浩（2019）运用熵权法、泰尔指数法分别测度与分析 2006—2016 年长江经济带 11 个省（市）的乡村绿色发展水平和内部差距，并进一步使用面板数据计量经济模型，对影响全流域乡村绿色发展水平的关键因素进行定量甄别。研究发现：长江经济带及各区域乡村绿色发展水平逐步提高，上中下游之间存在明显梯度分布；长江经济带乡村绿色发展水平总体差距具有一定的波动性，但最终持平；区域间差距呈现下降趋势，区域内差距对总体差距贡献率最大，且区域内差距主要集中在上游地区；乡村绿色发展随经济发展呈现先降低后提升的 U 形关系，工业化水平与城乡收入差距的扩大均不利于乡村绿色发展，农户人力资本、财政支农并未如预期推进乡村绿色发展，农户固定资本投资总体上对乡村绿色发展具有正向促进作用。

张明月、周梦和张祥（2019）采用 SPSS 22.0 统计软件和主成分分析法，

从旅游需求、旅游供给、旅游支撑 3 个层面构建长江经济带旅游业发展水平评价指标体系，测量长江经济带 11 省（市）旅游业发展水平。研究发现：长江经济带旅游业发展总体水平较高，发展势头良好，各省市旅游业发展水平位序变化不显著；长江经济带下游、中游、上游省市旅游业发展水平依次递减，但发展差距缩小；长江下游省市旅游需求、旅游供给、旅游支撑全面占优；长江中游的江西省旅游支撑、旅游需求相对落后，湖南省旅游支撑相对薄弱，湖北省旅游需求、旅游供给有待提升，安徽省旅游支撑作用较弱；长江上游省市旅游发展水平差异较大，云南省、四川省旅游需求旺盛，重庆市、贵州省旅游需求、旅游供给、旅游支撑均有待提升。他们认为，长江经济带各省（市）应加大旅游投入，加强旅游协作，进行合理的区域分工。长江下游省（市）应进一步加大市场开拓力度，引领长江经济带区域旅游一体化进程。长江中游省（市）应加大旅游市场、基础设施投入，加强社会经济对旅游的支撑力度。长江上游省（市）应加大对旅游市场、公共交通等基础、公共服务体系的投入，加强区域经济社会发展对旅游业的辐射力度和支撑力度，提高旅游人才数量和素质水平。

苏铭（2019）剖析了目前长经济带能源发展中存在的一些突出问题，主要包括上中游水电开发与流域生态环境保护矛盾加剧、燃油船舶污染与长江绿色生态廊道建设矛盾突出、沿江地带油气管网设施能力不足、冬季清洁取暖呼声强烈，但既有政策不适应需求、云贵川渝区域清洁电力协同消纳和外送存在瓶颈制约、两湖一江面临保障能源安全和推进绿色低碳转型的双重压力、长三角地区能源距离高质量发展要求差距较大等。该文认为，应贯彻落实生态优先、绿色发展战略，按照共抓"大保护、不搞大开发"的总体要求，本着"流域协同""区域协同""品种协同""内外协同"的原则推动长江经济带能源协同发展，明确实施途经，建立相应的保障机制。

肖琴、周振亚和罗其友（2019）从绿色发展的视角系统探讨新时期长江经济带农业高质量发展的实现路径。研究发现：长江经济带农业发展呈现出主要农产品产量和农业经济总量双增、农业比重持续下降、农产品进出口贸易活跃、农产品加工业发展较快、农业新业态不断涌现等特征；长江经济带农业高质量发展面临着粮食供需形势严峻、区域发展不均衡、资源约束趋紧、农业面源污染加剧、生态系统脆弱且退化明显、农村贫困化地域分布广等问题。因此，新时期长江经济带要从巩固提升农业综合生产能力、促进区域协调发展、严格保护水土资源、综合防治农业面源污染、养护修复生态系统、推进产业精准扶贫等 6 个方面着手，推动农业高质量发展。

　　李书敏（2020）以长江经济带沿线区域11个省（区、市）2014—2018年的经验数据为样本，测算了各省（区、市）的流通产业集聚程度和绿色GDP指数，并进一步就流通产业集聚与绿色GDP提升的关系进行了实证研究。结果表明：流通产业集聚程度和绿色GDP指数存在显著的区域差异性，上海市、浙江省、江苏省均处于第一梯队，流通产业集聚程度总体上表现为下游（东部地区）省份强于中游（中部地区）省份；中游省份强于上游（西部地区）省份。从影响效应来看，流通产业集聚对绿色GDP具有显著的正向驱动作用，但这种正向驱动作用也存在一定的地区差异，总体上影响程度排序与流通业集聚程度的排序存在较大的相似性。

　　付浩龙和李亚龙（2020）考察了长江流域农村小水电清理整改情况、绿色发展情况和生态流量保障情况。指出目前长江流域农村水电绿色发展存在以下主要问题：一是水电开发规划不健全，水资源利用率不高；二是泄流设施建设不足，生态用水得不到保障；三是水电绿色发展体制机制还不完善。进而提出建议及措施，以建立合理的规划制度、质量安全保障制度和科学管护制度，并创新管理体制机制。

　　向云波、王圣云和邓楚雄（2021）着眼于破解"化工围江"难题讨论化工产业绿色发展效率的提升，采用SBM-Undesirable模型和泰尔指数，分析了2001—2016年长江经济带化工产业绿色发展效率及其空间分异特征，运用地理探测器揭示长江经济带化工产业绿色发展效率空间分异的驱动因素。研究结果表明：2001—2016年长江经济带化工产业绿色发展效率显著提高，但存在明显的空间分异特征。不考虑能源利用效率和环境因素会高估长江经济带化工产业绿色发展效率；研究时间段长江经济带化工产业绿色发展效率区域差异总体呈缩小趋势，区域间差异是长江经济带化工产业绿色发展效率差异的主要来源，但随着时间演进区域间差异缩小，区域内差异扩大；经济水平、科技创新、产业结构和产业集聚对长江经济带化工产业绿色发展效率空间分异解释力较强，外商投资强度和环境规制解释力相对较弱。不同因子两两交互作用时均高于单独作用时的影响力。

　　周静（2021）基于2014—2019年省级面板数据，从资源节约、环境友好、生态保育、经济增长四个方面构建包括12个具体指标的农业绿色发展评价指标体系，考察长江经济带11个省（市）的农业绿色发展水平及区域差异。研究结果表明：长江经济带各省份农业绿色发展总体水平得到明显提升。其中，长江中上游省（市）农业绿色发展速度最快，贵州、江西、湖北、重庆、云南、安徽年均增长率超过长江经济带的平均水平。由于长江经济带区域差异较大，应注重因地制宜，促进农业生产的区域化与本土化，凸显农业的多功能性。

李忠、刘峥延和金田林（2022）认为长江经济带农业生产条件较好，农业发展水平高，但农业发展分异明显。上游地区农业发展相对落后，中游地区农业基础较好但近年来优势地位有下滑趋势，下游地区农业资源占有量不高但农业经济十分发达。长江经济带农业绿色发展面临的主要问题有：一是农业优质资源减少，明显制约农业绿色发展；二是农药化肥施用量居高不下，面源污染严重；三是养殖业污染排放大，水体污染严重；四是土壤污染严重，影响农产品质量。因此推动长江经济带农业绿色发展，需要加大供给侧改革，优化农业资源配置；因地制宜发展生态农业，增加绿色农产品供给；加强农业生态保护和修复；发展农业循环经济，防止农业面源污染；以及促进上中下游合作，共同打造长江农业绿色发展带。

王翌秋和郭冲（2022）基于绿色金融与产业绿色发展耦合机理，构建耦合协调度模型，利用长江经济带 11 个省（市）2012—2017 年数据，分析绿色金融与产业绿色发展耦合协调关系。研究发现：第一，长江经济带绿色金融促进了产业绿色发展，产业绿色发展反哺绿色金融成效显著，二者已达到良性共振耦合状态，耦合协调度不断提高；第二，上游地区产业绿色发展已形成了区域内合作机制，产业绿色发展迅速，绿色金融与产业绿色发展耦合协调度自2012 年以来上升最快；第三，11 个省（市）因资源禀赋、经济基础、绿色金融政策出台时间、政府考核重点以及绿色金融工具应用成熟度的差异，绿色金融与产业绿色发展之间呈现一定的不同，但都达到了良好协调程度。

刘雨婧和唐健雄（2022）从旅游产品服务、经济活力、创新发展、绿色发展、协调发展及共享发展 6 个维度，构建能够体现新发展理念的旅游业发展评价体系，运用投影寻踪评价模型对长江经济带 11 个省（市）2008—2019 年旅游业发展质量进行重新测度，结合地理探测器模型，揭示其内部影响因素。研究表明：从时间角度看，长江经济带旅游业发展水平整体呈快速上升态势，各维度指数波动性上升，水平及增长速度具有显著的空间差异；从空间角度看，区域层面整体呈现"下游地区最高，中上游地区不相上下"的空间特征，省（市）层面形成以江苏、浙江、上海为主力，其他省（市）齐头并进的旅游业发展格局。分维度指数具有显著的空间差异，旅游产品服务、创新发展、协调发展呈下游、中游、上游递减，而旅游经济活力、共享发展呈下游、上游、中游递减，旅游绿色发展呈中游、上游、下游递减的分布特征；影响因素方面，旅游服务、创新产出、收入福利、产业结构及环境治理是主要内部影响因素，作用程度依次递减。

四、有关长江经济带绿色发展路径的讨论

陈洪波（2020）基于生物多样性视角，认为：推动长江经济带发展，必须坚持生态优先的大前提，守住生态安全底线，从生物多样性保护入手，建立生态安全风险防范体系，加强重点物种保护及其生境空间修复，逐步恢复环境保障功能和资源属性。在此基础上，充分认识和发掘生物多样性的潜在价值，开发利用生物种质资源和生态系统服务的经济价值，可持续、高效开发利用生物多样性的生物资源属性，以生物多样性保护和价值开发促进生态环境改善和新兴产业发展，实现生态优先与绿色发展的协同共进。

张莹和潘家华（2020）考察了2014年9月国务院印发《关于依托黄金水道推动长江经济带发展的指导意见》以来，长江经济带生态文明建设取得的成效，总结了绿色发展的一些重要经验；分析了"十四五"时期长江经济带生态文明建设面临的挑战，主要包括：生态文明建设区域协同机制仍待健全；潜在的自然灾害成为经济社会可持续发展的隐患；生态系统退化速度快；经济社会发展与生态环境改善矛盾突出；继续改善生态环境质量难度加大。他们指出"十四五"时期长江经济带生态文明建设的目标是建设和谐长江、健康长江、清洁长江、优美长江和安全长江，因此工作重点在于推动产业实现创新型绿色转型升级，严格执行"三线一单"保护体系，解决危害公众健康的污染问题，以重点工程促进生态环境量质双升，完善升级自然灾害预警和应对机制，支持探索生态资产核查与监控平台建设，以及全面开展生态文明文化建设。

张静晓、候丹丹、彭劲松、李林和唐于渝（2020）基于谋划"十四五"期间长江经济带高质量发展视角，利用2014—2019年长江经济带发展的有关数据及案例进行实证分析。研究认为："十三五"期间，长江经济带产业发展、城镇体系建设、对外开放和生态环境保护等方面均取得显著进步，对我国经济发展支撑力进一步增强。但是，长江经济带生产要素流动受阻、生态环境保护压力大、全智慧型基建应用生态难以搭建等难点问题依然存在。他们认为，"十四五"时期，要以构建现代化经济体系为突破口，以合理引导城镇发挥正向空间外溢效应、打造互联互通共建共享的现代物流体系、强化上中下游流域生态坏境共保联治、构建多层次宽领域一体化新格局为重点，持续深化推进长江经济带高质量发展。

李志萌和盛方富（2020）考察了长江经济带各省（市）近年来创新探索省

际区域协商合作、协调区域利益的生态补偿、构建跨界联动治理的法治、推动跨区域开展"飞地经济"合作等区域协同治理机制，指出长江流域内的地区发展不平衡、不充分仍是我国区域发展不平衡、不充分问题的集中"缩影"，表现为发展水平梯度差异大、利益诉求差异明显，区域内存在生态环境"囚徒困境"难题和弱约束合作的"搭便车"现象等，折射出区域协同体制机制方面存在的问题。他们认为，从区域协同视角，高质量建设长江经济带生态共同体，应加快长江大保护立法进程，统筹山水林田湖草系统治理、实现公平正义的全流域生态补偿、推进跨区域产业合作、实施长江智慧治水、构建环境执法监督等合作共赢的长效机制。

吴学榕和程铖（2020）聚焦云南省在长江经济带建设中的上游区位，运用结构方程构建了反映云南省绿色发展、包含 6 个潜变量和 15 个观察变量的模型。发现在影响云南省绿色发展的影响因素中，绿色福利与经济结构、经济规模、经济效益等经济发展方面的因素相关性都较大，绿色治理与经济规模的相关性较大，环境压力与经济结构的关联性最大；而 GDP 增速和第二产业占比与绿色发展是负相关关系。因此，推动云南省在长江经济带建设中实现绿色发展，生态优先是前提，绿色产业是根本动力，经济结构优化和效益提升是基础保障，提升绿色治理能力是关键举措。

赵小姣（2021）认为在当前依法治国大背景之下，长江经济带绿色发展最终依赖于法律的引导、规范和保障。然而长江经济带绿色发展的法治化水平存在很多欠缺：一是立法滞后，绿色发展尚待法律的确认和引导；二是执法疲软，绿色发展缺乏有效的体制保障；三是司法薄弱，绿色发展尚未筑起有力屏障。赵小姣（2021）认为在长江经济带绿色发展的法治化路径上，科学立法是基本前提，严格执法是关键环节，公正司法是重要保障，全民守法是坚实基础。

刘司可、黄家顺和彭智敏（2021）首先建立"结构＋质量＋创新＋环境"分析框架，以长江经济带 35 个老工业基地城市为研究案例，运用定性比较分析方法，探讨了影响老工业基地城市产业转型升级的条件组合。研究认为，长江经济带老工业基地城市产业转型升级有两类解释路径：一是以强质量提升为核心，二是强结构优化、强产业创新和强环境友好的组合。长江中上游老工业基地城市有更加多元的产业转型升级条件组合，质量提升与产业创新的组合则是长江下游老工业基地城市产业转型升级的重要路径。

黄明和陈诗一（2022）讨论了绿色金融如何赋能长江经济带发展这一课题。目前长江经济带绿色发展中存在金融资源供需不匹配、绿色金融跨区域合作机制缺失、金融机构协同程度不高、绿色金融供给主体单一、生态资产和生态产品交易的市场体系不成熟、绿色金融产品体系不完善等问题。进而提出金融领域推进长江经济带绿色发展的首要路径是统筹考虑生态大保护、创新发展、协同合作等，加强上游、中游、下游地区间的金融合作，通过发展跨区域绿色金融，协同推动长江经济带的生态价值创造和价值实现。次要路径是，长江经济带各区域因地制宜，发展特色绿色金融模式，满足各区域绿色发展中的金融需求。

李琳和陈文婧（2022）选取2006—2019年长三角及长江中下游城市群69个地级市数据，利用面板分析和门限回归等手段，检验了市场一体化对城市绿色发展的影响。研究发现：市场一体化对城市绿色发展具有明显的带动作用，且长三角城市群的作用效应强于长江中游城市群；两大城市群边界城市一体化对绿色发展水平的促进作用均优于其非边界城市；长三角中心城市市场一体化的绿色经济效应高于非中心城市，而长江中游城市群则相反；在程度较高的绿色创新与人力资本条件下，市场一体化对城市绿色经济的发展有更为显著的促进作用。

滕祥河、林彩云和文传浩（2022）立足于流域分工与流域可持续发展理论，充分遵循长江上游"点上开发、面上保护"国土空间开发格局大前提下的科学发展模式，在比较成渝地区与京津冀、长三角、粤港澳大湾区等典型区域重大战略差异的基础上，提出了连接昆明、促进成昆渝一体化的重大战略构想，以带动贵州、广西乃至长江上游整体绿色发展。

陈芳和刘松涛（2022）采用长江经济带108个城市数据，以官员异地交流构建一个准自然实验，采用多期双重差分方法（多期DID）研究了长江经济带各市官员异地交流及任期对绿色发展的影响。研究发现：官员异地交流有助于提升长江经济带绿色发展水平，来自中央和长江经济带内部的官员交流更能发挥这种效应。在考察期内，官员任期与长江经济带绿色发展水平呈现显著的U形关系，即任期越长越有利于提升绿色发展水平；但是这种效应具有显著的地区差异，即长江经济带上游呈现显著的正向作用，但中游和下游却不显著。

五、长江经济带绿色发展研究述评

从既有文献看，学术界很早就关注了长江流域生态文明建设和经济发展问题，特别是最近三四年的研究更加活跃，可能与长江经济带的国家战略地位日益重要有关[①]。特别是习近平总书记在 2016 年、2018 年和 2020 年先后三次在长江沿岸城市主持召开长江经济带发展座谈会，对长江经济带发展战略定位一次比一次高，对长江经济带发展的支持力度也一次比一次大。

在长江经济带绿色发展问题的研究上，学术界体现出了多样化的分析视角，既有对长江经济带绿色发展水平和地区差异总体上的测度，也有分行业、分部门、分领域的结构化的研究；既有对经济、生态问题的阐述，也有对影响因素的深层次剖析；既有对历史和现状的全方位考察，也有对未来进一步推动长江经济带绿色发展实现路径的探讨。

在研究结论上，大多数学者都认为：最近 10 多年的时间里，长江经济带整体生态效率、环境质量、产业生态化水平、产业结构优化升级、绿色全要素生产率等方面均有所改善，但是呈现显著的空间非均衡性，呈现东—中—西梯度式递减格局，省级差异突出；人力资本、科技进步、对外开放、经济集聚、环境规制等是长江经济带生态文明建设和绿色发展的重要影响因素。

在研究手段上，学术界综合运用多种方法，将理论分析与实证分析相结合、归纳分析和演绎分析相结合、总量分析和结构分析相结合。在研究工具和计量模型的使用上，研究维度从单一走向多元，分析指标从简单趋向丰富和精准。学者们熟练运用了主成分分析、传统数据包络分析（DEA）、改进超效率的 DEA 模型、基于非期望产出的 SBM 模型和 EBM 模型、熵权法、模糊联系度分析法、层次分析法、泰尔指数、莫兰指数、最优化指数、统一度指数、投影寻踪评价模型、面板回归模型、空间杜宾模型、门槛效应模型、中介效应模型、面板 Tobit 模型、耦合协调模型、空间马尔科夫链方法、重心模型、Dagum 基尼系数、SBM‑GML 模型、Super‑SBM 模型、SBM‑Undesirable 模型、结构方程模型、面板向量自回归（PVAR）、双重差分方法（DID）、多期双重差分方法（多期 DID）等各种技术手段，其中既有经典的计量经济学方法，也应用了当今世界计量经济学领域的最新前沿成果。在样本数据使用上，运用最多的则是长江经济带 11 个省（市）级或 108 个城市级（包括上海和重庆两个直辖市，则为 110 个城市）不同年限的面板数据。在环境监测和生态修复方面，卫星遥感等现代科技手段也得到了运用。

---

① 以知网搜索为例，早在 2008 年就有期刊论文讨论长江流域生态文明建设问题，2011 年之前每年与该主题相关的期刊论文数量只有个位数，2016 年以后显著增多，近年则分别达到了 44 篇（2019年）、32 篇（2020 年）、54 篇（2021 年）和 30 篇（2022 年）。在 2011 年之前基本上没有论文讨论长江流域绿色发展问题，近年来有该主题的期刊论文分别达到了 31 篇（2019 年）、37 篇（2020 年）、78篇（2021 年）和 42 篇（2022 年）。这在一定程度上反映了学术界关注重点的变化。

　　总体而言，既有文献从多个角度，综合运用多种研究方法，围绕长江经济带绿色发展这一主题进行了多方位、多专题的探讨。但是从目前来看，还很少见到对长江经济带广大山区的专门研究。在长江经济带省（市）中，山地占了辖区面积的很大比重，对于长江上游省（市）来说则更是如此。云南省、四川省、贵州省不少城市（自治州）是少数民族聚集区乃至边疆地区，湖北省、湖南省也有少数民族自治州，其绿色发展和共同富裕对于加强民族团结、巩固国防安全都有重要意义。因此，学术界对于长江经济带山区城市（自治州）的绿色发展问题应给予高度的重视。

第三章　长江经济带山区绿色发展理论研究

一、相关范畴的界定

（一）循环经济

20世纪30至60年代末工业化和城市化进程加快，导致资源短缺和环境污染问题日益严重，接连爆发了马斯河谷烟雾、洛杉矶光化学烟雾、伦敦烟雾、水俣病事件等震惊世界的八大公害事件。人类开始意识到经济增长模式对可持续发展的重要性。美国学者鲍尔丁在1966年出版的《即将到来的宇宙飞船世界的经济学》中指出，随着科技的不断发展和资源的日益枯竭，传统的线性经济模式即采集-生产-消费-废弃的模式已经无法满足人类对资源的需求。因此，他首次提出了循环经济的概念，主张通过最大限度地减少资源浪费和环境污染，实现资源的回收再利用，实现经济可持续发展。因此，循环经济成了一种可行的解决方案。循环经济将资源的使用和再生产进行有机结合，打破了资源的单向流动，使得废弃物成了资源的"飞升"，从而实现了资源的可持续利用和循环再生。联合国也高度重视环境问题。1972年联合国在瑞典斯德哥尔摩召开的人类环境会议通过了人类环境宣言，确立了人类对环境问题的共同看法和原则。1992年，联合国在巴西里约热内卢召开的环境与发展大会具有里程碑意义。这次会议首次将经济发展与环境保护紧密结合，提出了可持续发展战略，标志着全球范围内环境保护事业发生了历史性转变。2002年联合国在南非约翰内斯堡召开的可持续发展世界首脑会议提出经济增长、社会进步和环境保护是可持续发展的三大支柱，经济增长和社会进步必须同环境保护、生态平衡相协调。在这三次具有里程碑意义的国际性会议的倡议下，世界各国开始共同研究解决环境问题，并将生态保护和可持续发展纳入各国的实际行动。

20世纪90年代后期，中国引入了循环经济概念，并迅速受到国内专家、学者和高层领导的重视。褚大建（1998）在《可持续发展呼唤循环经济》一文中提出，循环经济是一种经济发展模式，它要求把经济活动组织成为"自然资源-产品和用品-再生资源"的反馈式流程，从而减少资源的消耗和浪费，通过延长产品的使用寿命、促进产品再制造、再利用和再循环利用，实现资源的有效循环利用和最大化利用。吴绍中（1998）在《循环经济是经济发展的新增长点》一文中提出，所谓循环经济就是在人类的生产活动过程中，控制废弃物的产生，建立起反复利用自然的循环机制，把人类的生产活动纳入自然循环中去，维护自然生态平衡。曲格平（2001）在《时代呼唤循环经济》一文中提出，循环经济是一种把清洁生产和废弃物的综合利用融为一体的生态经济。张思锋等人（2002）在《对我国循环经济研究若干观点的述评》一文中提出，循环经济是以可循环资源为来源，以环境友好的方式利用资源，从而把经济活动对自然环境的影响控制在尽可能小的程度，经过相当长一段时间的努力，使生态负增长转变为生态正增长，实现人类与生态的良性循环。解振华（2003）在《走循环经济之路 实现可持续生产与消费》一文中提出，循环经济强调节约资源、有效利用资源，在生产和消费过程中，以最小成本追求最大的经济效率和生态效益。2005年国务院发布了《国务院关于加快发展循环经济的若干意见》，将循环经济定义为一种以资源的高效利用和循环利用为核心，以"减量化、再利用、资源化"为原则，以低消耗、低排放、高效率为基本特征，符合可持续发展理念的经济增长模式，明确循环经济是对"大量生产、大量消费、大量废弃"的传统增长模式的根本变革。

（二）绿色经济

随着经济全球化进程的不断推进和全球气候变化问题日益突出，绿色经济的内涵和外延不断丰富和拓展。绿色经济概念最早由英国环境经济学家皮尔斯在1989年出版的著作《绿色经济蓝图》中提出。他认为，绿色经济是一种能够实现经济、社会和生态的均可持续发展的经济发展模式。

他认为，如果人类发展超过了自然和社会的承载力，就可能对可持续发展造成破坏，甚至导致社会和生态危机。这个概念的提出标志着学术界对绿色经济研究的开始。进入21世纪，联合国对绿色经济持续高度关注。2007年，联合国在年度报告中提出了绿色经济的观点，认为绿色经济是一种高度重视人与自然和谐关系、能够创造体面高薪工作的经济模式。2010年，联合国对绿色经济的定义进行了更新，认为绿色经济是一种能够改善环境、追求人类幸福和社会公正的可持续经济模式。这一定义很快被全世界广泛接受，成为公认的绿色经济经典定义。2011年，联合国环境规划署进一步完善了绿色经济的概念，将其定义为一种能够增进人类福祉和社会公平，同时又能显著降低环境风险和生态稀缺性的经济发展模式。2012 年，联合国可持续发展委员会强调了绿色经济是实现可持续发展的一种手段，发展绿色经济有助于消除贫困、促进经济增长、推动社会包容、改善人类福利，在为所有人创造就业和体面的机会的同时保持地球系统健康运行。自此，绿色经济概念得到更为广泛关注，并使其成为主流发展理念（D'Amato 等，2017）。

（三）低碳经济

对低碳经济概念的界定最早可以追溯到 1998 年。美国学者 Ann P. Kinzig 和 Daniel M. Kammen（1998）在《国家碳排放轨迹：促进向低碳经济过渡的建议分析》一文提出，低碳经济是一种二氧化碳节约和经济增长同步实现的新经济模式。2003 年"低碳经济"概念首次以官方文件的形式出现在英国发布的《我们的能源未来：建立低碳经济》能源白皮书中。该书将低碳经济界定为"利用最少的自然资源消耗和最低的环境污染，以获得最多产出的经济模式。"2006 年，著名气候变化研究专家斯特恩发布的《斯特恩报告》中强调，短期的低碳转型较少的投入在未来会产生相应的更多收益，从而避免长期较大的经济损失。国内对低碳经济的研究始于 2005 年。庄贵阳（2005）在《中国经济低碳发展的途径与潜力分析》一文中提出，低碳经济的实质是能源效率和清洁能源结构问题，核心是能源技术创新和制度创新，目标是减缓气候变化和促进人类的可持续发展。付允等人（2008）在《低碳经济的发展模式研究》一文中提出，低碳经济是指在不影响经济和社会发展的前提下，通过技术创新和制度创新，最大限度地减少温室气体排放，从而减缓全球气候变化，实现经济和社会的清洁发展与可持续发展的最佳经济模式。潘家华等（2010）在《低碳经济的概念辨识及核心要素分析》一文中提出，低碳经济的内涵对于不同发展水平的国家存在差别。对于发达国家而言，在维持高人文发展水平的前提下，实现碳排放总量的绝对降低才是低碳经济发展；而对于发展中国家而言，在经济总量增加的同时碳排放的相对下降就可被视为低碳经济发展。

（四）三种范畴的联系与区别

循环经济、绿色经济、低碳经济三种范畴本质上是一致的。它们都强调了人与自然的和谐共生的重要性，通过强化生态保护、优化能源结构、提升能源效率，推动经济社会的可持续发展，增进人类福祉。

循环经济、绿色经济、低碳经济三种范畴的侧重点有所差别。在推进经济社会发展的过程中，循环经济侧重改善投入产出的资源能源利用和流动方式，目标是减少人类生产生活行为对生态环境的破坏，保护生态环境。因此循环经济更加强调要遵循生态系统的规律，从生产技术层面去破解经济增长方式问题。绿色经济在循环经济的基础上表达了人类对美好生活的向往和追求，其更强调经济、社会、自然可持续发展的意义与目标，即改善生态环境、增进人类福利。低碳经济则强调节能减碳，为绿色经济的实现提供了实践模式，即切断经济增长与温室气体排放之间的正向联系，推动温室气体排放和经济增长逐渐脱钩。

二、长江经济带山区绿色发展的理论基础

2015年10月，《中国共产党第十八届中央委员会第五次全体会议公报》强调：实现"十三五"时期发展目标，破解发展难题，厚植发展优势，必须牢固树立并切实贯彻创新、协调、绿色、开放、共享的五大发展理念[①]。五大发展理念是发展行动的先导，是管全局、管根本、管方向、管长远的发展新理论。强调落实创新、协调、绿色、开放、共享的五大发展理念，是关系我国发展全局的一场深刻变革。长江经济带山区的绿色轻型发展，作为我国发展全局中的重要篇章和具体实践，应该以五大发展理念作为最根本的理论遵循。

（一）"创新"发展

长江经济带山区的发展不能重复以往很多城市"高投入、高污染、高耗能"的粗放型老路，关键一条就是创新驱动，依靠现代科学技术进步和体制机制创新从根本上实现动能变革、效率提档和质量提升。

长期以来，我国原先的发展方式是依靠要素大量投入、粗放使用来支撑经济高速增长，为此也付出了重大的环境、资源、生态和社会代价。"长江无水""长江无鱼""长江病了"曾让社会各界感到痛心。从供给角度看，在当前经济进入新常态的大背景之下，我国支撑经济高速增长的原有红利逐步消失，原有经济增长方式愈发不可持续。从需求角度看，经过改革开放四十多年的经济社会发展，我国已经形成世界上最庞大的中等收入群体，人民群众对生活品质的追求日益强烈，绿色消费、共享消费和中高端消费加速兴起，消费结构加快升级。因此，在"共抓大保护，不搞大开发"的基调之下，实施创新驱动发展战

---

① 中国共产党第十八届中央委员会第五次全体会议公报［N/OL］．新华网，2015 - 10 - 29. http://www.xinhuanet.com。

略，是长江经济带广大山区主动应对发展环境变化、把握发展自主权、加快跨越式发展的必然选择。

创新是长江经济带山区高质量发展的根本点，是协调发展、绿色发展、开放发展和共享发展的大前提。协调发展需要政策、体制、机制和宏观经济管理方式的创新；产业协调、城乡协调、区域协调需要技术、工艺、资源配置方式、商业模式和经济管理体制的创新，绿色发展需要低碳环保技术、生态产品价值实现机制、"绿水青山"向"金山银山"转化通道的创新；开放发展需要经济社会管理体制、国际经贸体制、国际金融体制的创新；全社会共享经济发展成果，则需要财富分配制度、收入调节制度、转移支付制度等多方面的创新。所以在五大发展理念之中，发展是主线，而创新则是灵魂。

当前以区块链、大数据、物联网、云计算、人工智能等为代表的新一代科技革命方兴未艾，我们正面临着"百年未有之大变局"。长江经济带广大山区的发展，要深入实施创新驱动发展战略，瞄准科技发展前沿，积极引进消化发达地区先进技术，同时开展自主性、原创性研究，发挥"后发优势"，补全、强化产业链，向价值链高端延伸，着力培育壮大经济发展新动能。拓宽科技融资渠道，加大研发投入，提高创新活动效率，厚植产业发展优势。创造更为良好的产、学、研生态体系，提高科技成果转化率，增强创新引领的支撑。特别是以移动互联网、云平台等新兴技术整合创新资源，推进数据、信息共享，降低创新学习沟通成本，提高产、学、研协同效率。

培育壮大经济发展新动能，离不开制度创新释放红利，也需要依靠制度创新来保驾护航。长江经济带广大山区在推进创新驱动的发展战略中，需要从建立健全长效机制入手，做好顶层设计，构建科学合理的科技管理体制和运作机制。进一步处理好政府和市场的关系，推进"放管服"和数字化改革，不断提升政府效能，不断提升社会治理能力，不断推进治理体系现代化。保护和激发企业创新活力，发挥创新引领主体作用，破除长期模仿形成的"路径依赖"弊端。健全知识产权保护体系和技术中介服务体系，提升法治化水平。完善科技创新利益补偿机制、科研活动评价机制和政绩考核体系。高质量推进义务教育和高等教育事业，培育高素质的劳动力队伍和高端科技创新人才，优化创新环境，集聚创新要素，完善创新生态，打造创新高地，推进科技创新、经济增长、社会进步深度融合，为实现长江经济带广大山区的高质量绿色发展提供根本动力。

(二)"协调"发展

长江经济带现代化经济体系作为一个系统概念，经济体系的内部平衡与协调是必然要求。这种平衡与协调既体现在不同产业之间、政府与市场之间，同样体现在不同区域之间以及城市与乡村之间。当前，我国东、中、西部依然存在较大的发展差距，特别是西部广大山区发展仍然较为落后。同时，历史上长期形成的城乡二元分割没有得到根本消除，乡村发展有所滞后，乡村振兴依然任重道远。消除长江经济带内部存在的区域差距和城乡差距，离不开"协调"发展理念。

党的十九大报告明确提出要实施区域协调发展战略。首先，要发挥各个地区的比较优势，对东、中、西不同板块实施差异化战略。支持东部地区率先推进高质量发展，补齐中部、西部区域发展的短板，大力支持长江经济带革命老区、民族地区、边疆地区、欠发达地区改善基础设施，因地制宜发展优势产业和特色产业，提高基本公共服务能力。其次，要按照五大发展理念构建区域协调发展的各类评价指标和体系，发挥市场机制在长江经济带绿色发展中的资源配置决定性作用，促进生产要素在不同区域顺畅流通，在区域之间实现更加有效的产业分工和合作。最后，要积极探索区域协调发展的新方向、新模式。以城市群建设推进区域一体化，完善基础设施和现代通信网络设施，实现互联互通。明确中心城市和卫星城市的职能分工，构建大中小城市协调发展的城镇格局，增强城市群对农村富余劳动力的吸引力和承载力，实现不同区域之间的包容性增长。

缩小城乡差距，推进城乡一体化。首先，要落实中共中央、国务院印发的《乡村振兴战略规划（2018—2022年）》，全面深化农村改革，完善土地承包经营制度和宅基地所有权、使用权、土地林地经营权、收益权等农村产权体系，推进乡村基层治理现代化。其次，要加强农村基础设施建设。完善农村物流交通、污水排放、供水、供电、新能源汽车充电桩、垃圾无害化处理等公共设施建设，推进5G、工业物联网等新基建向农村覆盖延伸，实现互联互通，缩小城乡"数字鸿沟"，发展数字普惠经济。再次，要推进农业经营主体和生产方式的多样化。培育家庭农场、种植大户、养殖大户、农业专业合作社等多种经营主体，延伸农业产业链，提升农产品深加工水平。积极应用现代科学技术，推动农业组织方式、流通方式和分配方式的规模化、集约化和数字化改造。最后，要抓住农村产业振兴这个关键环节，完善城市反哺农村的有效机制，引导城市资金、人才、技术等生产要素向农村流动，促进城市的现代物流、电商、农产品加工等企业在农村合理布局，实现城乡良性互动，多方合作共赢，农民获益增收。在税费、金融、用地、用电等方面适当给予扶持，建设农业高新技术产业园区和农工文旅综合体，推进一二三产业深度融合发展。提升长江经济带广大山区乡村物质文明、精神文明和生态文明建设水平，让农村居民也能享受到优质高效的公共服务。

（三）"绿色"发展

在新发展理念之下，"绿色"是发展的主色调。过去以大数量增长指标为主的经济增长方式已经不可持续，绿色发展是高质量发展的本质内涵。我国经济增长的最终目的是满足人民群众日益增长的对美好生活的向往，而蓝天、碧水、青山是人民群众幸福生活的最重要的生态基础。在五大发展理念中，绿色发展居于关键地位，是决策层深入把握发展规律的结果。在马克思主义者看来，发展就是解放和提升生产力，而劳动者是生产力中最活跃的因素。生产力的发展不单是生产效率的提高和物质财富的增加，更为重要的是人力资源、人力资本的全面发展。而良好的生态环境是人类生存、持续发展最为重要的前提条件，因此，绿色发展就是保护和发展生产力，是社会主义的本质要求。

在长江经济带发展过程中，由于历史和现实各种原因，来自生态环境的挑战依然不小。近年来一些严重污染问题集中暴露，表明历史"欠账"太多，治理不到位，甚至成为一个突出的经济社会问题和民生问题。推进长江经济带绿色发展，首先要正确处理"绿水青山"和"金山银山"的辩证关系，将绿色发展理念融入经济、政治、文化和社会建设的全过程。通过周密的研究论证制定系统计划，形成切实有效、可操作性强的时间表、路线图、计划书，统筹推进绿色发展各项工作。其次，要打好污染防治攻坚战，从大气污染、水污染和土壤污染三个方向全面推进。例如，江苏省进一步加大长江、太湖流域的污染治理力度；云南省加强重点区域的生态系统修复和环境综合治理，积极参与长江绿色生态廊道建设；湖南省积极实施一系列土壤防治重点项目，开展长株潭经济区耕地的修复治理。再次，按照"生态产业化""产业生态化"要求因地制宜构建绿色产业体系。如在长江沿岸旅游资源富集区积极发展旅游产业，培育经济增长点。清洁能源富集区积极发展水电、风电、光伏、抽水蓄能、水光互补等新能源产业。浙江等经济发达地区推行"亩均产值论英雄"，提升国土空间、自然禀赋的集约利用。上海深化全国碳排放交易试点，探索完善气候投融资体制机制。最后，推进绿色发展绩效考核和领导干部自然资源资产离任审计。用好绿色发展的"指挥棒"和"红绿灯"，用绿色发展理念引领发展行动，将资源消耗、环境保护和生态效益等指标纳入考评体系，对干部形成正向激励和负向倒逼，对各类破坏生态环境的行为实行"零容忍"，以资源环境生态红线管控为基线，促使各地在发展理念上有机结合短期利益与长期利益。积极总结长江经济带江西省、贵州省等国家生态文明试验区的好的做法，形成可复制、可推广的成功经验。

（四）"开放"发展

2020年4月，中央财经委员会第七次会议首次提出"构建国内国际双循环相互促进的新发展格局"[①]。新发展格局立足国内大循环为主体，将其作为国内经济持续发展的主要动力来源；同时，谋求国内国际循环相互促进，进一步扩大开放，为国内大循环赋能。

目前，我国经济已经进入了从高速增长向高质量发展的新阶段。高质量发展依靠技术和制度创新、结构升级和效率提升等因素驱动。为了实现新阶段发展目标，我国需要调整开放战略，更好地开拓国内、国际两个市场，更好地利用国内、国际两种资源，提升自主创新能力，推动产业结构优化升级。我国将积极参与全球经济治理，坚定不移推进经济全球化，维护自由贸易秩序和公平竞争的国际环境，促进贸易投资便利化和区域经济一体化，旗帜鲜明地反对单边主义、霸权主义和贸易保护主义。未来我国将加快内陆地区开放，深化沿海沿边地区开放，形成更加均衡协调的开放布局；以"一带一路"为重点，对发达经济体和发展中经济体开放并重，"引进来"与"走出去"并重，贸易与投资并重，制造业与服务业并重，实体经济与金融开放并重，经济开放与全球治理并重（易昌良，2020）。

长江经济带在构建双循环新发展格局中，首先要加大西部、内陆和沿边开放力度，发挥重庆、成都、武汉、长沙、南昌、合肥、上海、宁波、舟山等"一带一路"节点城市的桥头堡作用，发挥集聚、服务、带动、支撑、保障功能，促进长江经济带与共建"一带一路"沿线国家和地区开展多领域合作。其次，顺利推进跨国高铁等重大项目，完善国际交通物流网络，建设国际大通道，便利沿线大通关，推进与"一带一路"沿线国家和地区的互联互通，保障全球供应链的稳定。再次，支持企业"走出去"，主动开发国际市场，整合外部资源。发挥"自贸区"的政策便利和示范作用，提升进出口综合效益，扩大先进技术、设备、服务进口，促进国内产业升级；合理增加一般消费品进口，丰富国内市场高端优质商品供给；从过去中低端产品出口、工程承包，逐步向中高端

---

① 构建新发展格局 重塑新竞争优势［N/OL］. 中央政府网站，2015 - 10 - 29. https://www.gov.cn/.

产品、新兴服务业出口升级。充分发挥亚洲基础设施投资银行、丝路基金等平台的作用，建设多元化融资体系和多层次资本市场，支持中国制造和中国服务"走出去"，扩大国际产能合作。最后，积极探索数字经济时代国际贸易新模式，在长江经济带广大山区培育发展农村电子商务和跨境电子商务。利用区域全面经济伙伴关系协定（RECP）、欧盟—中国全面投资协定（CAI）、全面与进步跨太平洋伙伴关系协定（CPTPP）等各类区域投资贸易协定签署的机遇，深化对国际经贸规则研究，借助博览会和贸促会等平台开展跨境电子商务推介、招商和贸易活动。充分发挥商会、海外华侨社团等民间组织的桥梁作用，促进内外交流。支持和引导农村电商企业和跨境电商企业与各类投资和贸易促进机构合作，提高区域投资贸易协定利用率，积极开拓海外市场。

（五）"共享"发展

共享理念实质就是坚持以人民为中心的发展思想，体现的是逐步实现共同富裕的要求。实现共享发展的目的，就是要让广大人民群众平等共享改革开放和经济发展的成果，逐步缩小区域差距和城乡差距，最终实现共同富裕。共享发展体现了社会主义的本质要求，但共享发展是一个从低级到高级、从不均衡到均衡的循序渐进的过程，不能搞整齐划一的平均主义，也不可能一蹴而就地实现共同富裕。因此，不同区域、不同经济板块应因地制宜地探索有效路径，总结提高，逐步推进，最终实现共同富裕目标。同时，共享发展也是实现社会公平的应有之义。我国传统文化中早就有"天下为公""世界大同""共同富裕"的思想，集中体现了千百年来在生产力不够发达的情况下，广大劳动人民对社会公平正义的渴求。在改革开放新时期，我们要坚持四项基本原则，在做大"蛋糕"的同时，完善税收、社会保障、转移支付、慈善事业等再分配调节机制，优化收入分配格局，缩减基尼系数，使发展成果更多、更公平地惠及全体人民。

在长江经济带一些省份（特别是长江上游省份和直辖市）山区城市中，海拔很高，地形地貌复杂，交通条件闭塞，基础设施不佳，经济发展和人民生活水平与平原地区和东部沿海发达地区有不小的差距。另外，这些地方往往又是少数民族聚集区或边疆地区，远离区域中心城市，要素聚集能力不强。例如，在长江经济带75个地级山区城市（不包含重庆市）中，少数民族自治州就有16个，占比约为23%。因此，以共享理念推进长江经济带山区高质量绿色发展，不仅仅是社会主义的本质要求、社会公平正义的应有之义，而且对于铸牢中华民族共同体意识、巩固国防安全和边疆稳定都具有重大的现实作用。

以共享理念推进长江经济带山区高质量绿色发展，首先要巩固前期脱贫攻坚成果，通过财政支持、融资担保、风险补偿等机制，引导各种要素向欠发达地区聚集，变"输血"为"造血"，提升其产业经济效益和社会效益，推动欠发达地区和农村地区人均可支配收入更快增长。其次，营造创新、创业的良好环境，促进就业机会平等，消除劳动力市场的二元分割结构性矛盾。兼顾效率与公平原则，发挥再分配和三次分配的收入调节功能，提高劳动报酬在国民收入分配中的比重，切实缩小收入差距和相对贫困。再次，促进教育公平，切断不平等在代与代之间传递。加快推进义务教育的均衡发展，提升高等教育入学机会。特别是要加强中西部农村教育能力建设，优化教育资源配置，培养壮大高素质的劳动力队伍。最后，强化民生保障。优化医疗卫生机构布局，提高优质医疗服务供给能力，进一步整合医疗保障制度，缩小不同群体和不同区域之间的待遇差距。统筹完善社会保障体系，以共享发展为导向，提高制度设计的公平性和普惠性。完善社会救助机制，有效发挥托底功能。

三、长江经济带山区绿色发展的实现路径

"生态经济化、经济生态化"是构建绿色低碳循环发展经济体系的要旨，是长江经济带山区绿色发展的必然选择。

（一）生态经济化

"生态经济化"旨在以自然系统承载能力为限度，将生态产品和服务按照市场化经营的方式转变为物质财富，实现生态与经济协调发展。长江经济带山区城市大多是生态资源富集地区，"生态经济化"就是通过资源集约利用、国土集约布局等方式，实现生态产品价值，从而提升民生福祉，促进公共服务均等化，推动区域、城乡协调发展。

资源集约利用是指在生产、消费和管理过程中，以最小的资源投入获得最大的效益。它包括两个方面的含义：一是有效地利用现有资源，避免浪费；二是通过技术创新和管理手段，提高资源利用效率。资源集约利用的核心思想是实现"节约、回收、再利用"。在生产过程中，可以通过优化工艺流程、降低能源消耗、减少废弃物产生等方式，最大限度地利用有限的自然资源。在消费过程中，倡导绿色消费，购买节能环保的产品，避免不必要的浪费。在管理方面，可以采用循环经济模式，将废弃物作为资源再利用，实现资源的循环利用。资源集约利用不仅有助于降低对自然资源的依赖，减少环境污染，还可以

提高经济效益。通过科技进步和创新，可以改进生产方式，提高产品质量和产能，降低生产成本，增加企业竞争力。同时，资源集约利用可以促进可持续发展，实现经济、社会和环境的协调发展。资源集约利用是推动"生态经济化"的重要途径，对于实现长江经济带山区绿色发展具有重要意义。

国土集约化是指在土地资源管理和利用方面，通过科学规划和有效管理手段，以节约集约的原则，实现土地资源的高效利用、保护和可持续发展。国土集约化主要包括空间布局优化、节约用地、高效用地、生态保护和修复、综合治理等几个方面的内容。一是空间布局优化。通过合理规划和布局，将城乡发展、经济产业、生态环境等各项功能有机整合，提高土地空间的综合利用效益。例如，合理划定城市建设用地和农村建设用地边界，促进城乡一体化发展；划定生态保护红线，保护自然生态系统。二是节约用地。采取措施减少土地消耗，避免过度开发和浪费。通过合理安排城乡建设用地，控制城市扩张速度，限制低效农用地转为建设用地，优化土地利用方式。三是高效用地。提高土地的利用效率，实现更多功能的综合利用。通过土地整治、土地复垦等手段，改善土地质量，增强土地的生产力和可持续性。同时，推行绿色建筑和高密度建设，实现土地的最大利用价值。四是生态保护和修复。注重生态环境的保护和修复，在国土集约化中寻求生态与经济的协调发展。通过划定生态保护红线、建设生态功能区，保护重要生态系统和生物多样性，推动生态环境保护和修复工程，实现土地资源的可持续利用。五是综合治理。综合考虑土地的各项功能和利益，加强土地资源利用管理和监督。加强土地利用规划，完善土地市场机制，加强土地执法监管，促进土地管理科学化、规范化。同时，加强土地制度改革，鼓励土地流转和集约利用。国土集约化的目标是在有限的土地资源条件下，实现经济发展和社会福祉的最大化，同时保护生态环境，确保土地资源的可持续利用。国土集约化需要通过科学的土地利用规划，防止过度开发和土地资源的不合理利用，是"生态经济化"的底线；国土集约化通过提高土地利用效率，减少资源浪费和能源消耗，实现资源的高效利用，是"生态经济化"的重要实现方式；国土集约化追求经济社会的绿色化、低碳化和环境友好型发展，是"生态经济化"的发展方向。

生态产品价值实现是指通过保护和合理利用生态资源，将其转化为经济价值和社会效益的过程。首先，进行生态资源保护。保护和管理自然资源、生物多样性和生态系统，确保其可持续利用和健康发展。通过科学规划和有效管理，保护生态资源的完整性和稳定性，避免过度开发和污染，为生态产品的产生和发展提供良好的基础。其次，进行生态产品的创造与开发。在生态资源的基础上，通过技术创新和产业转型，开发和生产具有生态特色的产品。这些产品可以是绿色食品、有机农产品、生态旅游、环保节能设备等，符合人们对于环境友好、健康安全的需求。同时，也可以发展生态工业园区、生态城市等生态产业集聚区，推动生态产品的规模化生产和市场化销售。最后，实现生态产品的经济和社会效益。生态产品的价值不仅仅体现在经济层面，还包括对社会、环境和文化的积极影响。生态产品的生产和消费能够创造就业机会，促进地方经济发展和增加居民收入。同时，生态产品还能提供绿色环保、健康安全的生活方式，提升生活质量。而且，生态产品的可持续发展还有助于保护和传承地方文化遗产和优秀传统文化。总之，生态产品价值实现旨在将生态资源保护与经济发展、社会福祉相结合，实现经济效益、社会效益和生态效益的良性循环。通过合理开发和利用生态资源，推动绿色经济和可持续发展，实现经济增长与环境保护的双赢局面。

民生福祉是指国家或地区内所有居民的生活水平和福利状况。它涵盖了人民的基本生活需求，包括饮食、住房、教育、医疗、就业、社会保障、环境条件、文化娱乐等方面的满足程度。民生福祉是评价一个国家或地区发展水平和社会进步的重要指标之一。民生福祉的提高与人民的幸福感和满意度密切相关。当一个国家能够保障人民的基本生活需求，提供良好的教育和医疗资源，拥有公平公正的就业机会，为弱势群体提供社会保障，保护环境和文化遗产，创造安全稳定的社会环境，那么人民的幸福感将得到增强。总之，民生福祉是一个国家全体人民共同追求的目标，只有不断提升人民的生活质量和福利状况，才能实现全面的社会进步和可持续发展。增进民生福祉是"生态经济化"的出发点和落脚点，也是"生态经济化"的动力源泉。

长江经济带山区作为中国重要的生态保护区域之一，具有许多独特的生态优势。一是生物多样性优势。长江经济带山区地形复杂，气候条件多样，形成了丰富的生境类型，从而孕育了丰富多样的植物和动物物种。这些物种不仅对维持生态平衡和生态系统功能发挥着重要作用，也对保护水源、水土保持和防止自然灾害具有重要意义。二是水资源优势。长江及其支流穿越山区，形成了众多的河流、湖泊和水库。长江经济带山区的森林覆盖率高，土壤蓄水能力强，这些因素使得山区成为重要的水源涵养地。山区水资源的保护和合理利用对于满足人民的生活用水需求、农业灌溉和工业用水都至关重要。三是林木资源优势。长江经济带山区拥有广大的森林资源。森林不仅可以提供木材、竹材等原材料，还具有调节气候、保护水源、防风固沙、减缓水土流失等多重生态功能。山区的森林资源对于生态旅游和绿色产业的发展也具有重要支撑作用。

四是土壤质量优势。由于山区地势复杂，土壤发育相对较好。山区的土壤肥沃度高，有利于农业发展和农产品的生产。同时，山区土壤还具备良好的保水保肥能力，有助于防治水土流失、保护水土资源。五是生态旅游优势。长江经济带山区拥有独特的自然风光和人文景观，如高山草甸、溪流瀑布、古村落等。这些景观对于发展生态旅游具有重要的价值和潜力。生态旅游不仅能够带动当地经济发展，还可以促进生态保护和环境意识的提升。

总的来说，长江经济带山区的生态优势主要体现在生物多样性、水资源、林木资源、土壤质量以及生态旅游方面。我们需要充分保护和合理利用这些生态优势，通过市场化的经营模式，推动当地社会经济的可持续发展，实现生态保护与经济发展的良性互动。

（二）经济生态化

"经济生态化"要求摈弃原有的"高投入、高耗能、高污染"经济增长模式，借助科技创新培育经济发展新动能，推动现有产业结构转型升级。同时，通过降低能耗、减少污染、空间绿化等措施，实现财富增长与环境友好。从而实现物质文明与生态文明和谐共生相互促进。

摈弃原有的"高投入、高耗能、高污染"经济增长模式是为了保护环境、提高资源利用效率、促进经济结构优化升级和提升人民生活质量，实现可持续发展和社会进步。高投入、高耗能、高污染的传统经济增长模式通常依赖于大规模的资源开采和能源消耗，释放大量污染物和温室气体，加剧了全球变暖、生态破坏等环境问题。虽然在短期内带来经济增长，但不利于生态环境的改善和人民群众的生活质量提升。随着资源日益稀缺，环境问题的日益突出，节约和高效的经济增长模式成为必然选择。我们需要通过节能减排、空间绿化等方式提升环境质量，以更好地满足人类社会发展需求。通过摈弃高投入、高耗能、高污染模式，可以促进经济结构向技术创新、知识经济、绿色产业等高附加值领域转变，提高可持续发展能力。

科技创新是促进经济生态化的新动能。首先，科技创新可以推动经济向绿色低碳方向转型。通过开发和应用清洁能源技术、节能环保技术以及循环利用技术，可以降低能源消耗和排放，减少对环境的负面影响，实现可持续发展。其次，科技创新可以提高资源的利用效率，实现资源的高效利用。例如，通过数字技术和物联网技术的应用，可以实现智能制造、智能交通等领域的优化和调度，提高资源利用效率，降低资源浪费。再次，科技创新可以推动循环经济的发展。通过创新技术和商业模式，将废弃物转化为资源，实现资源的再利用和循环利用。例如，通过生物技术实现有机废弃物的转化，通过智能回收系统实现废弃物的分类和回收等，都可以促进经济的循环发展。此外，科技创新可以推动智慧城市的建设，实现经济与生态的协同发展。通过应用人工智能、大数据分析等技术，可以实现城市的精细管理和优化，提高城市资源利用效率，减少环境污染，提升居民生活品质。因此，科技创新通过推动绿色低碳转型、资源高效利用、循环经济发展和智慧城市建设，可以促进经济生态化的发展，实现经济发展与生态保护的良性互动，为经济的可持续发展打下坚实基础。

C

实 践 篇

第四章　长江经济带山区绿色发展指数研究

一、长江经济带山区城市样本概述

长江经济带覆盖我国西部、中部、东部区域，包括四川、重庆、云南、贵州、湖南、湖北、江西、安徽、江苏、浙江、上海等11个省（市），长江中下游地区以平原地貌为主，因此山区城市（地、州级）主要集中在长江上游和中游地区。具体而言，我们的研究包含了以下样本城市（自治州）：浙江省丽水市、绍兴市和衢州市（共3个样本），安徽省黄山市、六安市（共2个样本），江西省上饶市、鹰潭市、抚州市、新余市、宜春市、萍乡市、吉安市和赣州市（共8个样本），湖北省十堰市、襄阳市、荆门市、宜昌市、黄冈市、鄂州市、黄石市和恩施土家族苗族自治州（共8个样本），湖南省张家界市、常德市、湘潭市、株洲市、娄底市、怀化市、邵阳市、衡阳市、永州市、郴州市和湘西土家族苗族自治州（共11个样本），四川省广元市、巴中市、绵阳市、德阳市、达州市、南充市、遂宁市、广安市、资阳市、眉山市、雅安市、内江市、乐山市、自贡市、泸州市、宜宾市、攀枝花市、阿坝藏族羌族自治州、甘孜藏族自治州和凉山彝族自治州（共20个样本），贵州省遵义市、六盘水市、安顺市、铜仁市、毕节市、黔西南布依族苗族自治州、黔东南苗族侗族自治州和黔南布依族苗族自治州（共8个样本），云南省昭通市、丽江市、曲靖市、保山市、玉溪市、临沧市、普洱市、楚雄彝族自治州、红河哈尼族彝族自治州、文山壮族苗族自治州、西双版纳傣族自治州、大理白族自治州、德宏傣族景颇族自治州、怒江傈僳族自治州和迪庆藏族自治州（共15个）。为便于后面的比较分析，我们也将重庆直辖市纳入了样本。

表4-1列出了长江经济带76个山区城市2014—2020年的卫星夜间灯光指数及其平均值。从中不难看出，部分城市的卫星夜间灯光指数有所波动，但整体上呈现出逐年加强的趋势，反映了长江经济带山区城市在经济社会发展上取得的成就。然而，各个城市之间存在很大的区域差异，发展不充分、不平衡的状况比较突出。如重庆市的卫星夜间灯光指数平均值达到了15.78万，浙江

省绍兴市、江西省赣州市、四川省绵阳市、四川省德阳市、四川省南充市、贵州省遵义市、云南省曲靖市的指数平均值也都在 2 万以上，而云南省迪庆州和怒江州的指数平均值则只有 1 000 左右，只有其他城市（不包括重庆市）的几分之一甚至几十分之一。作为一种粗略的指标，夜间灯光指数虽然不能与各地 GDP 统计数据完全一致，但也在一定程度上反映出各个山区城市经济社会发展状况的差异。如要更全面地比较各地经济社会发展水平，则需要研究更加科学、合理的统计指数。

表 4 - 1　长江经济带山区城市灯光指数

省份	地区	2014 年	2015 年	2016 年	2017 年	2018 年	2019 年	2020 年	平均值
浙江省	丽水市	12 871	13 610	15 274	17 274	17 502	19 044	25 130	17 244
	绍兴市	45 259	49 253	48 767	61 285	62 413	67 681	81 408	59 438
	衢州市	7 606	7 929	9 270	12 879	13 518	14 708	20 407	12 331
安徽省	六安市	9 751	10 776	12 603	15 899	20 319	26 025	31 313	18 098
	黄山市	1 643	1 621	1 433	2 041	2 092	697	2 043	1 653
江西省	上饶市	6 173	6 858	8 622	11 483	13 702	15 405	19 391	11 662
	鹰潭市	2 693	2 602	3 147	3 434	3 843	4 171	5 734	3 660
	抚州市	5 358	6 449	7 007	8 959	10 576	11 202	14 735	9 184
	新余市	3 076	3 793	3 854	4 620	4 541	5 043	5 897	4 403
	宜春市	7 225	7 826	8 252	12 228	14 255	15 291	19 843	12 131
	萍乡市	1 826	2 017	1 741	2 384	3 297	908	3 885	2 294
	赣州市	15 038	16 458	19 014	23 721	28 437	29 185	43 233	25 012
	吉安市	6 868	7 154	7 388	9 161	10 551	10 632	13 309	9 295
湖北省	十堰市	5 184	5 228	5 335	5 860	6 257	7 204	9 361	6 347
	襄阳市	10 789	9 964	9 597	12 844	15 124	17 074	21 049	13 777
	荆门市	3 506	3 356	3 601	5 610	7 114	7 238	8 012	5 491
	宜昌市	11 168	11 261	11 637	13 178	16 963	19 822	23 933	15 423
	黄石市	6 316	7 252	7 631	9 458	11 152	12 848	13 801	9 780
	黄冈市	6 843	7 396	7 159	9 191	11 474	14 049	15 362	10 210
	鄂州市	4 067	4 279	4 530	5 076	7 087	7 698	8 983	5 960
	恩施州	3 864	4 047	4 949	4 960	5 694	7 112	8 011	5 520

（续）

省份	地区	2014 年	2015 年	2016 年	2017 年	2018 年	2019 年	2020 年	平均值
湖南省	张家界	1 857	1 851	2 440	3 075	4 716	6 589	7 393	3 989
	常德市	9 528	10 026	12 160	16 042	17 237	19 147	20 091	14 890
	湘潭市	12 441	13 906	15 802	18 566	20 557	19 225	19 847	17 192
	株洲市	9 441	11 075	12 673	17 522	17 713	18 557	20 197	15 311
	娄底市	7 043	7 137	7 267	7 370	8 432	10 034	12 342	8 518
	怀化市	5 388	5 328	7 778	9 493	9 779	9 027	10 710	8 215
	邵阳市	6 641	6 972	8 294	10 182	10 686	8 492	12 951	9 174
	衡阳市	7 701	8 195	9 059	10 528	12 595	12 841	16 013	10 990
	永州市	3 895	4 499	5 886	8 284	8 957	7 297	14 963	7 683
	郴州市	9 409	9 518	8 542	9 279	8 472	7 602	11 120	9 135
	湘西州	2 583	2 546	3 145	4 648	5 812	5 865	7 135	4 533
重庆市	重庆市	118 101	126 474	147 076	143 632	166 296	186 888	216 026	157 785
四川省	广元市	6 008	6 533	5 857	6 012	6 889	7 156	8 147	6 657
	巴中市	2 721	3 019	3 764	4 245	4 156	4 534	4 734	3 882
	绵阳市	14 902	16 696	18 573	18 654	22 410	24 050	28 709	20 571
	德阳市	15 865	16 593	16 584	17 882	21 328	24 515	27 568	20 048
	达州市	7 460	9 751	11 325	12 739	14 223	14 235	17 768	12 500
	南充市	14 101	17 792	18 363	21 321	28 642	30 308	36 144	23 810
	遂宁市	8 462	9 478	10 096	10 999	12 030	13 839	17 475	11 768
	广安市	6 821	9 302	9 766	9 542	10 574	12 664	14 713	10 483
	眉山市	5 822	7 735	9 001	9 704	11 524	14 715	10 710	9 887
	资阳市	5 512	4 550	5 036	5 135	6 864	8 036	9 921	6 436
	雅安市	2 708	4 000	4 008	3 839	4 176	4 300	6 500	4 219
	内江市	8 327	7 388	7 564	6 448	7 671	9 046	12 422	8 409
	乐山市	8 773	8 972	9 154	8 302	10 859	13 734	17 585	11 054
	自贡市	5 383	5 187	5 873	4 143	6 970	8 270	6 255	6 012
	泸州市	7 516	8 417	9 857	10 549	11 764	13 556	13 898	10 794
	宜宾市	7 756	6 890	9 409	5 359	9 564	13 825	13 265	9 438
	阿坝州	2 697	2 987	2 923	2 970	2 917	3 169	4 241	3 129
	攀枝花	10 802	7 711	6 278	6 246	6 562	6 594	7 732	7 418
	甘孜州	3 143	2 614	2 664	2 642	2 806	3 488	6 737	3 442
	凉山州	10 366	9 392	9 054	9 081	10 729	11 634	13 625	10 554

（续）

省份	地区	2014 年	2015 年	2016 年	2017 年	2018 年	2019 年	2020 年	平均值
贵州省	遵义市	19 618	20 268	24 748	31 100	34 497	33 041	31 829	27 872
	六盘水市	10 441	11 429	12 102	13 816	14 582	13 992	14 076	12 920
	铜仁市	8 533	8 234	7 338	9 156	14 013	14 860	14 973	11 015
	安顺市	11 447	15 046	23 311	21 541	22 753	20 403	18 358	18 980
	毕节市	9 896	11 225	12 943	15 877	20 145	19 105	20 576	15 681
	黔西南	11 035	15 038	14 348	14 111	13 417	14 310	13 661	13 703
	黔南州	10 074	11 833	11 559	13 543	15 448	15 715	17 239	13 630
	黔东南	8 642	8 947	10 373	13 761	13 736	11 974	16 484	11 988
云南省	昭通市	7 624	7 947	6 862	9 749	9 324	9 765	16 842	9 731
	丽江市	9 266	8 050	7 759	8 371	9 378	11 157	10 978	9 280
	曲靖市	21 511	22 866	22 574	25 264	25 811	31 894	36 922	26 692
	保山市	5 070	4 455	4 942	6 746	6 451	7 990	11 650	6 758
	玉溪市	15 342	14 521	14 095	14 686	15 741	15 710	15 516	15 087
	临沧市	5 281	4 726	3 965	4 179	4 454	4 696	6 133	4 776
	楚雄州	10 061	9 988	10 339	11 437	18 184	18 318	16 718	13 578
	普洱市	4 727	5 209	4 578	5 560	6 149	5 912	7 556	5 670
	文山州	7 684	7 459	8 260	9 345	10 842	10 448	10 797	9 262
	红河州	14 023	14 704	14 363	16 125	19 560	20 900	21 588	17 323
	西双版纳	4 000	4 222	4 081	4 299	4 304	6 062	6 213	4 740
	大理州	16 142	14 979	14 078	15 395	17 023	17 903	18 231	16 250
	德宏州	6 763	5 523	4 266	4 326	6 068	6 830	7 962	5 962
	怒江州	828	578	656	898	932	1 083	1 391	909
	迪庆州	1 026	1 233	1 534	1 137	1 106	1 046	2 109	1 313

数据来源：WIND 数据库。

二、统计指数的研究意义

一般而言，统计指数具有相对性、综合性和平均性等优良性质。相对性是指统计指标通过标准化、无量纲化等技术手段处理，进而便于不同指标的比较和合成。综合性是指统计指数通过构建多维度的指标体系，涵盖研究对象多方面的信息，能够比较合理地综合反映复杂的社会经济总体在时间和空间上的变动方向与变动幅度。在现实社会经济现象中，存在着大量不能直接加总或不能直接对比的基础指标，只能通过统计指数法编制统计指数才能进行比较分析。平均性是指在统计指数的构建中，各个指标变量分别乘以各自的权重，最终共同反映出研究对象加权平均后的测度水平。

统计指数能够全方位体现新时代高质量绿色发展的要求，测度各地经济发展、节能减排、资源集约、国土绿化、动能转化、民生福祉等各方面的现实状况，引导各地正确处理好数量与质量、速度与效率、当前与长远、"绿水青山"与"金山银山"的辩证关系，推动形成符合高质量绿色发展要求的政策体系和绩效评价体系。

统计指数的设计一般要符合以下几个原则：一是科学性。所选用的指标能够做到科学合理、简明实用。指标主旨要明确，且指标之间要有严密的逻辑关系，既相互独立，又彼此联系，共同构成一个有机统一体，从不同方面反映研究主题。二是可操作性。体现统筹兼顾、综合选取，不拘泥于面面俱到，而应有所舍弃，尽量选择简明的、信息含量大的关键性指标。三是可获得性。指标最终需要数据来承载信息，数据搜集和整理是统计指数研究的重中之重，数据可获得性也往往成为统计指数研究的难点。以上三个原则有时可能存在矛盾，特别是由于地（州）级乃至更微观层面的数据，并不像国家和省（自治区、直辖市）层面那样完备，指标代表性和数据可获得性之间就难免需要权衡取舍。

三、长江经济带山区绿色发展指数的指标体系的构建

围绕创新、协调、绿色、开放、共享五大发展理念，结合长江经济带山区城市（自治州）自身特点，我们认为正确处理好"绿水青山"和"金山银山"辩证关系、践行"两山"理论的两大途径就是"经济生态化"和"生态经济化"。长江经济带山区城市大多是生态资源富集地区，"生态经济化"就是通过资源集约利用、国土集约布局等方式，实现生态产品价值，从而提升民生福祉，促进公共服务均等化，推动区域、城乡协调发展。"经济生态化"指的是摒弃原有的"高投入、高耗能、高污染"经济增长模式，借助科技创新培育经济发展新动能，推动现有产业结构转型升级。同时，通过降低能耗、减少污染、空间绿化等措施，实现财富增长与环境友好。从而，物质文明与生态文明和谐共生，相互促进。

表4-2列出了长江经济带山区绿色发展指数的指标体系，一共包括"经济生态化""生态经济化"2个一级指标，"节能减排""空间绿化""环境质量""创新驱动""国土集约""经济绩效""民生福祉"7个二级指标和32个三级指标。

表 4-2　长江经济带山区绿色发展指数各级指标体系

一级指标	二级指标	三级指标	单位（量纲）	权重Ⅰ	权重Ⅱ
经济生态化	节能减排	每单位工业增加值废水排放量	吨/万元	0.057	0.058
		每单位工业增加值二氧化硫排放量	吨/亿元	0.136	0.136
		每单位工业增加值废气排放量	立方米/元	0.058	0.059
		每单位工业增加值综合能耗	吨标准煤/万元	0.036	0.037
	空间绿化	森林覆盖率	%	0.019	0.020
		城市建成区绿化覆盖率	%	0.009	0.009
		人均公园绿地面积	平方米	0.019	0.019
	环境质量	空气质量优良天数	天	0.005	0.005
		PM2.5（微颗粒物）含量	微克/立方米	0.022	0.022
		地表水质量（Ⅰ～Ⅲ类占比）	%	0.005	0.005
		无害化垃圾处理率	%	0.003	0.003
		污水处理率	%	0.003	0.003
	创新驱动	R&D占GDP比重（研发强度）	%	0.052	0.053
		每万人专利授权量	个	0.084	0.086
		全社会劳动生产率	万元/人	0.028	0.028
生态经济化	国土集约	单位耕地农业产值	亿元/千公顷	0.032	0.033
		城市经济密度	万元/平方千米	0.067	0.068
		城市人口密度	人/平方千米	0.046	0.047
	经济绩效	人均GDP	元	0.028	0.028
		农林牧副渔总产值	亿元	0.049	0.042
		第三产业占GDP比重	%	0.009	0.009
		第三产业对经济增长贡献率	%	0.014	0.014
		旅游总收入	亿元	0.049	0.050
		接待游客总人数	万人次	0.050	0.050
	民生福祉	城乡居民可支配收入比	无单位	0.013	0.013
		城镇登记失业率	%	0.017	0.018
		高等教育毛入学率	%	0.011	0.011
		每千人卫生技术人员数量	人	0.011	0.011
		每千人卫生机构床位数量	张	0.013	0.013
		人均教育文化娱乐支出	元	0.026	0.026
		城镇人均住房面积	平方米	0.012	0.012
		农村人均住房面积	平方米	0.016	0.016

注：权重Ⅰ是指样本中包含重庆市时，各个指标的权重；权重Ⅱ则对应样本不包含重庆市时的情形。

（一）经济生态化

包括节能减排、空间绿化、环境质量和创新驱动 4 个二级指标。

1. 节能减排

反映工业发展和能耗方面逐步摆脱传统的资源要素粗放投入模式，主要考虑了工业生产中的废气、废水和综合能耗情况，考察每单位工业增加值废水、二氧化硫和废气排放量。对于长江经济带山区城市（自治州）样本，氨氮排放数据和二氧化碳排放数据可得性较低，故而我们未将其纳入指标体系。一些城市在统计年鉴中直接公布工业能源消费当量，而一些城市则只分别公布工业生产中的原煤炭、汽油、煤油、天然气、液化石油气、电力、热力（生物热能）等各种能源形式的消费数量，我们将其折算成标准煤计算综合能耗[①]。

2. 空间绿化

反映各地在"美丽中国"建设上的实际情况和工作成就，用森林覆盖率、城市建成区绿化覆盖率、人均公园绿地面积 3 个三级指标进行测度。

3. 环境质量

反映出人们生产、生活的生态保障，包含空气质量优良天数、PM2.5（微颗粒含量）、地表水质量（国控、省控地表水监测断面Ⅰ～Ⅲ类占比）、无害化垃圾处理率、污水处理率 5 个三级指标。PM10（可吸入颗粒含量）跟PM2.5（微颗粒含量）有较大的类似性（意味着信息重叠），地级市（自治州）层面的声环境质量数据缺失较多，因此没有纳入"环境质量"的三级指标体系之中。

4. 创新驱动

依靠科技创新转换发展动能，是实现高质量绿色发展的必然要求。该二级指标包含 R&D 占 GDP 比重（研发投入强度）、每万人专利授权量、全社会劳动生产率（GDP 与全社会从业人员数量之比）3 个三级指标。"高新技术产品进出口额"除了华东少数几个城市之外，大部分城市都未能获得基础数据，因此没有选入指标体系。

（二）生态经济化

包含国土集约、经济绩效、民生福祉 3 个二级指标。

---

① 具体折算方法为：1 吨原煤炭折算成 0.714 3 吨标准煤；1 吨液化石油气折算成 1.714 3 吨标准煤；1 万立方米天然气折算成 13.3 吨标准煤；1 吨柴油折算成 1.457 1 吨标准煤；1 吨汽油折算成 1.471 4 吨标准煤；1 百万千焦热力折算成 0.034 12 吨标准煤；1 万千瓦时电力折算为 1.229 吨标准煤。

1. 国土集约

反映出各地国土和耕地资源的集约利用情况。包含单位耕地农业产值、城市经济密度和城市人口密度等3个三级指标。单位耕地农业产值定义为农业产值（不含林、牧、副、渔）除以农作物播种总面积，以"亿元/千公顷"为单位。城市经济密度和城市人口密度分别是城市区域生产总值和常住人口与城市辖域辖区面积之比。

2. 经济绩效

衡量各地经济发展状况和生态资源价值转化情况。包括人均GDP、大农业（农林牧副渔）总产值、第三产业占GDP比重、第三产业对GDP增长的贡献率、旅游总收入和接待游客总人数等6个三级指标。根据配第一克拉克定理，随着人均国民收入的不断提高，劳动力首先向第二产业转移，进而向第三产业转移。因此一般可以认为，第三产业占GDP比重越大的经济体，产业结构越高级。第三产业对GDP增长的贡献率则进一步反映出第三产业（服务业）在当地经济发展中的作用。对于资源富集地区，大农业和旅游业是典型的生态资源直接利用型产业。空气、地表水、土壤质量良好的地方便于生产高附加值、高溢价的农特产精品（如第六章第一节浙江省丽水市案例）；旅游产品、设施布点、自然景观、美学体验则体现了生态产品的文化价值。因此，大农业总产值和旅游业总收入能够在一定程度上反映各地"绿水青山"向"金山银山"转化的情况，即生态产品的价值实现规模。接待游客总人数则衡量出各地在国内外旅游市场的竞争力、知名度和美誉度，体现出生态产品的某种品牌价值。

3. 民生福祉

测度各地城乡居民可支配收入、消费状况和共同富裕状况，以及教育、医疗公共服务的可获得性。包含城乡居民可支配收入比、城镇登记失业率、高等教育毛入学率、每千人卫生技术人员数量、每千人卫生机构床位数量、人均教育文化娱乐支出、城镇人均住房面积和农村人均住房面积等8个三级指标。城乡居民可支配收入之比反映城乡协调发展状况和居民共同富裕情况。就业是最大的民生，城镇登记失业率必然是衡量民生福祉的重要指标。2021年我国高等教育毛入学率达57.8%，在学总规模达4 430万人，居世界第一。我国高等教育已经进入"普及化阶段"[①]，因此我们选用高等教育毛入学率衡量各地受

[①] 高等教育毛入学率15%以下叫"精英化阶段"，15%～50%叫"大众化阶段"，50%以上叫"普及化阶段"。

教育机会均等化水平，不再用义务教育巩固率、初中阶段毛入学率、高中阶段毛入学率等指标。每千人卫生技术人员数量、每千人卫生机构床位数量和城乡居民人均住房面积，则反映各地医疗、住房可获得性状况。"人均教育文化娱乐支出"与"恩格尔系数"一样能够反映城乡居民收入和生活水平。人们的消费具有生存、发展、享受三大目的。根据恩格尔定律，在人均国民收入较低的社会，人们先满足食物等刚需，食物支出在消费总支出中占的比重（恩格尔系数）很高。随着人均收入不断跃上新的台阶，恩格尔系数呈现下降趋势①。因此，教育文化娱乐支出的增加反映出人民群众不再满足于食物、衣物等基本刚需，对品质生活、美好生活的需求日益强烈。

四、数据说明与描述性统计

我们研究的数据主要来源各个城市（自治州）《2021 年国民经济和社会发展统计公报》，部分数据来源各个城市最近的统计年鉴、各省最近统计年鉴的分城市部分，以及各地生态环境状况公报、政府工作报告、地方分行业领域"十四五"规划等资料，同时借助了知网"中国经济社会大数据研究平台"等数据库。长江经济带各省、市、自治州经济社会发展水平差异较大，统计工作和数据完整性差异也较大，统计产品的公开发布也进度不一。有一些城市（自治州）的统计年鉴还只涉及数年前的经济和社会发展状况，有些城市（自治州）则难以在互联网上找到电子版本的统计年鉴。对于 2021 年度的缺失数据，我们选用 2020 年数据代替，或者根据统计公报、政府工作报告、规划文件等其他数据来源进行推算。个别难以解决的缺失问题用均值插值法进行填补。

表 4 - 3 列出了各个三级指标包含和不包含重庆市时候的描述性统计。从中可以看出，各地在"每单位工业增加值二氧化硫排放量""每单位工业增加值综合能耗""每单位工业增加值废气排放量""每万人专利授权量""R&D占 GDP 比重"等指标上差异很大，在"地表水质量""无害化垃圾处理率""污水处理率""空气质量优良天数"等指标上的差异很小。总之，各个指标的相对变化程度（即变异系数，标准差除以均值）大小不一，较大的变化程度意味着更高的信息含量和区分度，反之则反是。

---

① 根据联合国划分标准，恩格尔系数大于 60％为贫穷状态；50％～60％为温饱状态；40％～50％为小康；30％～40％为相对富裕；20％～30％为富裕；20％以下为极其富裕。2021 年，我国全国居民恩格尔系数为 29.8％，从某个角度印证了总体上我国已经建成比较成熟的小康社会，正向第二个"百年目标"稳步迈进。

表 4-3　各个三级指标的描述性统计

三级指标	包含重庆市（76个城市）				不含重庆市（75个城市）			
	最大值	最小值	平均值	标准差	最大值	最小值	平均值	标准差
每单位工业增加值废水排放量	15.6	0.3	4.2	3.3	15.6	0.3	4.2	3.3
每单位工业增加值二氧化硫排放量	391.6	0.6	28.0	52.0	391.6	0.6	28.3	52.3
每单位工业增加值废气排放量	8.3	0.4	2.2	1.7	8.3	0.4	2.2	1.7
每单位工业增加值综合能耗	3.2	0.3	1.0	0.5	3.2	0.3	1.0	0.5
森林覆盖率	82.9	10.3	57.1	15.2	82.9	10.3	57.2	15.3
城市建成区绿化覆盖率	51.3	22.0	40.5	4.8	51.3	22.0	40.5	4.8
人均公园绿地面积	30.0	5.9	14.4	3.8	30.0	5.9	14.3	3.8
空气质量优良天数	365	284	341.5	22.4	365	284.0	341.7	22.5
PM2.5含量	56.0	7.5	28.8	8.8	56.0	7.5	28.7	8.8
地表水质量（Ⅰ～Ⅲ类占比）	100.0	75.0	95.5	6.9	100.0	75.0	95.5	6.9
无害化垃圾处理率	100.0	81.0	98.8	3.6	100.0	81.0	98.8	3.6
污水处理率	99.6	78.8	95.7	3.8	99.6	78.8	95.7	3.8
R&D占GDP比重	7.1	0.1	1.4	1.0	7.1	0.1	1.4	1.0
每万人专利授权量	71.8	1.3	8.8	10.2	71.8	1.3	8.6	10.1
全社会劳动生产率	23.7	4.6	10.6	4.0	23.7	4.6	10.6	4.0
单位耕地农业产值	1.4	0.2	0.5	0.2	1.4	0.2	0.5	0.2
城市经济密度	8 207.5	29.2	1 642.7	1 504.8	8 207.5	29.2	1 619.4	1 501.2
城市人口密度	671.0	7.2	254.6	160.9	671.0	7.2	252.8	161.2
人均GDP	128 458	27 747.0	59 477.1	22 412.7	128 458	27 747.0	59 111.8	22 334.6
农林牧副渔总产值	1 960.9	32.5	438.1	294.3	966.6	32.5	417.7	236.7
第三产业占GDP比重	71.7	36.1	48.3	5.8	71.7	36.1	48.2	5.8
第三产业对GDP增长贡献率	89.7	17.4	50.4	9.8	89.7	17.4	50.3	9.9
旅游总收入	2 194.5	29.2	505.4	338.8	2 194.5	29.2	500.9	338.8
旅游人数	21 500.0	256.5	4 925.2	3 360.9	21 500.0	256.5	4 873.1	3 352.4

（续）

三级指标	包含重庆市（76 个城市）				不含重庆市（75 个城市）			
	最大值	最小值	平均值	标准差	最大值	最小值	平均值	标准差
城乡居民收入比	3.7	1.5	2.3	0.4	3.7	1.5	2.3	0.4
城镇登记失业率	5.2	1.3	3.3	0.8	5.2	1.3	3.3	0.8
高等教育毛入学率	75.5	35.2	48.3	7.3	75.5	35.2	48.2	7.3
每千人卫生技术人员数量	10.0	4.2	7.4	1.1	10.0	4.2	7.4	1.1
每千人卫生机构床位数量	10.7	3.6	7.2	1.3	10.7	3.6	7.2	1.3
人均教育文化娱乐支出	4 335.0	1 219.2	2 077.1	741.0	4 335.0	1 219.2	2 070.1	743.5
城镇人均住房面积	61.1	33.6	45.6	7.3	61.1	33.6	45.6	7.3
农村人均住房面积	84.1	29.3	54.0	11.6	84.1	29.3	53.9	11.7

五、长江经济带山区绿色发展指数的构建

在本章的多维度评价指标体系中，如表 4 - 2 所示，各个指标数据的量纲并不相同，不能直接进行比较以及汇总在最终的综合发展指数之中，故而必须首先进行标准化处理。另外，有些指标是正向的，如"空间绿化""创新驱动"类的三级指标，数值越大说明绿色发展水平越高。然而有些指标却是跟发展绩效呈负相关关系的。如"节能减排"类的三级指标、"城镇登记失业率"、"PM2.5 含量"等，数值越小说明绿色发展水平越高；"城乡居民收入比"则反映相对贫困状况，数值越小说明城乡发展越均等、越协调。因此在综合评价时，还需将负相关指标进行同趋势化处理，让所有指标越高的数值表示越高的绿色发展水平。

目前学术界已经提出了各种各样的无量纲化方法，如综合指数法、极差变换法、高中差变换法、低中差变换法、均值化法、标准化法、比重法、功效系数法、指数型功效系数法、对数型功效系数法、正态化变换法等。实践中应用较多的是属于直线型无量纲化方法的极差变换法、标准化法和均值化法。

进行标准化之后，将各个三级指标合成综合指数，还需确定权重的分配。很多文献采用专家意见法进行赋权，难免受到主观因素的影响。为尽量提高综合指数的合理性、客观性，我们采用变异系数法进行赋权。如表 4 - 3 的描述性统计所示，各个指标数值的离散程度并不相同，较高的变异系数（标准差除以均值）意味着较高的区分度，即包含更多有价值的信息，在合成综合指数的

过程中应赋予更高的权重。较低变异系数的指标意味着区分度和信息含量较低，其中一个原因是用均值插值法弥补数据缺失问题所致。这类指标由于数据缺失而降低了可靠性，在综合指数的合成中应予以较少的关注。总之，变异系数法能够较好地实现赋权的合理性和客观性。

我们参考 Sarma（2008）构建普惠金融指数的具体做法，最后利用 32 维空间（因为一共有 32 个三级指标）欧几里得距离公式计算得出长江经济带山区绿色发展综合指数。具体计算过程说明如下：

1. 指标数据的标准化

为便于横向比较以及加权合成综合指数，我们首先采用极差归一方法对表 4-1 中的各个指标进行标准化处理，以消除不同量纲的影响。具体处理方法如公式（4-1）所示：

$$X'_{ij} = \frac{X_{ij} - X_{minj}}{X_{maxj} - X_{minj}} \qquad (4-1)$$

式中，X_{ij} 表示第 i 个城市第 j 个指标的原始水平值（j＝1，2，3，…，31，32）；X_{minj} 表示 75 或 76 个城市样本中指标 j 的极小值；X_{maxj} 则表示样本中指标 j 的极大值；X'_{ij} 则表示第 i 个城市第 j 个指标归一标准化之后的数值。显而易见，在归一化标准之后，对表 4-1 中的各个三级指标而言，其极大值为 1，极小值为 0，其余数值均介于 0 和 1 之间。为确保各个指标的相同趋势性，我们将负相关指标的数值用"1－标准化数值"代替。这样并不改变原来的值域（大于等于 0，小于等于 1），但是所有指标都将与发展评价正相关，即指标值越大（越接近于 1），说明该城市（自治州）绿色发展水平越高。

2. 计算变异系数以确定各维度指标的权重

变异系数指的是一系列数据的标准差和平均值之比（公式 4-2），因为标准差和均值具有相同的单位（量纲），故而变异系数是一个无量纲的数值，符合权重要求。本书首先使用 EXCEL 软件计算得到第 i 个指标的平均值 $\overline{X_i}$ 和标准差 σ_i（i＝1，2，3，…，31，32），进而计算得出其变异系数 V_i。考虑到各个变异系数 V_i 之和并非必然等于 1（在我们的研究中，变异系数之和在 13.6～13.7），因此利用公式（4-3）进一步确定各个指标的权重 w_i（i＝1，2，3，…，31，32，n＝32），计算公式如下所示：

$$V_i = \frac{\sigma_i}{\overline{X_i}} \qquad (4-2)$$

$$w_i = \frac{V_i}{\sum_{i=1}^{n} V_i} \qquad (4-3)$$

利用变异系数计算权重的基本思想是：在 32 个指标中，变异系数大的指标说明具有更大的区分度，包含更多的信息，因而赋予其更大的权重；变异系数小的指标包含信息较少，权重则相应较小。表 4－2 最后两列分别给出了样本包含、不包含重庆市时候的权重体系。通过对比可以看出，对于某些指标而言，重庆市数值与长江经济带其他 75 个山区城市的平均值相差不大，权重Ⅰ和权重Ⅱ近似相同（只保留三位小数，忽略了细微差别）。而对于重庆市数值与其他城市均值偏离较大的指标，权重Ⅰ和权重Ⅱ则存在明显的差异。

3. 确定绿色发展综合指数各维度指标的系数 d_i（分量）

在上述第 1、2 步骤计算得出各个指标标准化数值 X'_{ij} 和权重 w_i 之后，我们再通过公式（4－4）确定每个城市绿色发展综合水平各个指标的分值 d_i（$i=1，2，3，\cdots，31，32$），即 32 维向量的各个分量，定义为标准化数值与权重的乘积。分值越大，表示该维度的绿色发展水平越高，反之则反是。

$$d_i = w_i \times X'_{ij} \qquad (4-4)$$

4. 运用高维空间欧几里得距离公式确定绿色发展综合指数 GDI

由于绿色发展综合指数的计算涉及 32 个指标的测度，某个城市（自治州）的绿色发展相对状况就体现为 32 维空间中的一个点 $D = (d_1, d_2, \cdots, d_{31}, d_{32})$。在这个 32 维空间中，$O = (O_1, O_2, O_3, \cdots, O_{31}, O_{32})$ 意味着在任何一个指标上都是极小值，可以表示为完全欠发展状态，即最低的绿色发展水平；$w = (w_1, w_2, \cdots, w_{31}, w_{32})$ 则意味着在任何一个指标上 X'_{ij} 的取值都是极大值 1，可以表示为绿色发展水平的最高状态。令 X_1、X_2 分别表示 32 维空间中某一点 X 与原点 O 以及 w 点之间的欧几里得距离，其加权平均值即可表示为长江经济带山区城市（自治州）的绿色发展综合指数 GDI。式（4－5）、式（4－6）和式（4－7）列出了 X_1、X_2、GDI 的计算公式（显然，本章中 n 取值为 32）：

$$X_1 = \frac{\sqrt{d_1^2 + d_2^2 + \cdots + d_n^2}}{\sqrt{w_1^2 + w_2^2 + \cdots + w_n^2}} \qquad (4-5)$$

$$X_2 = 1 - \frac{\sqrt{(w_1 - d_1)^2 + (w_2 - d_2)^2 + \cdots + (w_n - d_n)^2}}{\sqrt{w_1^2 + w_2^2 + \cdots + w_n^2}} \qquad (4-6)$$

$$GDI = (X_1 + X_2)/2 \qquad (4-7)$$

通过上述步骤 1 至步骤 4，我们计算得到长江经济带各个山区城市（自治州）的绿色发展指数（GDI，为便于阅读和比较，我们将 GDI 值放大 100 倍显示）。基于惯例，我们将指数得分最高的城市调整为 100 分，其他城市的指数得分也进行同比例调整。该指数值越大，说明其绿色发展水平越高。从测度方法可以看出，指数衡量的是相对于最优个体的绿色发展绩效。样本中是否包含重庆市，会改变各个山区城市分量和 *GDI* 值的具体大小，以及改变各个指标的变异系数和权重。因此，对于综合指数值非常接近的城市（自治州），有可能因为权重的变化最终改变排序。但这只是比较特殊的情况，正如我们在第五章将要看到的那样，大多数城市（自治州）的排序不受影响。

第五章　长江经济带山区绿色发展
指数测度与比较研究

一、华东地区山区绿色发展测度与比较

（一）浙江省山区城市绿色发展指数测度与比较

浙江省山区城市包括丽水市、绍兴市和衢州市。绿色发展综合指数最高的是绍兴市，其次是丽水市，最后是衢州市，指数值依次为 100、81.18、72.42（包含重庆市）和 100、80.48 和 71.74（不包含重庆市）。

在"节能减排"二级指标中，表现最好的是丽水市，绍兴市次之，衢州市单位工业增加值的排放和能耗最高。丽水市多年来坚持"绿水青山就是金山银山"理念，积极推进"经济生态化"和"生态经济化"，大力发展绿色能源产业，全力打造华东绿色能源基地，取得良好成效。2021 年单位工业增加值废水、废气排放量和综合能耗在长江经济带 76 个山区城市（自治州）中均处于很低水平，每亿元工业增加值二氧化硫排放量仅为 0.621 吨，为 76 个山区城市（自治州）的最低值。

与之相对应的是，衢州市单位工业增加值废水、废气排放量达到了丽水市的 2~3.3 倍，综合能耗达到 4.92 倍，二氧化硫排放量达到了 17.8 倍，在 76 个城市中居于较高水平。主要原因在于衢州市是浙江省的高碳产业区，重工业占比较高，发展矛盾比较突出。多年重工业化形成以技术密集型和资本密集型产业为主导的制造业结构，其中化学原料及化学制品制造业在衢州市区域经济中始终占有重要地位。以衢州绿色产业集聚区为例，该园区成立于 2011 年，是浙江省重点打造的 15 个省级产业集聚区之一，园区以氟化工、硅化工、金属制品业、特色石化材料、新材料等产业为主。2020 年 9 月，该园区因污水处理厂长期超标排放以及固体废物堆场污染整治工作不彻底，曾被中央生态环境保护督察组通报并列为警示案例①。

---

① 警示案例｜浙江衢州绿色产业集聚区环境违法问题突出［N/OL］. 生态环境部网站，2020 -09 - 28. https：//www. mee. cn。

在空间绿化方面，丽水市森林覆盖率达到了 81.7%，高于衢州市的 71.5% 和绍兴市的 55.13%，在长江经济带山区城市（自治州）中仅次于安徽省黄山市的 82.9%，高居第二位。衢州市建成区绿化覆盖率（43.1%）和人均公园绿地面积（16.08 平方米）则高于丽水市和绍兴市。

在环境质量方面，2021 年丽水市空气质量优良天数达到 364 天，高于衢州市的 349 天和绍兴市的 341 天，位居全国前列。PM2.5 含量（21 微克/立方米）低于衢州市的 24 微克/立方米和绍兴市的 27 微克/立方米。3 个城市地表水优良率、无害化垃圾处理率和污水处理率则相差不大，都处于 97%～100% 的水平。

丽水市的发展短板之一体现在创新要素不足、创新驱动不够强劲，研发投入占 GDP 的比重（研发投入强度）为 1.83%，低于绍兴市的 2.9% 和衢州市的 2%；每万人专利授权量为 42.87 件，高于衢州市的 34.7 件，但显著低于绍兴市的 71.75 件；全社会劳动生产率为 12.1 万元/人，低于绍兴市的 20.69 万元/人和衢州市的 13.89 万元/人。2021 年，绍兴市大力促进新兴产业发展，培育壮大新动能，不少企业积极加大研发投入，向节能、低碳、绿色的制造业发展方向转型升级，取得良好的经济、社会效益。

农业是丽水市的传统优势产业，2021 年丽水市每千公顷农业产值为 0.729 亿元，显著高于衢州市的 0.427 亿元，但低于绍兴市的 0.983 亿元。作为浙江省面积最大的山区城市，丽水市在经济密度和人口密度方面都明显低于绍兴市和衢州市。

生态利用型产业反映了"绿水青山"向"金山银山"转化的状况，是生态产品价值实现广度和深度的重要参考指标。2021 年丽水市农林牧副渔总产值达到 159.25 亿元，高于衢州市的 153.63 亿元，但低于绍兴市的 341.22 亿元。丽水市接待游客总人数达到了 2 556.5 万人次，略低于绍兴市的 2 757.8 万人次，但大大高于衢州市的 1 437.2 万人次。值得注意的是，丽水市旅游总收入并不突出，仅为 288.4 亿元，低于衢州市的 445.6 亿元和绍兴市的 380.8 亿元，说明丽水市旅游产品和服务的附加值有待提升[①]。

在产业结构上，丽水市第三产业在 GDP 中的比重达到了 56.4%，高于衢州市的 52.1% 和绍兴市的 49.2%，对 GDP 增长的贡献率也在三个城市中处于

---

① 百度搜索指数表明，查询丽水旅游信息的用户主要集中在周边县、市和长三角地区。这可能在一定程度上也反映出丽水市的游客来源地主要为周边县、市和长三角地区。丽水市建设华东乃至国内外具有竞争力的全域旅游城市，仍然任重道远。

最高水平。丽水市 9 个县域均被纳入了浙江省 26 个"加快发展县"名单，全市人均 GDP 为 6.8 万元，在浙江全省排名靠后。绍兴市和衢州市人均 GDP 则分别达到了 12.8 万元和 8.2 万元。丽水市城乡居民可支配收入之比为 2.02，高于绍兴市的 1.71 和衢州市的 1.86，城乡之间还存在一定的经济发展差距。

在民生福祉方面，2021 年丽水市城镇登记失业率为 1.56%，低于绍兴市的 2.02% 和衢州市的 1.64%。3 个城市高等教育毛入学率均为 62%~68%，表明高等教育事业已进入"普及化"阶段。丽水市城镇人均住房面积和农村人均住房面积要低于衢州市和绍兴市，在卫生医疗条件方面也有所不足。绍兴市和衢州市每千人卫生技术人员数量分别达到了 8.28 人和 8.83 人，每千人卫生机构床位数量分别达到了 7.24 张和 7.1 张，而丽水市每千人拥有卫生技术人员 7.91 人、拥有卫生机构床位 5.68 张，与其他两市有一定差距。2021 年丽水市民人均教育文化娱乐支出为 2 269 元，低于绍兴市的 3 977 元和衢州市的 3 381 元，体现了 3 地消费结构的差异。

（二）安徽省山区城市绿色发展指数测度与比较

安徽省山区城市包括六安和黄山两个市，黄山市的综合指数分别为 77.46（包含重庆市）和 76.57（不含重庆市），高于六安的 74.50（包含重庆市）和 73.98（不含重庆市）。

六安市单位工业增加值的二氧化硫排放量、废气排放量和综合能耗都显著高于黄山市，但单位工业增加值的废水排放量（1.51 吨/万元）仅为黄山市（3.72 吨/万元）的 41%。

黄山市作为我国著名旅游景区，森林覆盖率高达 82.9%，位居长江经济带山区城市（自治州）第一位，远远高于六安市的 45.5%。两市的建成区绿化覆盖率相差不大，均为 43.5%~43.6%。黄山市人均公园绿地面积为 17.13 平方米，略高于六安市（16.25 平方米）。

2021 年，黄山市有 364 天空气质量达到优良水平，显著高于六安市的 319 天；微颗粒物 PM2.5 含量为 20 微克/立方米，大大低于六安市的 31.5 微克/立方米。两市无害化垃圾处理率均为 100%，污水处理率也相差不大，约为 95.5%。

黄山市国控、省控地表水监测断面 Ⅰ~Ⅲ 类占比为 100%，高于六安市的 90.9%，体现出黄山市多年来在流域水环境综合治理上的久久为功。发源于黄山市休宁县的新安江流经安徽、浙江两省，年均为浙江省千岛湖提供了 60% 以上的入湖水量，是长三角地区的重要生态屏障和水源地。1998—1999 年千岛湖中心区曾连续出现大面积蓝藻异常增殖，2010年千岛湖部分湖面出现蓝藻异常增殖，受到社会各界广泛关注。2001—2007年，千岛湖入境水质呈现缓慢恶化态势，皖浙交界断面水质以较差的Ⅳ类水为主，2008年变成更差的Ⅴ类，个别月份总氮指标曾达到劣Ⅴ类。2012年，在国家有关部委的指导下，新安江启动全国首个跨省流域生态补偿机制试点工程，皖浙两省签订"对赌"性质的《新安江流域水环境补偿协议》，履行各自作为新安江流域生态补偿责任主体的责任和义务。两省基于国家环境监测总站监测数据，对跨省界断面水质每月进行严格监测，如水质达标，则浙江省向安徽省支付补偿资金；如水质超标，则安徽省向浙江省支付赔偿资金。历经多轮试点，新安江流域水环境治理取得显著成效，上游总体水质达优。黄山市复制推广新安江（黄山段）美丽河湖经验和做法，有序推进全市流域美丽河湖建设，地表水水质也明显要优于皖西的六安市。

在创新驱动方面，黄山市整体表现要高于皖西的六安市。黄山市早在2018年加入杭州都市圈，依托杭（州）黄（山）高铁等重要基础设施不断加深一体化进程。近年来，围绕新一代信息技术、智能制造等九大产业，积极吸收杭州市的项目投资，累计投资额超百亿元。同时，黄山市不断增强科技创新实力，推动产业结构持续向高端化、智能化和绿色化转型，奏响工业企业科技创新的强音。2021年全市419家企业研发费用达15.7亿元，同比增长35.2%，继2020年突破10亿元之后又迈上新台阶。研发费用加计扣除额10.7亿元，同比增长61.8%，为企业创新发展提供了有力支持。2021年黄山市研发投入占比（1.25%）、每万人专利授权量（11件）和全社会劳动生产率（12.85万元/人）均要高于六安市的1.09%、7.2件和7.8万元/人。与之相对应的是，黄山市生态产业化和经济绩效也要明显高于六安市。

2021年，黄山市农林牧副渔总产值为124亿元，仅为六安市（485亿元）的四分之一，但这跟土地资源禀赋有关，黄山市的耕地面积仅为六安市的13%。黄山市每千公顷耕地农业产值达到了6 750万元，是六安市（2 496万元）的2.7倍；接待游客总人数为6 316.86万人次，实现旅游总收入538.1亿元，分别高于六安市的4 220.55万人次和337亿元。2021年，黄山市人均GDP达到71 928元，比六安市（43 690元）高出65%，其经济密度和人口密度则均低于六安市。

在民生福祉方面，黄山市城镇登记失业率（2.63%）略高于六安市的2.42%，但城乡居民可支配收入比为2.06，低于六安市的2.23，城乡发展更为协调。高等教育毛入学率约为50%，高于六安市的43%；每千人卫生技术

人员数量（8.04 人）和每千人卫生机构床位数量（7.26 张）也要高于六安市
（分别为 7.48 人和 6.4 张），公共服务可获得性更加均等。黄山市城镇人均住
房面积达到了 53.8 平方米，高于六安市的 43.52 平方米；农村人均住房面积
更是达到了 80.4 平方米，而六安市仅为 45.3 平方米，与城镇居民相差不大。
在居民消费支出方面，六安市人均教育文化娱乐支出达到了 2 025 元，约高出
黄山市 6%。

（三）江西省山区城市绿色发展指数测度与比较

江西省地形以江南丘陵、山地为主，山区城市包括上饶市、鹰潭市、抚州
市、新余市、宜春市、萍乡市、吉安市和赣州市等 8 个市。绿色发展综合指数
较高的是上饶市和鹰潭市，比较低的则是抚州市和新余市。如果样本包含重庆
市，则 8 市排序分别为鹰潭市（79.09）、上饶市（78.97）、赣州市（78.06）、
吉安市（77.49）、宜春市（76.44）、萍乡市（73.71）、新余市（72.60）和抚
州市（71.85）。如果样本不包含重庆市，则 8 市排序分别为上饶市（78.55）、
鹰潭市（78.23）、赣州市（77.79）、吉安市（76.99）、宜春市（76.08）、萍乡
市（72.87）、新余市（71.82）和抚州市（71.26）。从中可以看出，上饶市和
鹰潭市的综合指数得分非常接近。样本是否包含重庆市，会改变各个指标的变
异系数和权重，因此改变了上饶市和鹰潭市的排序，但其他多数城市的排序未
受影响。

在节能减排指标方面，上饶市和鹰潭市的表现并不突出。上饶市每万元工
业增加值的废水排放量达到了 6.743 吨，在 8 市中处于最高水平。鹰潭市每万
元工业增加值的废水排放量达到了 1.99 吨，大大高于萍乡市的 0.652 吨（最
低值）。上饶市和鹰潭市单位工业增加值的二氧化硫排放量、废气排放量也未
达到 8 市中的最低水平。上饶市和鹰潭市每万元工业增加值的综合能耗分别为
0.467 吨标准煤和 0.486 吨标准煤，高于赣州（0.270 吨标准煤）、吉安
（0.321 吨标准煤）和抚州（0.456 吨标准煤）。

江西全省森林覆盖率（61.2%）在全国仅次于福建（66.8%）排名第二，
8 个山区市的森林覆盖率均在 50% 以上，其中森林覆盖率最高的赣州市达到了
76.2%，森林覆盖率最低的新余市也达到了 52.7%，上饶市和鹰潭市的森林
覆盖率则分别为 61.2% 和 56.7%。城市建成区绿化覆盖率最高的是抚州市，
达到了 51.28%，其次是新余市（50.7%），上饶市和鹰潭市分别为 45.5% 和
42.64%。人均公园绿地面积最多的依次为新余市（19.89 平方米）和抚州市
（18.22 平方米），赣州市排名最后，仅有 13.64 平方米，为新余市的 68.6%。

上述 8 个城市中，空气质量优良天数最多的是赣州市（363 天），其次是抚州市（359 天），新余市和吉安市都达到了 358 天，排名最后的是萍乡市，仅有 323 天。上饶市和鹰潭市分别为 355 天和 348 天。两市的 PM2.5 含量也在江西省排在较低行列，上饶市和鹰潭市的 PM2.5 含量分别为 28 微克/立方米和 26 微克/立方米。抚州市的 PM2.5 含量也为 26 微克/立方米，最低的是赣州市（23 微克/立方米），最高的则是萍乡市（36 微克/立方米）。水环境质量方面，国控、省控地表水监测断面Ⅰ～Ⅲ类占比除了新余市为 75%、赣州市为 98.6% 之外，其余城市均达到了 100%。8 个城市的无害化垃圾处理率均达到了 100%。污水处理率最高的是萍乡市，达到了 99.17%，最低的则为抚州市，仅有 91%。

鹰潭综合指数排名较高主要体现在创新驱动指标上。近年来，鹰潭市全社会研发投入强度持续保持在全省前列，建成一大批科技创新平台，高新技术企业成倍增长，战略性新兴产业产值和高新技术产业增加值占规上工业企业增加值的比重显著提高。在研发投入占 GDP 比重方面，鹰潭市达到了 3.5%，远远高于新余市（1.9%）、抚州市（1.79%）和上饶市（1.75%）的水平。研发投入强度最低的是宜春市，仅有 1.51%。每万人专利授权量的城市排名依次为鹰潭市（4.63 件）、新余市（4.29 件）和萍乡市（4.25 件），排名最低的是上饶市，仅有 1.5 件。每万人专利授权量与其他省份山区城市（自治州）相比，处于较低的水平。鹰潭市和新余市的全社会劳动生产率均达到了 14.6 万元/人，其次是萍乡市（13.24 万元/人），最低的是上饶市，仅为 8.43 万元/人。从人均 GDP 来看，排在第一位的鹰潭市达到了 99 069 元，其次是新余市（96 025 元）；抚州市和赣州市最低，分别为 47 081 元和 46 430 元。从上述分析可以看出，研发投入强度、每万人专利授权量、全社会劳动生产率和人均 GDP 具有较强的相关性。

上饶市综合指数排名较高主要是因为在生态产品价值实现指标上获得高分。在国土集约利用方面，上饶市的经济密度和人口密度在 8 个城市中仅仅处于中等的水平。每千公顷农业产值仅为 2 483 万元（排名最后），远远低于第一名的吉安市（5 322 万元）和第二名的赣州市（4 112 万元）。2021 年，其农林牧副渔总产值达到了 515 亿元，仅次于赣州市（697 亿元）和宜春市（581 亿元）；接待游客总人数达到了 2.15 亿人次，远远高于赣州市（1.41 亿人次）和宜春市（1.19 亿人次）；实现旅游总收入 2 195 亿元，高出第二名的宜春市（1 153 亿元）和第三名的赣州市（1 076 亿元）近 1 倍。上饶市集中了三清山、婺源江湾、龟峰等风景名胜区，成为国内外知名的旅游胜地和网红打卡地。

8 个城市中，接待游客总人数和旅游总收入排名最低的是鹰潭市，2021 年接待游客总人数 5 131 万人次（但超出其他省份很多城市、自治州的旅游人次），实现旅游总收入 245 亿元。鹰潭市辖区面积只有 3 557 平方千米，只占江西省 2％左右，仅大于新余市（3 178 平方千米），是江西省面积最小的地级市之一。但鹰潭拥有道教名山——龙虎山等著名旅游景点，道教文化、碧水丹山和规模宏大的崖墓群构成独特的自然景观和人文景观，且交通非常便利，东临武夷山，北接黄山、庐山和瓷都景德镇，每年吸引了大量的国内外游客。

在民生福祉二级指标方面，城镇登记失业率最高的是萍乡市和鹰潭市（3.2％），最低的是吉安市（2.34％）；城乡居民可支配收入比最高的是赣州市，达到了 2.74 倍，最低的是萍乡市（1.9 倍），上饶市为 2.45 倍，吉安市为 2.34 倍，其余城市均在 2～2.1 倍。高等教育毛入学率最高的是萍乡市，达到了 53.34％，其他城市略超过 40％。每千人卫生技术人员数量最高的是萍乡市（8.1 人）和新余市（7.05 人），最低的则是吉安市，仅有 5.58 人。每千人卫生机构床位数量最多的是宜春市（7.4 张）、萍乡市（6.86 张）和鹰潭市（6.82 张），最低的是抚州市（6.04 张）和吉安市（6.52 张）。上饶市和鹰潭市在医疗服务可获得性方面处于中等水平。城镇人均住房面积最高的是鹰潭市（57.5 平方米）和上饶市（57 平方米），最低的是萍乡市（36.43 平方米）和吉安市（48.4 平方米）；农村人均住房面积最高的是宜春市（76.95 平方米）和鹰潭市（75 平方米），最低的则是萍乡市（59.7 平方米）、抚州市（59.8 平方米）和新余市（59.8 平方米）。人均教育文化支出的差异也比较大，最高的新余市达到了 2 441 元，鹰潭市为 2 246 元，最低的上饶市仅为 1 627 元。

（四）华东各省山区绿色发展水平的比较

表 5-1 列出了浙江、安徽和江西省绿色发展各个指标和综合指数的均值，其中各省三级指标数值为辖山区城市的简单平均，综合指数为辖域山区城市基于 2021 年 GDP 的加权平均。从表 5-1 最后两列可以看出，浙江省综合指数值遥遥领先，其次是江西省，最后是安徽省，但是江西、安徽两省的综合指数值非常接近。

浙江作为我国经济发展重要引擎——长江三角洲的核心省份（江苏和上海的地形以平原为主，不在我们的研究样本之中），在经济绩效、创新驱动和民生福祉等指标上明显领先于江西省和安徽省。浙江省每万元工业增加值废水排放量达到 10.28 吨（主要受衢州市产业结构影响），大幅高于江西省的 3.71 吨和安徽省的 2.62 吨；但每亿元工业增加值的二氧化硫排放量仅为 4.54 吨，低于安徽省的 5.32 吨，大大低于江西省的 14.86 吨，这可能是因为绿色能源在浙江省得到更大的推广和应用；每元工业增加值的废气排放量为 3.18 立方米，高于安徽省的 0.98 立方米，但与江西省的 3.16 立方米非常接近。浙江省每万元工业增值的能耗为 1.23 吨标准煤，高于安徽省的 0.46 吨标准煤和江西省的 0.66 吨标准煤。

浙江省山区城市森林覆盖率均值为 69.46%，高于安徽省的 64.2% 和江西省的 63.15%；城市建成区绿化覆盖率和人均公园绿地面积则明显低于安徽省和江西省。浙江、江西两省的空气质量优良天数基本持平，比安徽省大约高出 10 天，主要原因在于皖西六安市空气质量欠佳，优良天数仅为 319 天，在华东山区城市中处于最低水平。地表水质量、无害化垃圾处理率和污水处理率各省相差不大。

浙江作为沿海发达省份和制造业大省，近年来积极实行"腾笼换鸟"、数字赋能，依靠技术进步培育战略性新兴产业；研发强度达到了 2.24%，高于江西省的 1.91% 和安徽省的 1.17%。特别是浙江省绍兴市达到了 2.9%，在华东山区城市中仅次于江西省鹰潭市（3.5%），相当于安徽省六安市的 2.66 倍。与之相对应的是，浙江省每万人专利授权量亦远远高出安徽省和江西省的水平，分别高出 4.5 倍和 13 倍。全社会劳动生产率指标也反映出了这一差异，浙江省全社会劳动生产率为 15.56 万元/人，显著高于江西省的 11.82 万元/人和安徽省的 10.33 万元/人。

浙江自然禀赋和耕地资源不足，在国土集约利用方面处于三省前列。单位耕地农业产值达到每千公顷 7 100 万元，城市经济密度和城市人口密度亦大大高出江西省和安徽省，人均 GDP 分别为江西省的 1.42 倍和安徽省的 1.6 倍。

浙江省第三产业在 GDP 中的比重为 52.57%，与安徽省（52.25%）接近，高于江西省（47.1%）。然而，江西省旅游资源非常丰富，旅游业相当发达。域内有三清山、婺源、龟峰、龙虎山、武功山、井冈山等自然禀赋和红色旅游资源，山区城市接待游客人数和旅游总收入平均值远远高于浙江省和安徽省。

浙江省人均 GDP 多年来持续排在全国各个省份前列，区域、城乡发展相对均衡，2021 年 6 月中共中央、国务院支持鼓励浙江省先行探索高质量发展建设共同富裕示范区，这在表 5-1 中也有所体现。浙江省山区城市城乡居民可支配收入比、城镇登记失业率在华东三省中都处于最低水平。在公共服务可获得性方面，高等教育毛入学率显著高于其他两省，每千人卫生技术人员数量、每千人卫生机构床位数量也处于较高水平。三省城镇人均住房面积相差不

大，浙江省山区城市农村人均住房面积达到了 72.53 平方米，显著高于江西省
（66.74 平方米）和安徽省（62.85 平方米）。在消费结构方面，浙江省人均教
育文化娱乐支出达到了 3 209 元，而江西省、安徽省分别为 2 001 元和 1 969
元，说明相对富裕的群体更愿意增加发展型、享受型消费的支出。

表 5 - 1　华东三省山区绿色发展水平的比较

三级指标均值	单位	浙江	安徽	江西
每单位工业增加值废水排放量	吨/万元	10.28	2.62	3.71
每单位工业增加值二氧化硫排放量	吨/亿元	4.54	5.32	14.86
每单位工业增加值废气排放量	立方米/元	3.18	0.98	3.16
每单位工业增加值综合能耗	吨标准煤/万元	1.23	0.46	0.66
森林覆盖率	%	69.46	64.20	63.15
城市建成区绿化覆盖率	%	39.53	43.56	46.73
人均公园绿地面积	平方米	14.73	16.69	16.56
空气质量优良天数	天	351.33	341.50	352.13
PM2.5 含量	微克/立方米	24.00	25.75	28.50
地表水质量（Ⅰ～Ⅲ类占比）	%	99.67	95.45	96.56
无害化垃圾处理率	%	100	100	100
污水处理率	%	97.77	95.51	95.91
R&D 占 GDP 比重	%	2.24	1.17	1.91
每万人专利授权量	个	49.77	9.10	3.56
全社会劳动生产率	万元/人	15.56	10.33	11.82
单位耕地农业产值	亿元/千公顷	0.71	0.46	0.34
城市经济密度	万元/平方千米	3 772.8	1 117.15	1 998.68
城市人口密度	人/平方千米	353.30	211.30	289.57
人均 GDP	元	92 717	57 809	65 115.5
农林牧副渔总产值	亿元	217.70	304.40	381.38
第三产业占 GDP 比重	%	52.57	52.25	47.10
第三产业对 GDP 增长贡献率	%	46.57	49.78	51.66
旅游总收入	亿元	371.60	437.55	957.93
接待游客总人数	万人次	2 250.5	5 268.7	10 096.9
城乡居民收入比	无单位	1.86	2.15	2.20
城镇登记失业率	%	1.74	2.53	2.87
高等教育毛入学率	%	64.90	46.50	42.91

（续）

三级指标均值	单位	浙江	安徽	江西
每千人卫生技术人员数量	人	8.34	7.76	6.54
每千人卫生机构床位数量	张	6.67	6.83	6.65
人均教育文化娱乐支出	元	3 209	1 969	2 001
城镇人均住房面积	平方米	51.37	48.66	51.97
农村人均住房面积	平方米	72.53	62.85	66.74
绿色发展综合指数平均值（包含重庆市）		91.91	75.48	76.68
绿色发展综合指数平均值（不含重庆市）		91.68	74.84	76.21

二、华中地区山区绿色发展测度与比较

（一）湖北省山区城市（自治州）绿色发展指数测度与比较

湖北省山区城市包括十堰市、襄阳市、荆门市、宜昌市、黄冈市、鄂州市、黄石市和恩施土家族苗族自治州。绿色发展指数（样本包含重庆市）从高到低依次为宜昌（83.10）、鄂州（81.68）、襄阳（79.60）、十堰（76.83）、黄冈（74.84）、荆门（73.42）、恩施（72.51）和黄石（71.95）。样本不包含重庆市时，绿色发展指数从高到低依次为宜昌（83.08）、鄂州（80.87）、襄阳（79.22）、十堰（76.18）、黄冈（74.75）、荆门（72.69）、恩施（71.87）和黄石（71.22）。由此可见，对于湖北省山区城市（自治州）而言，不论样本是否包含重庆市，绿色发展指数排序完全一致。

单位工业增加值废水排放量最低的是恩施州（0.28吨/万元），其次是十堰市（0.77吨/万元），最高的则是宜昌市，达到7.21吨/万元。单位工业增加值二氧化硫排放量最低的是襄阳市（3.35吨/亿元），最高的则是黄石市（13.08吨/亿元）。同时，黄石市单位工业增加值废气排放量达到了7.64立方米/元，位列8市（州）第一，比单位工业增加值废气排放量最低的宜昌市（1.2立方米/元）超出了537%。单位工业增加值能耗最高的也是黄石市，达到1.51吨标准煤/万元，最低的则是十堰市，为0.28吨标准煤/万元，两者相差4.4倍。

十堰市森林覆盖率达到了73.86%，在湖北山区城市中居第一位，其次分别是恩施州（69.2%）和宜昌市（68.5%）。森林覆盖率最低的则是鄂州市，只有10.34%。各个城市建成区绿化覆盖率则相差不大，为41%～45%，最高

的宜昌市达到了 45.04%。恩施州人均公园绿地面积为 16.86 平方米，是最低的襄阳市（9.2 平方米）的 1.83 倍。

近年来，宜昌市把创新驱动摆在发展全局的核心位置，不断推动体制机制创新、领导经济工作的方式方法创新，发挥科技创新的战略支撑作用。2021年，宜昌市全社会研发经费投入达到 111.68 亿元，占 GDP 比重提高到2.62%，规模在全省同类市、州中位列第一，领先优势不断扩大。截至2021年底，宜昌共建有市级以上各类科技研发平台 670 家，仅次于省会武汉市。全市规上工业企业研发平台覆盖率达到 44.03%，位居湖北全省第一，重点产业链龙头企业已实现研发平台全覆盖。研发投入强度较高的城市其次是十堰市（2.14%）和黄石市（2%）。恩施州研发投入强度最低，仅为 0.16%，其次是黄冈市，为 0.8%。宜昌市每万人专利授权数量达到了 12.15 件，其次是黄冈市，为 10.52 件。排序较低的是恩施州（5.55 件）、黄石市（4.61 件）、荆门市（4.04 件）和十堰市（1.29 件）。全社会劳动生产率最高的也是宜昌市，为22.73 万元/人。其次是鄂州市（18.39 万元/人）和襄阳市（16.14 万元/人），荆门市全社会劳动生产率最低，仅为 5.7 万元/人。相应地，宜昌市人均 GDP达到了 12.85 万元，其次是鄂州市（10.86 万元）和襄阳市（10.08 万元），而恩施州和黄冈市最低，仅为 3.8 万元和 4.4 万元。

宜昌市每千公顷耕地农业产值达到了 7 425 万元，遥遥领先于其他山区城市（自治州），是恩施州（2 808 万元/千公顷）的 2.64 倍。城市经济密度属鄂州市最高，达到了 7 292 万元/平方千米。各市（州）国土面积和经济发展状况很不平衡，最低的恩施州仅为 543 万元/平方千米，只占鄂州市的 7.45%。恩施州和十堰市的人口密度也比较低，分别为 144 人/平方千米和 133.4 人/平方千米；人口密度最高的鄂州市和黄石市则分别达到了 671 人/平方千米和533 人/平方千米。

生态利用型产业发展方面，宜昌市和黄冈市农林牧副渔总产值最高，达到了 967 亿元和 898 亿元，最低的鄂州市则只有 119 亿元，这跟其辖区面积有关。鄂州市面积仅为 1 594 平方千米，是湖北省面积最小的地级市。接待游客人数最多的是宜昌市（8 733 万人次）和十堰市（8 681 万人次），旅游总收入分别达到了 875 亿元和 897 亿元。接待游客人数最少的无疑是鄂州市，仅有729 万人次，实现旅游总收入 52.4 亿元。第三产业占 GDP 比重最高的是恩施州（60%），其次为十堰市（52%），其他城市都介于 45%～49%。荆门市第三产业对 GDP 增长的贡献率达到了 63%，其次是十堰市（62%）和恩施州（57%），最低的是宜昌和鄂州两个制造业相对发达的城市，该指标约为 40%。

民生福祉方面，十堰市和恩施州城乡收入差距相对较大，城乡居民可支配收入比分别达到了 2.73 倍和 2.56 倍；荆门市和鄂州市城乡发展相对均衡，城乡居民收入比分别为 1.76 倍和 1.78 倍。黄冈市和荆门市城镇登记失业率分别为 3.12% 和 3.06%，其他城市（自治州）均在 2.3%（十堰市）和 2.97%（黄石市）之间。鄂州市、十堰市、荆门市的高等教育毛入学率居于前列，超过了全国平均水平；恩施州、黄石市的高等教育毛入学率相对偏低。十堰市每千人卫生技术人员数量达到 9.96 人、每千人卫生机构床位数量达到了 10.65 张，位居湖北省山区城市第一位；其次是襄阳市、恩施州和黄石市。鄂州市每千人卫生技术人员数量仅为 5.62 人，每千人卫生机构床位数量仅为 5.64 张，反映了在公共医疗服务供给方面的相对不足。城镇人均住房面积最高的是襄阳市，达到了 55.4 平方米，其次是鄂州市（46 平方米）和黄冈市（40.27 平方米），其他城市均介于 30～40 平方米。农村人均住房面积最高的则是鄂州市（72.7 平方米），较低的则是黄冈市（48.06 平方米）和荆门市（46.53 平方米）。消费结构方面，黄石市人均教育文化娱乐支出达到了 3 363 元，其次是宜昌市（3 176 元），显著高于省内其他城市。鄂州市和恩施州的人均教育文化娱乐支出为 1 916 元和 1 848 元，其他城市则均为 2 000～3 000 元。

（二）湖南省山区城市（自治州）绿色发展指数测度与比较

湖南省山区城市包括张家界市、常德市、湘潭市、株洲市、娄底市、怀化市、邵阳市、衡阳市、永州市、郴州市和湘西土家族苗族自治州。绿色发展指数（样本包含重庆市）从高到低依次为湘潭（85.97）、株洲（85.85）、常德（79.37）、衡阳（77.83）、郴州（77.47）、永州（77.33）、邵阳（74.35）、娄底（73.32）、张家界（72.39）、怀化（72.30）和湘西（71.25）。样本不包含重庆市时，绿色发展指数从高到低依次为湘潭（85.56）、株洲（85.50）、常德（79.19）、衡阳（77.70）、永州（77.11）、郴州（77.05）、邵阳（74.08）、娄底（72.61）、怀化（71.79）、张家界（71.49）和湘西（70.41）。从中不难看出，不论样本是否包含重庆市，大部分城市的排序基本一致。但是，郴州和永州、怀化和张家界这两对指数值非常接近的城市，排序略有变化。

在湖南省山区城市（自治州）中，常德市每万元工业增加值的废水排放量仅为 0.415 吨，最高的娄底市达到了 4.83 吨，其他城市均在 1.2～4 吨。每亿元工业增加值二氧化硫排放量最高的也是娄底市，为 33.1 吨，最低的常德市仅为 0.7 吨，其他城市介于 6～20 吨。湘潭市每元工业增加值废气排放量达到了 2.12 立方米，每万元工业增加值能耗达到了 1.455 吨标准煤，为较高水平；最低的湘西州仅为 0.95 立方米和 0.66 吨标准煤。

怀化市和张家界市的森林覆盖率达到了 71%，其次是湘西州（70.24%）和郴州市（68.1%）。城市建成区绿化覆盖率最高的是郴州市（46.56%）和常德市（44.51%），最低的则是永州市（38.1%）和邵阳市（38.21%）。人均公园绿地面积最高的常德市和株洲市分别达到了 14.9 平方米和 14.58 平方米，比湘西州（9.23 平方米）分别高出 61.4% 和 57.96%。

空气质量优良天数最高的是湘西州，达到了 361 天，其次是郴州市（357 天）、张家界市（357 天）和怀化市（354 天）。与之相对应的是，湘西州 PM2.5 含量为 24 微克/立方米，低于张家界市的 27 微克/立方米和郴州市的 28 微克/立方米。空气质量相对欠佳的城市有常德市和湘潭市。湘潭市空气质量优良天数仅为 308 天，低于其他城市。常德市空气质量优良天数仅为 312 天，PM2.5 平均含量达到了 56 微克/立方米，比第二名的湘潭市（42.6 微克/立方米）超出了 31.5%。常德市和湘潭市的水环境质量也相对欠佳，国控、省控地表水监测断面 I～III 类占比仅为 89.1% 和 92.9%，其他城市均达到或接近 100%。无害化垃圾处理率除了湘西州为 99.17% 之外，其他城市均为 100%。湘西州和怀化市的污水处理率分别为 95.7% 和 95.85%，其他城市均在 96%～99%。

研发投入占 GDP 比重最高的是株洲市（3.27%）、湘潭市（2.8%）和郴州市（2.3%）。特别是株洲市，在实现从生态欠账、环境整治到"碧水蓝天"的转变之后，大力实行创新驱动战略，转变增长动能支撑高质量发展[1]。连续三年来，株洲市科技研发投入占 GDP 比重稳居湖南全省第一，也是新中国成立以来湖南省第一个（唯一一个）超过 3% 的城市，在全国也名列前茅。伴随科技研发高质量、高强度的持续投入，株洲市产生越来越多的创新性科技成果和产品，每万人专利授权量达到了 21.89 件，湘潭市（20 件）则位居第二，远远高于其他城市（自治州）。张家界市和湘西州每万人专利授权量仅有 4.34 件和 4.8 件，这可能与旅游型城市制造业不发达有关。其他城市每万人专利授权量均在 6～10 件。创新驱动型的经济发展特征在全社会劳动生产率上也得到了反映。株洲市全社会劳动生产率达到了 15.13 万元/人，其次是湘潭市和常德市，分别为 14.19 万元/人和 12.63 万元/人；湘西州、邵阳市和张家界排名靠后，只有 5.65 万元/人、5.74 万元/人和 5.85 万元/人。与之相对应，2021

---

[1]　详见第六章第三节案例："湖南省株洲市：从只要'金山银山'到兼要'绿水青山'"。

年湘潭市和株洲市人均 GDP 分别达到了 93 793 元和 87 852 元，湘西州、邵阳市和张家界人均 GDP 则分别为 31 988 元、38 055 元和 38 423 元。

在国土集约利用方面，株洲市每千公顷耕地农业产值达到了 0.54 亿元，其次是郴州市（0.49 亿元/千公顷）和湘潭市（0.46 亿元/千公顷）。各市经济密度和人口密度相差很大。湘潭市经济密度达到了 5 090 万元/平方千米，其次为株洲市（3 054 万元/平方千米）和衡阳市（2 508 万元/平方千米）。经济密度最低的是湘西州（511 万元/平方千米）、张家界（610 万元/平方千米）和怀化市（659 万元/平方千米），仅为湘潭市的 10%～13%。在湖南省山区城市（自治州）中，湘潭市的人口密度也是最高的，达到了 541 人/平方千米，其次是娄底市（468 人/平方千米）和衡阳市（432 人/平方千米）；最低的是张家界、湘西州和怀化市，仅为 159 人/平方千米、160 人/平方千米和 165 人/平方千米。

生态利用型产业发展方面，常德市农林牧副渔总产值最高，达到了 845.2 亿元，其次是衡阳市（796.9 亿元）、永州市（787.5 亿元）和邵阳市（697 亿元），张家界和湘西州仅有 137.9 亿元和 201.1 亿元。2021 年永州市接待游客总人数 6 537 万人次，实现旅游总收入 520 亿元。株洲市接待游客总人数 6 400 万人次，实现旅游总收入 579 亿元。张家界接待游客总人数 6 024 万人次，实现旅游总收入 569 亿元。排名相对靠后的是衡阳市，接待游客总人数 4 668 万人次，但旅游总收入仅有 110 亿元。作为典型的旅游城市，张家界第三产业占 GDP 的比重达到了 71.66%，第三产业对 GDP 增长的贡献率达到了 89.73%。湘西州第三产业占 GDP 的比重为 55.4%，第三产业对 GDP 增长的贡献率为 49.3%。第三产业占比最低的是湘潭市，仅为 41.7%，2021 年第三产业对其 GDP 增长的贡献率为 38.3%。

在民生福祉方面，衡阳市和湘潭市发展相对均衡一些，城乡居民可支配收入比分别为 1.76 倍和 1.79 倍。怀化市、湘西州和张家界市城乡差距较大，城乡居民可支配收入比分别达到了 2.45 倍、2.41 倍和 2.35 倍。2021 年常德市城镇登记失业率较高，达到 5.2%；其次是怀化市（3.66%）和衡阳市（3.54%）；永州市和株洲市城镇登记失业率最低，分别为 1.27% 和 1.8%。高等教育毛入学率较高的是株洲市和邵阳市，基本与全国平均水平持平；其他城市大多为 40%～50%，高等教育事业处在"大众化"阶段。湘潭市每千人卫生技术人员数量达到了 8.48 人，其次是怀化市（8 人）、湘西州（7.99 人）和株洲市（7.9 人），邵阳市仅为 6.5 人。湘西州每千人卫生机构床位数量达到了 8.8 张，其次分别是怀化市（8.45 张）和湘潭市（7.92 张）。张家界市和邵阳市每千人卫生机构床位数量仅有 5.21 张和 5.7 张。永州市城镇人均住房面积达到了 61 平方米,是最低的衡阳市(39 平方米)的 1.56 倍。农村人均住房面积最大的城市依次为娄底市(84.1 平方米)、邵阳市(70.7 平方米)和常德市(69.7 平方米);衡阳市和湘西州农村人均住房面积仅有 47.3 平方米,居于末位。湘潭市和株洲市人均教育文化娱乐支出分别达到了 4 335 元和 4 251 元,其次是衡阳市(4 047 元)和永州市(3 261 元),最低的湘西州仅为 2 361 元。

(三)华中两省山区绿色发展水平的比较

湖南、湖北两省各个三级指标均值和指数值如表 5-2 所示,其中两省三级指标数值为辖域山区城市的简单平均,综合指数为辖域山区城市基于 2021 年 GDP 的加权平均。从中可以看出,两省绿色发展综合水平非常接近,湖南省以微弱优势略领先于湖北省。

湖北省单位工业增加值二氧化硫排放量和能耗低于湖南省,但是单位工业增加值废水排放量和废气排放量要高于湖南省。湖南省森林覆盖率高于湖北省 12 个百分点,但城市建成区绿化覆盖率低于湖北省 1 个百分点,人均公园绿地面积比湖北省少 2.42 平方米;空气质量平均优良天数和地表水质量高于湖北省,无害化垃圾处理率和污水处理率则相差不大。

湖南省平均研发投入强度和每万人专利授权量明显高于湖北省,但全社会劳动生产率和人均 GDP 相对于后者还有不小的差距,仅约为后者的三分之二。两省山区城市平均人口密度相差不大,但湖北省城市经济密度要高出湖南省 41%。两省农林牧副渔总产值和单位耕地农业产值大体持平,第三产业占 GDP 的比重、第三产业对 GDP 增长的贡献率、接待游客总人数和旅游总收入等指标非常接近,表明两省经济结构类似,也都具有丰富的旅游资源和自然禀赋。

湖南省城乡居民收入比和城镇登记失业率要低于湖北省,发展更为均衡一些。因为两省山区城市(自治州)的高等教育毛入学率数据缺失较多,不能直接从表 5-2 中通过比较得到有说服力的结论,只在一定程度上反映出湖北省高等教育发展水平似乎要高于湖南省。湖北省每千人卫生技术人员数量和卫生机构床位数量都要高于湖南省,体现出相对更强的公共医疗服务供给能力;但是城镇人均住房面积和农村人均住房面积都要低于湖南省,只相当于后者的 80% 和 91%。湖南省人均教育文化娱乐支出达到 3 241 元,比湖北省超出 32.4%。

表5-2　华中两省山区绿色发展水平的比较

三级指标均值	单位	湖北	湖南
每单位工业增加值废水排放量	吨/万元	3.05	2.78
每单位工业增加值二氧化硫排放量	吨/亿元	6.79	12.95
每单位工业增加值废气排放量	立方米/元	2.70	1.40
每单位工业增加值综合能耗	吨标准煤/万元	0.69	1.06
森林覆盖率	%	47.48	59.71
城市建成区绿化覆盖率	%	42.98	41.65
人均公园绿地面积	平方米	14.47	12.05
空气质量优良天数	天	314.00	336.82
PM2.5含量	微克/立方米	35.63	36.15
地表水质量（Ⅰ～Ⅲ类占比）	%	95.96	97.98
无害化垃圾处理率	%	100.00	99.92
污水处理率	%	96.56	97.45
R&D占GDP比重	%	1.60	1.89
每万人专利授权量	个	6.43	9.73
全社会劳动生产率	万元/人	13.72	9.21
单位耕地农业产值	亿元/千公顷	0.44	0.40
城市经济密度	万元/平方千米	2 634.48	1 866.27
城市人口密度	人/平方千米	309.23	303.91
人均GDP	元	80 993.9	55 958.2
农林牧副渔总产值	亿元	483.23	489.82
第三产业占GDP比重	%	49.10	51.84
第三产业对GDP增长贡献率	%	50.59	52.97
旅游总收入	亿元	425.56	450.22
接待游客总人数	万人次	4 900.58	4 883.56
城乡居民收入比	无单位	2.14	2.10
城镇登记失业率	%	2.85	2.76
高等教育毛入学率	%	55.08	49.32
每千人卫生技术人员数量	人	7.89	7.45
每千人卫生机构床位数量	张	7.80	7.25
人均教育文化娱乐支出	元	2 447.50	3 240.95

（续）

三级指标均值	单位	湖北	湖南
城镇人均住房面积	平方米	41.07	51.29
农村人均住房面积	平方米	56.97	62.61
绿色发展综合指数平均值（包含重庆市）		77.97	78.48
绿色发展综合指数平均值（不含重庆市）		77.58	78.13

三、西南地区山区绿色发展测度与比较

（一）四川省山区城市（自治州）绿色发展指数测度与比较

四川省位于长江上游地区，由于自身特殊的地形地貌，山区城市较多（达到了 20 个），分别是广元市、巴中市、绵阳市、德阳市、达州市、南充市、遂宁市、广安市、资阳市、眉山市、雅安市、内江市、乐山市、自贡市、泸州市、宜宾市、攀枝花市、阿坝藏族羌族自治州、甘孜藏族自治州和凉山彝族自治州。德阳、绵阳、自贡等城市的绿色发展水平相对较高。样本中包含重庆市时，绿色发展指数依次为德阳（84.42）、绵阳（80.95）、自贡（80.78）、遂宁（79.17）、南充（78.09）、宜宾（77.83）、眉山（75.41）、泸州（74.05）、广安（73.97）、雅安（73.37）、资阳（73.34）、达州（73.33）、乐山（73.20）、巴中（71.94）、攀枝花（71.55）、内江（70.05）、广元（69.88）、凉山（69.28）、阿坝（68.43）和甘孜（67.96）。样本中如果不包含重庆市，除部分城市（自治州）之外，上述排序基本不变。绿色发展指数水平依次为德阳（83.91）、绵阳（80.63）、自贡（80.24）、遂宁（78.60）、南充（77.91）、宜宾（77.54）、眉山（74.87）、泸州（73.57）、广安（73.40）、达州（72.97）、乐山（72.71）、资阳（72.63）、雅安（72.62）、巴中（71.19）、攀枝花（70.81）、内江（69.72）、广元（69.04）、凉山（69.02）、阿坝（67.54）和甘孜（67.00）。从中可以看出，南充和宜宾，雅安、资阳、达州和乐山，广元和凉山，阿坝和甘孜等城市（自治州）的绿色发展水平非常接近。

在以上 20 个城市（自治州）中，攀枝花市每万元工业增加值废水排放量最高，达到了 10.35 吨，巴中市和资阳市最低，仅为 1.21 和 1.94 吨，其他市（州）均在 2～7 吨。内江市每亿元工业增加值的二氧化硫排放量高达 92.3 吨，是最低值 3.09 吨（达州市）的 29.87 倍。绵阳市每元工业增加值废气排放量为 0.74 立方米，自贡市仅为 0.373 立方米。单位工业增加值能耗最高的是广

元市（3.19 吨标准煤/万元）、阿坝州（2.00 吨标准煤/万元）和凉山州（1.90 吨标准煤/万元），最低的则是资阳市，仅为 0.42 吨标准煤/万元。

各市（州）森林覆盖率相差很大，最高的雅安市和巴中市，分别达到了 69.36% 和 63.18%。攀枝花市和乐山市的森林覆盖率也达到了 60% 以上，最低的甘孜州、德阳市和阿坝州，森林覆盖率仅为 23.04%、26.43% 和 26.48%，低于 2021 年四川全省的森林覆盖率水平（40.2%）。自贡市建成区绿化覆盖率为 44%，是最低值阿坝州（22%）的 2 倍。雅安市人均公园绿地面积达到了 21.4 平方米，达州市则仅为 8.24 平方米，为前者的 38.5%，其他城市（自治州）人均公园绿地面积均为 10~18 平方米。

阿坝州、甘孜州和凉山州空气优良天数达到或接近 100%，自贡市、德阳市、内江市和泸州市空气优良天数仅为 291 天、302 天、306 天和 308 天。自贡市和泸州市的 PM2.5 含量也超过了 40 微克/立方米。甘孜州位于四川省西部、青藏高原东南边缘，全州总面积达 15.3 万平方千米，2021 年末常住人口仅为 119.6 万人。甘孜州地处高原，碧水蓝天、风景优美，拥有海螺沟、稻城亚丁、泸定桥、亚工红草地等著名景区，2021 年 PM2.5 平均含量仅为 7.5 微克/立方米。水环境质量较高的有广元市、巴中市、绵阳市、南充市、雅安市、攀枝花市、阿坝州、甘孜州和凉山州，国控、省控地表水监测断面 I～III 类占比均达到 100%，水环境质量较差的有遂宁市（75%）、内江市（75%）、资阳市（82.4%）、眉山市（86.7%）和达州市（87%），其他城市的断面水 I～III 类占比均在 90% 以上。无害化垃圾处理率除了甘孜州（97.75%）、阿坝州（92%）、凉山州（90%）和雅安市（99.96%），其他城市均达到了 100%。污水处理率除了甘孜州（78.75%）、凉山州（80%）、阿坝州（81.86%）和乐山市（94.8%），其他城市均在 95% 以上。

绵阳市作为全国重要的工业基地，研发投入占 GDP 比重达到了 7.14%，其次是德阳市（3.2%）和攀枝花市（1.5%），研发投入强度最低的甘孜州，仅有 0.12%。德阳市每万人专利授权量为 19.46 件，其次是攀枝花市（15.88 件）和自贡市（14.22 件），凉山州和甘孜州仅有 2.38 件和 2.65 件[1]。攀枝花全社会劳动生产率达到了 17.81 万元/人，宜宾市、泸州市、自贡市、乐山市、雅安市、德阳市、绵阳市的全社会劳动生产率也均在 10 万元/人以上，巴中市的全社会劳动生产率只有 4.64 万元/人。与之相对应，2021 年攀枝花市的人

---

[1] 专利数据根据四川省知识产权服务促进中心《四川省各市州专利授权量状况（2021 年 12 月）》，除以各市（州）常住人口计算而得。

均 GDP 达到了 93 406 元，其次是德阳市（76 801 元）、乐山市（69 983 元）和绵阳市（68 611 元），巴中市和凉山州仅为 27 747 元和 39 007 元。

国土集约利用方面，攀枝花每千公顷耕地农业产值达到了 1.44 亿元，一个可能的重要原因是该市依托南亚热带光热资源优势，大力发展南亚热带特色效益农业，建设热带特色珍稀水果、早市蔬菜、优质烤烟等农业基地。其次是雅安市，每千公顷耕地农业产值达到了 1.27 亿元。巴中市和达州市每千公顷耕地农业产值仅为 0.247 亿元和 0.263 亿元。德阳市和自贡市的经济密度最高，分别达到了 4 494 万元/平方千米和 3 655 万元/平方千米。经济密度最低的甘孜州和阿坝州则分别为四川省辖区面积最大的两个地级行政单位，仅有 29.22 万元/平方千米和 53.37 万元/平方千米，分别是德阳市的 0.65% 和 1.18%。甘孜州和阿坝州的人口密度也仅有 7.2 人/平方千米和 9.67 人/平方千米。人口密度最高的德阳市和内江市，则分别达到了 585 人/平方千米和 583.3 人/平方千米。

生态直接利用型产业的发展方面，南充市农林牧副渔总产值达到了 787.5 亿元，其次是凉山州，达到了 742.6 亿元。甘孜州地处高原，地广人稀，农林牧副渔总产值只有 120.52 亿元。南充市接待旅游总人数 8 316.5 万人次，实现旅游总收入 781.3 亿元；其次是宜宾市，接待旅游总人数 6 647.41 万人次，实现旅游总收入 669.91 亿元。接待旅游人数最少的是乐山市（256.52 万人次），实现旅游总收入最少的则是资阳市（145.6 亿元）。第三产业占比最高的是阿坝州（56.4%）和甘孜州（56.09%），最低的是攀枝花市，仅为 36.1%。甘孜州第三产业对 GDP 增长的贡献率达到了 62.54%，内江市则为 60.1%，凉山州则仅为 38.6%。

民生福祉方面，城乡居民可支配收入比最高的是德阳市（2.61 倍）和甘孜州（2.57 倍），内江市城乡发展相对均衡，城乡居民可支配收入比仅有 1.5 倍。城镇登记失业率最高的是达州市（4%），最低的是泸州市（2.6%）。四川省山区城市高等教育毛入学率普遍低于全国平均水平。雅安市每千人卫生技术人员数量达到 9.61 人，其次是攀枝花市（9.52 人）；雅安市每千人卫生机构床位达到了 10.09 张，其次是资阳市（9.6 张）和广元市（9.59 张）。达州市每千人卫生技术人员数量仅有 5.25 人，广安市仅有 5.94 人，甘孜州每千人卫生机构床位数量仅有 4.99 张，反映了这些城市公共医疗服务供给能力的相对不足。城镇人均住房面积城市排名依次是广元市（42.1 平方米）、达州市（41.1 平方米）和甘孜州（41 平方米），攀枝花市仅有 33.6 平方米。自贡市农村人均住房面积达到了 57.3 平方米，其次是遂宁市（55.3 平方米）和资阳市

（55.2 平方米），甘孜州和凉山州农村人均住房面积仅有 29.3 平方米和 31.3 平方米。与湖南省相比，四川省山区城市人均教育文化娱乐支出相对较低。泸州市人均教育娱乐文化支出为 1 583 元，凉山州则为 1 219 元。

（二）贵州省山区城市（自治州）绿色发展指数测度与比较

贵州省地处我国西南内陆地区腹地，是世界知名的山地旅游目的地和山地旅游大省。贵州 92.5％的辖区面积为山地和丘陵，地跨长江和珠江两大水系。贵州省的山区城市包括遵义市、六盘水市、安顺市、铜仁市、毕节市、黔西南布依族苗族自治州、黔东南苗族侗族自治州和黔南布依族苗族自治州。如果样本中包含重庆市，8 市（州）绿色发展指数水平排序依次为遵义市（78.45）、安顺市（70.87）、毕节市（63.59）、六盘水市（62.12）、铜仁市（60.96）、黔南州（59.90）、黔西南州（59.15）和黔东南州（32.45）。如果样本中不包含重庆市，则 8 市（州）绿色发展指数排序依次为遵义市（78.35）、安顺市（70.31）、毕节市（63.81）、六盘水市（61.65）、铜仁市（60.85）、黔南州（59.68）、黔西南州（58.88）和黔东南州（32.82）。由此可见，不论样本中是否包含重庆市，贵州 8 市（州）绿色发展水平排序完全一致。

在工业废物排放和能耗方面，遵义市均在 8 市（州）中处于最低水平，其每万元工业增加值废水排放量为 1.16 吨，每亿元工业增加值二氧化硫排放量为 18.24 吨，每元工业增加值废气排放量为 1.198 立方米，每万元工业增加值能耗为 0.545 吨标准煤。六盘水市每万元工业增加值废水排放量达到了 11.5 吨，位居 8 市（州）第一位，是遵义市的近 10 倍；其次为毕节市，达到了 5.33 吨。黔东南州每亿元工业增加值二氧化硫排放量高达 391.56 吨，每万元工业增加值能耗达到 5.57 吨标准煤，均居 8 市（州）第一位。工业废物排放量和能耗居高不下，也是黔东南州绿色发展综合指数水平较低的重要原因。

各市（州）森林覆盖率相差不大，最高的铜仁市为 68.21％，其次为黔东南州（67.98％）。森林覆盖率最低的安顺市，也达到了 59.03％。各市（州）建成区绿化覆盖率均在 35％～46％，人均公园绿地面积最高的是遵义市，达到了 22.76 平方米，其次则是黔东南州（21.1 平方米）和黔南州（21.04 平方米），最低的则是黔西南州（10.08 平方米）。

8 市（州）的空气质量和地表水质量普遍较好，黔南州、黔西南州和黔东南州空气质量优良天数均在 362 天及以上，其他 5 市均在 356 天以上。黔西南州 PM2.5 含量为 17 微克/立方米，其次为黔南州（19 微克/立方米），PM2.5 含量最高的毕节市也仅为 26 微克/立方米。8 市（州）国控、省控地表水监测断面Ⅰ～Ⅲ类占比均为 100%。无害化垃圾处理率最高的是遵义市，达到 97%，最低的是黔东南州（81%）和六盘水市（82.1%），其他市（州）均在 90% 以上。黔南州污水处理率为 96.16%，其次是毕节市（96.07%）、遵义市（95.87%）和安顺市（95.74%），最低的则是六盘水市，仅为 89.37%。

与华东、华中省份和四川省相比，贵州省山区市（州）的研发投入强度普遍偏低。研发投入占 GDP 比重最高的安顺市，也仅为 0.98%，尚且不到 1 个百分点。研发投入占比最低的黔东南州，则仅为 0.28%。黔南州研发强度为 0.78%，每万人专利授权量为 8.26 件；其次是安顺市（7.85 件）和六盘水市（7.32 件），每万人专利授权量最少的遵义市仅为 4.29 件[①]。遵义市全社会劳动生产率高达 13 万元/人，其次是六盘水市（9.45 万元/人）和黔西南州（8.71 万元/人）。与之相对应的是，2021 年遵义市人均 GDP 达到了 63 170 元，位居 8 市（州）第一位；其次是黔南州（50 089 元）、黔西南州（50 070 元）和六盘水市（48 715 元）；毕节市和黔东南州仅为 31 871 元和 33 464 元。

安顺市每千公顷耕地农业产值达到 0.723 亿元，其次是黔西南州（0.705 亿元），黔南州最低，仅为 0.299 5 亿元。8 市（州）经济密度和人口密度也相差较大，但差幅要小于四川省。城市经济密度最高的是六盘水市（1 486 万元/平方千米）和遵义市（1 356 万元/平方千米），经济密度最低则是黔东南州（414 万元/平方千米），约为六盘水市的 27.9%。六盘水市的人口密度也在 8 市（州）中位居第一，达到了 304.3 人/平方千米；黔东南州的人口密度最低，仅为 90.49 人/平方千米，约为六盘水市的 29.7%。

在生态利用型产业的发展方面，遵义市农林牧副渔总产值达到了 921.3 亿元，其次是毕节市（880.7 亿元）和铜仁市（543.58 亿元），最低的六盘水市也达到了 309.6 亿元。遵义市接待游客总人数和实现旅游总收入均在 8 市（州）中遥遥领先，主要原因在于遵义市是著名的中国革命转折点——遵义会议会址所在地，苟坝会议会址、娄山关战斗遗址、青杠坡战斗遗址、四渡赤水纪念馆等红色旅游资源非常丰富。2021 年恰逢中国共产党建党 100 周年，遵义市成为热门的红色旅游目的地[②]。遵义市接待旅游人数高达 1.1 亿人次，实

---

① 各市（州）的专利授权量根据《2021 年贵州省知识产权保护与发展状况》白皮书"附表一"数据，除以各市（州）2021 年末常住人口数量计算得到。

② 据 2021 年 6 月携程发布的《2021 上半年红色旅游大数据报告》，2021 年上半年，红色景区门票预订人数同比增长 208%，贵州省遵义市入围前十大最热红色旅游目的地第 7 名，仅次于北京市、南京市、上海市、长沙市、延安市和嘉兴市。遵义市"红色旅游＋科技"创新主题红色产品备受游客青睐，"（重走长征路）贵阳＋遵义＋赤水＋仁怀茅台镇 5 日游"订单入围"最受欢迎的红色跟团线路 TOP5"。

现旅游总收入约 1 141 亿元；其次是铜仁市，接待旅游人数 5 888 万人次，实现旅游总收入 900 亿元；黔东南州接待旅游人数达 8 151 万人次，实现旅游总收入约 843 亿元。8 市（州）旅游业均较为发达，接待旅游人数最少的黔西南州也达到了 4 200 万人次，实现旅游收入约 365 亿元。黔东南州第三产业占比最高，为 57.4%，对经济增长贡献率为 54.2%。遵义市工业基础相对较好，近年来深入推动十大工业产业（优质烟酒、基础材料、先进装备制造、新型建材、清洁高效电力、大数据电子信息、生态特色食品、基础能源、现代化工、健康医药）重大建设项目，第三产业占 GDP 的比重仅为 41.3%，对经济增长的贡献率仅为 26.61%，为 8 市（州）最低水平。

民生福祉方面，黔东南州城乡居民可支配收入比最高，达到了 3.045 倍；其次是毕节市（2.99 倍）和铜仁市（2.98 倍）。黔西南州城乡居民可支配收入比最低，仅为 1.75 倍。遵义市城镇登记失业率达到了 5%，在 8 市（州）中位居第一；其次是黔东南州（4.79%）和安顺市（4.6%），最低的是毕节市（3.92%），其他市（州）城镇登记失业率均在 4% 以上。8 市（州）高等教育毛入学率数据缺失较多，大致估计在 45% 左右，低于全国平均水平，高等教育事业的发展尚处在"大众化"阶段。在公共医疗服务的供给方面，遵义市每千人卫生技术人员数量为 8.28 人，其次是铜仁市和黔东南州，均为 8.1 人；最少的是毕节市（6.53 人）和安顺市（6.59 人）。黔西南州每千人卫生机构床位数量为 9.23 张，其次是遵义市（8.58 张），最少的则是安顺市（6.5 张）和毕节市（6.77 张）。黔南州的城镇人均住房面积和农村人均住房面积分别达到了 51.8 平方米和 59.7 平方米，在 8 市（州）中名列前茅。大体而言，贵州省山区市（州）人均教育文化娱乐支出要高于四川省。毕节市达到了 2 469 元，遵义市为 2 183 元，黔西南州也达到了 1 879 元。

（三）云南省山区城市（自治州）绿色发展指数测度与比较

云南省地处我国西南边陲和长江上游地区，是全国边境线最长的省份之一，有 8 个市（州）的 25 个边境县与东南亚国家交界。云南是我国民族种类最多的省份，是全国热门旅游目的地和文旅大省。云南属山地高原地形，全省约 87% 的辖区面积位于中海拔区域，山区市（州）包括昭通市、丽江市、曲靖市、保山市、玉溪市、临沧市、普洱市、楚雄彝族自治州、红河哈尼族彝族自治州、文山壮族苗族自治州、西双版纳傣族自治州、大理白族自治州、德宏傣族景颇族自治州、怒江傈僳族自治州和迪庆藏族自治州。如果样本包含重庆市，则各市（州）绿色发展综合水平依次排序为大理州（75.21）、玉溪市

（74.75）、楚雄州（71.35）、西双版纳州（70.39）、丽江市（69.09）、保山市（68.15）、红河州（67.68）、曲靖市（67.61）、临沧市（67.27）、文山州（65.67）、普洱市（65.54）、迪庆州（65.53）、昭通市（62.11）、德宏州（58.49）和怒江州（50.04）。如果样本中不包含重庆市，则各市（州）绿色发展综合指数依次排序为大理州（74.92）、玉溪市（74.20）、楚雄州（70.37）、西双版纳州（69.61）、丽江市（68.17）、曲靖市（67.61）、保山市（67.56）、红河州（67.39）、临沧市（66.66）、文山州（65.07）、普洱市（64.95）、迪庆州（64.50）、昭通市（61.50）、德宏州（57.64）和怒江州（49.26）①。从中可以看出，样本中是否包含重庆市，将使大部分市（州）排序保持稳定，小部分市（州）排序发生改变。

迪庆州每万元工业增加值废水排放量达到了 14.46 吨，在 15 个市（州）中处于较高水平，其次是德宏州（13.30 吨/万元）、昭通市（13.12 吨/万元）和怒江州（10.46 吨/万元），都在 10 吨/万元以上。废水排放量较低的是大理州（1.46 吨/万元）、红河州（1.66 吨/万元）和楚雄州（1.79 吨/万元），其他市（州）则在 2～8.5 吨/万元。每亿元单位工业增加值二氧化硫排放量相差较大，怒江州达到了 120.3 吨/亿元，约为最低的大理州（2.19 吨/亿元）的 55 倍。西双版纳州每元工业增加值废气排放量仅为 1.03 立方米，是德宏州（8.3 立方米/元）的 12.41%。昭通市每万元工业增加值耗能 1.78 吨标准煤，迪庆州仅耗能 0.53 吨标准煤。

15 个市（州）森林覆盖率差异较大。森林覆盖率较高的市（州）有西双版纳州（81.34%）、怒江州（78.9%）、迪庆州（77.63%）和普洱市（74.59%），昭通市森林覆盖率仅有 47.8%，其他市（州）森林覆盖率均在 50%～73%。保山市建成区绿化覆盖率为 43.93%，最低的迪庆州仅为 25.94%。人均公园绿地面积最多的是普洱市，高达 30.03 平方米；最低的是大理州（5.86 平方米），仅为前者的 19.51%。

15 个市（州）中，大部分空气质量较好。丽江市、迪庆州、保山市、玉溪市、普洱市、大理州、怒江州空气质量优良天数均在 360 天（不含）以上。空气质量优良天数最少的是德宏州（346 天），也超出其他省份很多城市。德宏州 PM2.5 平均含量达到了 38 微克/立方米，是 15 个市（州）中的最高水

---

① 在本书的研究中，我们主要依靠各市（州）《2021 年国民经济和社会发展统计公报》以及《统计年鉴》获得基础数据。但是从互联网渠道可获得的资料看，云南省山区市（州）《统计年鉴》滞后期较长，在互联网上查阅不到近年的统计电子产品，红河州甚至查询不到近年的《国民经济和社会发展统计公报》。对于一些数据缺失较多的指标，我们用该省可得数据的山区城市平均值进行插值填补。

平。丽江市 PM2.5 平均含量仅有 12 微克/立方米，其次是迪庆州（13 微克/立方米）、楚雄州（14 微克/立方米）、大理州（16 微克/立方米）和红河州（19 微克/立方米），其他市（州）PM2.5 平均含量均介于 21～28 微克/立方米。但是有些市（州）地表水质量欠佳。楚雄州、西双版纳州、德宏州国控、省控地表水监测断面Ⅰ～Ⅲ类占比达到了 100%，但玉溪市、红河州Ⅰ～Ⅲ类占比不到 80%，特别是玉溪市仅为 75%（红河州为 79.4%）。2021 年玉溪全市 32 个地表水国控、省控监测断面水质类别为Ⅰ类 4 个、Ⅱ类 15 个、Ⅲ类 5 个，断面水质优良率 75%。水质稳定改善难度大，水生态风险长期存在，水质超标情况时有发生，国控、省控断面水质优良率难以有效提高。15 个市（州）无害化垃圾处理率基本上均达到了 100%，污水处理率最高的是临沧市（99.17%），最低的则是德宏州（91.79%）。

与华东、华中省份和四川省相比，15 个市（州）研发投入强度也普遍偏低，仅仅略高于贵州省。15 个市（州）中，研发投入占比 GDP 最高的是玉溪市（1.14%），其次是临沧市（1.1%）和曲靖市（1.02%），最低的昭通市仅为 0.36%，其他市（州）均在 0.4%～0.92%，不到 1 个百分点。15 个市（州）每万人专利授权量也相应偏低。大理州每万人专利授权量为 19.92 件，位居 15 个市（州）第一位；其次是玉溪市（12.51 件）和迪庆州（7.1 件），其他市（州）均在 5.5 件以下，最低的昭通市和文山州仅有 1.97 件和 1.88 件。全社会劳动生产率最高的是玉溪市，达到了 23.66 万元/人；其次是曲靖市（15.57 万元/人）和楚雄州（13.86 万元/人），最低的则是普洱市（5.39 万元/人）。与此相对应，玉溪市 2021 年人均 GDP 达到了 104 800 元，在 15 个市（州）中居第一位；其次是迪庆州（75 488 元）、楚雄州（66 893 元）和曲靖市（59 195元）；人均 GDP 最低的昭通市，仅有 28 933 元，为玉溪市的 27.6%。

在国土集约利用方面，西双版纳州每千公顷耕地农业产值达到了 0.85 亿元，位居第一，其次是玉溪市，每千公顷耕地农业产值达到了 0.833 亿元。最低的迪庆州，仅为 0.188 亿元，不到西双版纳州和玉溪市的四分之一。西双版纳州是重要的热带水果之乡，近年来大力推进天然橡胶、普洱茶和现代农业产业链，提升农产品附加值，茶叶、乳胶、稻米、肉牛、热带水果等精深加工实现新的跨越式发展。玉溪市是全国最大、亚洲第一、世界第五的现代化卷烟企业——红塔集团所在地，是国家农业可持续发展试验示范区（农业绿色发展先行区），近年来着力打造以健全完善烟、菜、花、果、药、畜 6 大特色产业和粮食、油料、甘蔗、茶叶、林业、食用菌、水产等协同发展的"6＋N"产业体系。15 个市（州）的经济密度和人口密度差异较大。经济密度最高的玉溪市达到了 1 539 万元/平方千米，而经济密度最低的迪庆州仅为 126.41 万元/平方千米，约为玉溪市的 8.21%。人口密度最高的昭通市达到了 218 人/平方千米，而迪庆州仅为 16.77 人/平方千米，约为前者的 7.69%。

在生态利用型产业发展方面，曲靖市农林牧副渔总产值达到了 876.63 亿元，其次是大理州，达到了 679.4 亿元；最低的是迪庆州和怒江州，仅有 32.5 亿元和 54.97 亿元。文山州接待游客总人数达到了 5 545.92 万人次，实现旅游总收入 496.5 亿元；其次是红河州，接待游客总人数达到 5 398 万人次，实现旅游总收入 590 亿元（在 15 个市、州中居第一位）。红河州旅游资源丰富，境内拥有锦屏山、朱家花园、哈尼梯田、提督学院考棚等知名景点，阿庐古洞（地下喀斯特地貌）被誉为"云南第一洞"。全州共有 35 个 A 级景区，其中 4A 级 17 个，居云南省第一位。楚雄州接待游客总人数 5 373.79 万人次，实现旅游总收入 560.25 亿元。接待游客总人数较少的是怒江州（283.45 万人次）和德宏州（828.71 万人），分别实现旅游总收入 29.2 亿元和 74.24 亿元。第三产业占 GDP 比重最高的德宏州，达到了 57.6%，2021 年第三产业对经济增长贡献率为 61.13%；其次是迪庆州，第三产业占比为 55.6%，对经济增长贡献率高达 82.86%。第三产业占比最低的是楚雄州，仅为 38.6%，对经济增长贡献率为 34.6%。

在民生福祉方面，15 个市（州）的城乡居民可支配收入比均在 2 倍以上，最高的是迪庆州和怒江州，分别达到了 3.74 倍和 3.45 倍；最低的西双版纳州也有 2.12 倍。城镇登记失业率最高的是德宏州（4.73%）和大理州（4.2%），最低的是怒江州（3.2%）。高等教育毛入学率数据缺失较多，大体推断曲靖市、临沧市接近全国平均水平，其他市（州）则均在 50% 以下。玉溪市每千人卫生技术人员数量达到了 8.95 人，保山市、西双版纳州、大理州、德宏州每千人卫生技术人员数量也在 8 人（含）以上。楚雄州和丽江市每千人卫生技术人员数量仅有 4.2 人和 4.8 人，每千人卫生机构床位数量仅有 3.61 张和 4.5 张，反映出这两个地方公共医疗服务供给相对匮乏。每千人卫生机构床位数量最多的则是德宏州和普洱市，分别为 7.6 张和 7.3 张。15 个市（州）城镇、农村人均住房面积数据缺失较多，大理州、保山市、文山州城镇人均住房面积分别达到了 61.1 平方米、57 平方米和 50 平方米，怒江州则为 40.74 平方米。文山州农村人均住房面积达到了 60 平方米，而昭通市和德宏州仅分别为 38.5 平方米和 39 平方米。昭通市、保山市和德宏州（以及四川省的甘孜州和凉山州、贵州省的铜仁市和毕节市）农村居民人均住房面积低于城镇居民，这在长江经济带山区城市（自治州）中是比较少见的。在消费结构方面，云南15个山区市（州）的数据缺失也比较多[①]。我们根据邻近省份城乡居民人均消费支出、城镇化率等基础数据进行推算，一定程度上反映出与其他省份消费结构的差异。大体而言，云南省山区市（州）城乡居民人均教育文化娱乐的消费支出要低于贵州省。

（四）西南四省（市）山区绿色发展水平的比较

四川省、贵州省、云南省和重庆市的三级指标均值和绿色发展水平指数如表5-3所示，各省、市三级指标数值为辖域山区城市（自治州）的简单平均，综合指数为辖域山区城市（自治州）基于2021年GDP的加权平均。从中不难看出，重庆市绿色发展水平要远远高于其余三省，其次是四川省和云南省，贵州省绿色发展水平排名末位。重庆作为我国最年轻、面积最大的直辖市，是长江上游地区的经济中心、西部金融中心和国际综合交通枢纽，是国家实施"西部大开发"的战略支点。重庆市在西南地区的经济发展火车头和改革开放桥头堡作用在表5-3中一览无遗。

表5-3 西南三省一市山区绿色发展水平的比较

三级指标均值	单位	四川	贵州	云南	重庆
每单位工业增加值废水排放量	吨/万元	3.79	4.24	5.82	3.07
每单位工业增加值二氧化硫排放量	吨/亿元	17.57	127.62	27.11	6.72
每单位工业增加值废气排放量	立方米/元	0.56	3.46	3.37	1.87
每单位工业增加值综合能耗	吨标准煤/万元	1.20	0.74	1.09	0.72
森林覆盖率	%	45.38	63.30	66.35	54.50
城市建成区绿化覆盖率	%	39.31	40.68	36.26	43.80
人均公园绿地面积	平方米	14.38	16.79	12.94	17.50
空气质量优良天数	天	329.5	359.13	359.67	326
PM2.5含量	微克/立方米	30.78	22.50	21.47	35
地表水质量（Ⅰ～Ⅲ类占比）	%	93.02	100	93.09	95.90
无害化垃圾处理率	%	98.99	91.38	99.90	100
污水处理率	%	94.28	93.77	96.35	98

---

① 在互联网官方渠道上，西双版纳州、楚雄州、红河州、大理州、怒江州、迪庆州、文山州、昭通市、玉溪市、曲靖市、丽江市、保山市、临沧市只能查阅到城乡居民人均教育文化娱乐支出2010年的数据，普洱市则只能查到2008年农村居民的文化教育、娱乐消费支出数据。

（续）

三级指标均值	单位	四川	贵州	云南	重庆
R&D 占 GDP 比重	％	1.49	0.7	0.74	2.21
每万人专利授权量	个	8.38	6.09	5.02	23.72
全社会劳动生产率	万元/人	9.61	8.12	10.94	14.92
单位耕地农业产值	亿元/千公顷	0.54	0.54	0.48	0.47
城市经济密度	万元/平方千米	1 724.99	950.78	547.01	3 385.08
城市人口密度	人/平方千米	307.52	202.88	104.75	389.00
人均 GDP	元	55 031.4	45 697.8	52 599.3	86 879
农林牧副渔总产值	亿元	402.36	545.49	356.87	1 960.86
第三产业占 GDP 比重	％	45.79	48.89	47.2	53.00
第三产业对 GDP 增长贡献率	％	51.03	47.07	49.15	57.11
旅游总收入	亿元	419.77	734.4	352.6	841.2
接待游客人数	万人次	3 488.7	7 083.3	3 203.7	8 834.9
城乡居民收入比	无单位	2.16	2.71	2.76	2.40
城镇登记失业率	％	3.47	4.41	3.71	2.90
高等教育毛入学率	％	45.70	44.81	48.59	58.03
每千人卫生技术人员数量	人	7.55	7.55	7.14	7.60
每千人卫生机构床位数量	张	7.92	7.73	6.17	7.49
人均教育文化娱乐支出	元	1 451.8	2 149.1	1 615	2 601
城镇人均住房面积	平方米	38.44	45.98	48.44	40
农村人均住房面积	平方米	47.02	45.31	47.95	60.54
绿色发展综合指数平均值（包含重庆市）		75.79	64.37	68.41	89.98
绿色发展综合指数平均值（不含重庆市）		75.33	64.25	67.93	

作为国家重要的先进制造业中心，重庆市在工业节能减排方面也走在西南诸省的前列，其每万元工业增加值废水排放量为 3.07 吨，低于四川省（3.79 吨/万元）、贵州省（4.24 吨/万元）和云南省（5.82 吨/万元）。贵州省每亿元工业增加值的二氧化硫排放量远远高于云南省、四川省和重庆市，达到了重庆市的 19 倍。四川省每元工业增加值废气排放量仅为 0.56 立方米，其次是重庆市（1.87 立方米/元），贵州省和云南省相差不大。重庆市每万元工业增加值综合能耗为 0.72 吨标准煤，与贵州省基本持平。

国土绿化方面，云南省和贵州省的森林覆盖率较高，四川省森林覆盖率最低（45.38%）。重庆市建成区绿化覆盖率和人均公园绿地面积在西南省（市）中均为最高，分别达到了 43.8% 和 17.5 平方米，但各省市差异不是太大。

但是，重庆市空气质量明显低于其他三省，其空气质量优良天数仅为 326 天，PM2.5 平均含量为 35 微克/立方米，均差于其他三省。贵州省和云南省的空气质量则要优于四川省。贵州省地表水质量最佳，优良率达到了 100%，其次是重庆市（95.90%），云南省和四川省基本持平。重庆市垃圾无害化处理率和污水处理率均为西南诸省（市）最高值。

在创新驱动方面，2021 年重庆市研发投入占比达到了 2.21%，其次为四川省（1.49%）；云南省和贵州省研发投入相对不足。重庆市每万人专利授权量为 23.72 件，分别是四川省、贵州省和云南省的 2.83 倍、3.89 倍和 4.73 倍，云南省每万人专利授权量仅有 5.02 件。重庆市全社会劳动生产率达到了 14.92 万元/人，其次是云南省（10.94 万元/人）、四川省（9.61 万元/人）和贵州省（8.12 万元/人）。2021 年重庆市人均 GDP 为 86 879 元，亦大幅超出其他三省。

国土集约利用方面，四川省和贵州省单位耕地农业产值达到了 0.54 亿元/千公顷，高于云南省和重庆市；但重庆市经济密度和人口密度都要领先，分别为最低值云南省的 6.19 倍和 3.71 倍。生态利用型产业发展方面，重庆市农林牧副渔总产值、游客接待总人数和旅游总收入均在四省、市中居于第一位，其次是贵州省；云南省农林牧副渔总产值、游客接待总人数和旅游总收入均排在末位。2021 年重庆市第三产业占 GDP 比重达到了 53%，对经济增长贡献率为 57.11%，居四省、市首位。

在民生福祉方面，四川省城乡居民可支配收入比最低（2.16 倍），其次为重庆市（2.40 倍），云南省最高（2.76 倍），城乡差距相对较大。贵州省城镇登记失业率最高，达到了 4.41%，就业压力较大。在四省、市中，重庆市高等教育毛入学率最高（58.03%），达到了全国平均水平。四省、市每千人卫生技术人员数量相差不大，均在 7.5 人左右。四川省每千人卫生机构床位数量最多，达到了 7.92 张，其次为贵州省（7.73 张）；云南省排在末位，每千人卫生机构床位数量为 6.17 张，反映了在公共医疗卫生服务供给能力方面的差距。重庆市和四川省城镇人均住房面积要低于贵州省和云南省，但差距不大。2021 年重庆市农村人均住房面积达到了 60.54 平方米，在四省、市中排在第一位。贵州省农村人均住房面积为 45.31 平方米，在四省、市中排在最后一位。在消费结构方面，重庆市人均教育文化娱乐支出为 2 601 元，反映了当前人民群众对多元化品质生活的追求。其次是贵州省，人均教育文化娱乐支出达到了

2 149.1 元。四川省和云南省人均教育文化娱乐支出均在 2 000 元以下，与重庆市和贵州省相比具有一定的差距。

四、小结：各大区域山区绿色发展水平的比较

作为本章的小结，表 5-4 比较了我国华东、华中、西南三大区域山区城市的绿色发展水平。三级指标均值为各个区域内山区市（州）的简单算术平均，绿色发展综合指数平均值为三大区域内基于各个山区市（州）2021 年 GDP 的加权平均。从表 5-4 中不难看出，华东山区城市的绿色发展水平要明显高于华中，而华中则要高于西南。如果西南区域包含重庆市，则华中、西南绿色发展综合指数均值相差不大；如果西南区域不包含重庆市，则西南板块绿色发展水平（52.11）即与华东（59.78）和华中（57.34）产生明显的差距，从而再一次凸显重庆市在西部地区经济社会发展中的中心城市地位。

表 5-4　华东、华中、西南山区绿色发展水平的比较

三级指标均值	单位	华东	华中	西南Ⅰ	西南Ⅱ
每单位工业增加值废水排放量	吨/万元	5.06	2.89	4.55	4.58
每单位工业增加值二氧化硫排放量	吨/亿元	11.01	10.36	40.59	41.37
每单位工业增加值废气排放量	立方米/元	2.83	1.95	2.08	2.08
每单位工业增加值综合能耗	吨标准煤/万元	0.76	0.90	1.07	1.08
森林覆盖率	%	64.77	54.56	55.99	56.03
城市建成区绿化覆盖率	%	44.58	42.21	38.62	38.50
人均公园绿地面积	平方米	16.15	13.07	14.40	14.33
空气质量优良天数	天	350.31	327.21	345.09	345.53
PM2.5 含量	微克/立方米	27.04	35.93	26.19	25.99
地表水质量（Ⅰ～Ⅲ类占比）	%	97.10	97.13	94.37	94.34
无害化垃圾处理率	%	100.00	99.96	97.94	97.89
污水处理率	%	96.28	97.08	94.98	94.91
R&D 占 GDP 比重	%	1.87	1.76	1.10	1.07
每万人专利授权量	个	15.08	8.34	7.17	6.79
全社会劳动生产率	万元/人	12.45	11.11	9.91	9.79
单位耕地农业产值	亿元/千公顷	0.45	0.42	0.52	0.52
城市经济密度	万元/平方千米	2 272.48	2 189.73	1 220.37	1 170.03

（续）

三级指标均值	单位	华东	华中	西南Ⅰ	西南Ⅱ
城市人口密度	人/平方千米	292.24	306.15	221.22	217.32
人均GDP	元	70 360.9	66 499.5	53 229.1	52 446.5
农林牧副渔总产值	亿元	331.76	487.05	448.3	413.12
第三产业占GDP比重	％	49.15	50.69	47.00	46.86
第三产业对GDP增长贡献率	％	50.19	51.97	49.81	49.64
旅游总收入	亿元	742.56	439.83	463.66	454.88
接待游客总人数	万人次	7 543.4	4 890.72	4 166.60	4 058.04
城乡居民收入比	无单位	2.12	2.12	2.47	2.47
城镇登记失业率	％	2.56	2.80	3.71	3.73
高等教育毛入学率	％	48.53	51.75	46.8	46.54
每千人卫生技术人员数量	人	7.14	7.63	7.41	7.41
每千人卫生机构床位数量	张	6.68	7.48	7.28	7.27
人均教育文化娱乐支出	元	2 274.8	2 906.9	1 660.3	1 638.5
城镇人均住房面积	平方米	51.32	46.99	43.26	43.33
农村人均住房面积	平方米	67.5	60.24	47.33	47.03
绿色发展综合指数平均值（包含重庆市）		81.63	78.25	76.61	—
绿色发展综合指数平均值（不含重庆市）		81.20	77.88	—	70.78

注："西南Ⅰ"列包含重庆市，"西南Ⅱ"列不包含重庆市。

华中地区的单位工业增加值废水排放量最低，仅为2.89吨/万元，是华东地区的57％和西南地区的63％。华东、华中每亿元工业增加值二氧化硫排放量相差不大，但明显低于西南地区，仅为后者的四分之一左右。华东地区每元工业增加值废气排放量为2.83立方米，为华中的1.45倍和西南的1.36倍。在单位工业增加值综合能耗方面，华东地区则要低于华中和西南省、市。

国土绿化方面，华东地区森林覆盖率最高，达到了64.77％，其次是西南（56％左右），但与华中地区（54.56％）相当接近。华东地区城市建成区绿化覆盖率和人均公园绿地面积均要高于华中地区和西南地区。华中地区城市建成区绿化覆盖率高于西南地区，但人均公园绿地面积低于西南地区。华东地区空气质量亦排在长江经济带前列，空气质量优良天数为350.31天，PM2.5含量为27.04微克/立方米，均与西南地区接近。华中地区空气质量相对较差，空气质量优良天数仅为327.21天，PM2.5含量达到了35.93微克/立方米。华东和华中地区地表水优良率持平，高于西南地区。西南地区的无害化垃圾处理率和污水处理率均在三大区域中排在末位。

在创新驱动方面，华东地区的研发投入强度和每万人专利授权量均为最高，西南地区均排在末位。华东地区的全社会劳动生产率达到了 12.45 万元/人，其次是华中地区（11.11 万元/人），西南地区的全社会劳动生产率尚不到 10 万元/人。与此相对应，华东地区人均 GDP 为 70 361 元，明显高于华中地区的 66 500 元和西南地区的 53 229 元。

在国土集约利用方面，西南地区每千公顷耕地实现农业产值 0.52 亿元，高于华东地区的 0.45 亿元/千公顷和华中地区的 0.42 亿元/千公顷。一个重要原因是西南地区依托自然条件和光热资源，广泛种植了烟叶、热带珍稀水果、橡胶等特色经济作物，提升了农产品附加值。华东地区经济密度最高，达到了 2 272 万元/平方千米，约为西南地区的 1.86 倍，但与华中地区相近。华中地区人口密度最高，达到了 306 人/平方千米；其次是华东地区（292 人/平方千米），西南地区人口密度约为 221 人/平方千米。

生态利用型产业发展方面，华中地区农林牧副渔平均总产值为 487 亿元，华东地区为 332 亿元，排在末位。华东地区接待游客总人数和旅游总收入均位居三大板块第一位，分别为 7 543 万人次和 743 亿元。华中地区平均接待游客总人数为 4 891 万人次，居第二位；实现旅游总收入 440 亿元，居第三位。华中地区第三产业占 GDP 比重为 50.69%，对 GDP 增长贡献率为 51.97%，均在三大区域中位居第一，其次是华东地区。

在民生福祉方面，华东、华中地区发展相对均衡，城乡居民可支配收入比均为 2.12 倍，显著低于西南地区的 2.47 倍。华东地区平均城镇登记失业率为 2.56%，其次为华中地区（2.80%）；西南地区城镇登记失业率达到了 3.7% 以上。华中地区公共医疗服务供给能力最佳，每千人卫生技术人员数量达到了 7.63 人，每千人卫生机构床位数量达到了 7.48 张。华东地区公共医疗服务供给能力则相对不足，每千人卫生技术人员数量和每千人卫生机构床位数量均排在三大区域末位。华中地区高等教育毛入学率和人均教育文化娱乐支出均高于华东地区和西南地区，特别是与西南地区差幅较大。华东地区城乡居住条件优于华中地区和西南地区，城镇人均住房面积达到了 51.32 平方米，农村人均住房面积为 67.5 平方米。其次是华中地区，城镇人均住房面积为 46.99 平方米，农村人均住房面积为 60.24 平方米。西南地区住房条件则相对欠佳，城镇、农村人均住房面积均与华东地区和华中地区有一定的差距。

第六章　长江经济带山区绿色发展
典型实践与借鉴意义

一、浙江省丽水市：生态产品价值实现机制改革从试点到示范

（一）丽水市概况

丽水市位于浙江省西南部，毗邻福建省，辖区面积1.73万平方千米，约占浙江省的六分之一，全市户籍人口约270万人（2021年），是浙江省人口密度相对较低的地级市。2015年开通高铁，城区南部机场项目也正在抓紧建设，立体化交通网络逐步得到完善。

丽水市是浙江省典型的山区城市和生态资源富集区。全市呈现"九山半水半分田"地貌，境内坐落3 500多座海拔1 000米以上的山峰，其中包含浙江省第一高峰黄茅尖（海拔1 929米）和第二高峰百山祖（海拔1 857米），是浙江和邻近省份的"六江之源"（钱塘江、瓯江、闽江、飞云江、灵江和福安江）。丽水市被誉为"浙江绿谷"，森林覆盖率高达81.7%，森林、水能、矿产、野生动植物等资源总量均居全省首位，人均水资源拥有量是全省的3倍多，是全国空气质量十佳城市之一。截至2021年年末，生态环境状况指数连续17年位居浙江省第一。境内创建了23家4A级旅游景区，2020年1月缙云仙都被国家文化和旅游部正式确立为5A级旅游景区。

丽水市下辖莲都区、缙云县、青田县、云和县、松阳县、遂昌县、庆元县、龙泉市和景宁畲族自治县等9个县（市、区），全部进入浙江省26个山区县（加快发展县）名单。莲都区是丽水市委、市政府所在地，是浙西南政治、经济、文化和科创中心，近年来积极培育发展装备制造、时尚轻工、生命健康等产业。缙云县位于丽水市东北部，毗邻浙中五金制造业集聚区，近年来大力发展高端装备、健康医疗、智能家居和节能环保产业。青田县是著名侨乡，有30多万人在欧洲西班牙、意大利等国家工作生活，有"中国外汇第一县""中国人均存款第一县"的称誉。石雕是青田县著名的经典文化产业。在农业领域，青田县稻鱼共生系统颇负盛名，是重要的世界农业文化遗产。2021年9月，全球重要农业文化遗产（中国）保护与发展联盟在青田县成立。龙泉是丽

水唯一的代管县级市，其空调汽配、健康医药、文化产业具有较强竞争力，青瓷、宝剑与青田石雕一道被誉为"丽水三宝"。庆元县位于百山祖国家公园核心区，生物资源丰富，境内已发现动物100多种，植物2 000多种，其中不乏穿山甲、金钱豹、黄腹角雉、百山祖冷杉等一大批珍稀生物。竹木、食用菌、铅笔是庆元县的优势产业，近年来该县也积极规划发展生物科技等新兴产业。松阳县是重要的全国绿茶集散地，被称为"浙江生态绿茶第一县"。松阳县也是留存完整的"古典中国"县域样板，被称为"最后的江南秘境"。遂昌县近年大力培育数字经济，推动一二三产业融合发展，农村电子商务非常发达，"赶街"模式在省内外具有较大的影响力。2021年，遂昌在全省率先启动首个数字乡村物流中心建设工作，打造了覆盖县、乡、村三级的物流体系，破解了农村物流配送的"最初一公里"和"最后100米"难题。云和县辖区面积978平方千米，常住人口约13万人（2021年），是丽水市面积最小的县域。云和县实施"小县大城""名县美城"发展战略，积极融入丽水市区和景宁县的发展过程中，致力于打造全国山区县域新型城镇化共富样板和国际木制玩具名城，其主导产业木制玩具远销欧美等国外市场，生产方式由传统制造积极向数字化转型。景宁是我国唯一的畲族自治县，惠明茶和"景宁600"公共品牌系列农产品品质好、美誉度高。保留至今的畲族山歌、畲族婚假、畲族节庆等非物质文化遗产为发展精品旅游文化产业提供了独特优势。

2017年10月，中共中央、国务院印发《关于完善主体功能区战略和制度的若干意见》（中发〔2017〕27号），提出"要建立健全生态产品价值实现机制，挖掘生态产品市场价值"，并选择浙江、江西、贵州、青海等省份中具备条件的地区，开展生态产品价值实现机制试点。2019年1月，国家推动长江经济带发展领导小组办公室印发《关于支持浙江丽水开展生态产品价值实现机制试点的意见》，丽水正式成为全国首个生态产品价值实现机制试点城市。2019年3月，浙江省政府办公厅印发《浙江（丽水）生态产品价值实现机制试点方案》（浙政办发〔2019〕15号），丽水试点建设工作正式步入全面实施阶段。2021年5月下旬，国家（发展改革委）在丽水市召开全国生态产品价值实现机制试点示范现场会，总结交流生态产品价值实现机制探索的典型经验做法。丽水生态产品价值实现机制正由先行试点逐步走向先验示范，不断在机制创新、功能拓展、路径开发、标准创设等方面大胆闯、大胆试，努力创造更多可借鉴、可推广的经验和样本。

（二）生态产品价值实现机制的内涵

生态产品是指在不损害生态系统稳定性和完整性的前提下，自然生态系统为人类提供的物质和服务产品，具体可以分为物质产品、调节服务、文化服务。物质产品包括生态能源、自然生态系统提供的物质产品和生态农业生产的物质产品（如有机农产品、中草药）；调节服务包括生态系统的水源涵养、洪水调蓄、水土保持、防风固沙等功能；文化服务包括生态旅游、自然景观的美学体验等方面。

马克思主义政治经济学经典理论认为，商品的价值由社会必要劳动时间决定，表现为单位劳动时间价值和社会必要劳动时间的乘积。在当今生态文明时代，生态环境是资源、是资产，并参与了价值创造过程。因此，商品的价值往往由社会必要劳动时间和生态产品的价值所决定。如普通铁皮石斛在市场上的平均售价为240元/千克，然而依托于清洁的空气、水、土壤的优势，龙泉市某铁皮石斛基地的产品甚至能卖出十倍于均价的价格。这就是生态资源参与价值创造的一个生动例子，通过市场交易实现了数倍的生态溢价。又如莲都区九龙湿地原来是河滩湿地，自政府着手整治周边垃圾、污水之后，每年三四月份出现大批萤火虫，成为网红打卡地。丽水在3月份早春季节举办超马赛事，体现了生态资源的文化服务价值。

生态产品价值实现机制，就是把被保护的、现有的和潜在的生态产品，通过财政购买、地区间生态价值交换、市场化运作、生态产品溢价等路径和方式，将其生态价值转化为经济价值和社会价值的一种制度形式。建立生态产品价值实现机制，需要做好以下四方面重点工作：一是增强生态产品供给能力，推进生态保护修复，发展生态友好型绿色产业；二是构建生态产品价值核算体系、生态产品价格体系和生态产品交易体系；三是完善生态产品价值实现路径，在严格保护好生态环境的前提下，通过科学、合理、适度的开发，获得经济收益；四是推进生态补偿，促进生态保护地区和受益地区的良性互动。

（三）丽水市生态产品价值实现机制试点的由来

在经济发展现阶段，我国社会主要矛盾发生了重要变化，人民群众对良好生态环境的诉求愈发强烈，良好生态环境日益成了"稀缺产品"。而我国不少地方既是欠发达地区，又是重点生态功能区或自然保护区，还是少数民族群众聚居区，有着清新的空气、清洁的水源、宜人的气候、安全的食品等稀缺的生态产品，因此国家推进生态产品价值实现机制改革是破解社会主要矛盾发展变化的需要。

2005年，习近平同志（时任中共浙江省委书记）在浙江省安吉县余村提出"绿水青山就是金山银山"的发展理念。关于"绿水青山"和"金山银山"

的辩证关系，人们的认识一般要经历三个阶段：第一个阶段是用绿水青山去换金山银山；第二个阶段是既要金山银山，但是也要保住绿水青山；第三个阶段是认识到绿水青山可以源源不断地带来金山银山，绿水青山本身就是金山银山。因此，生态产品价值实现机制改革是提升"绿水青山就是金山银山"理念内涵的需要。此外，广大人民群众是推动"绿水青山"向"金山银山"转化的主体，是历史的创造者。生态产品价值实现机制改革也是协同推进生态文明建设、乡村振兴、共同富裕战略的关键举措。

2006 年 7 月 29 日，习近平同志（时任中共浙江省委书记）在丽水调研时鲜明指出，"绿水青山就是金山银山，对丽水来说尤为如此"。于是，丽水市就把每年的 7 月 29 日定为"丽水市生态日"。2018 年 4 月 26 日，习近平总书记主持召开"深入推动长江经济带发展座谈会"，称赞浙江省丽水市多年来坚持走绿色发展道路，坚定不移保护绿水青山这个金饭碗，努力把绿水青山蕴含的生态产品价值转化为金山银山，生态环境质量、发展进程指数、农民收入增幅多年位居全省第一，实现了生态文明建设、脱贫攻坚、乡村振兴协同推进。

丽水市正确落实"绿水青山就是金山银山"的发展理念，在生态保护、绿色发展、乡村振兴、农民增收共富等方面走在了前列。2019 年 1 月丽水市正式成为全国首个生态产品价值实现机制试点城市；2019 年 3 月，试点建设工作正式步入全面实施阶段；2021 年 5 月，丽水生态产品价值实现机制开始由先行试点逐步走向先验示范。

（四）生态产品价值实现机制改革的丽水实践

总体而言，围绕"绿水青山"的可量化、可交易、可转化、可持续四大难题，丽水市积极实践生态产品价值实现机制改革试点，做了大量探索性工作。

1. 建立生态产品价值核算评估体系

第一，在全国率先建立科学、合理、可操作的价值核算评估机制。出台了全国首个山区市生态产品价值（GEP）核算技术办法，发布了首份《生态产品价值核算指南》地方标准。开展了市、县、乡（镇）、村四级 GEP 核算，并发布了丽水市 9 个县（市、区）、18 个试点乡镇和 2 个试点村的 GEP 核算结果。

丽水市 GEP 核算指标体系由物质产品、调节服务和文化服务三大类产品 15 个科目构成，其中物质产品包括直接利用和转化利用 2 个科目；调节服务包括水源涵养、水土保持、防风固沙、洪水调蓄、水环境净化、空气净化、固碳、氧气生产、气候调节、海岸防护等 10 个科目；文化服务包括休闲旅游、景观价值、艺术灵感 3 个科目。根据不同科目的内在属性选取不同的核算方法，具体如表6-1所示。

表6-1　丽水市生态产品价值（GEP）核算指标体系

类别	核算科目	核算指标	核算方法
物质产品	直接利用	野果、野菜等产品产值	市场价值法
	转化利用	水电、潮汐能等生态能源价值	
调节服务	水源涵养	水源涵养价值	影子价格法
	水土保持	水土保持价值	替代成本法
	防风固沙	固沙价值	恢复成本法
	洪水调蓄	洪水调蓄价值	影子工程法
	水环境净化	净化氨氮等污染物价值	替代成本法
		降低水环境处理成本	替代成本法
	空气净化	净化二氧化硫、氮氧化物、工业粉尘等的治理价值	替代成本法
		降低空气环境处理成本	替代成本法
	河岸防护	由于生态系统防护减少的损失	替代成本法
	固碳	固定二氧化碳价值	替代成本法或市场价值法
	氧气生产	氧气生产价值	替代成本法或市场价值法
	气候调节	植被蒸腾和水面蒸发消耗能量的价值	替代成本法
文化服务	休闲旅游	生态旅游价值	旅行费用法
	景观价值	景观价值	享乐价值法
	艺术灵感	受益艺术作品价值	市场价值法

　　根据表6-1指标体系，计算得到丽水全域2017年生态产品价值（GEP）约为4 673亿元，2018年GEP约为5 024亿元，2019年GEP约为5 314亿元，分别是同期GDP的3～4倍。在丽水市GEP的三大构成中，物质产品约占3.5%，文化服务约占26.5%，调节服务约占70%。

　　第二，深入探索核算成果应用。丽水市将GEP和GDP作为"融合发展共同体"，一并确立为核心发展指标，纳入国民经济和社会发展第十四个五年规划纲要。建立了GDP和GEP双考核机制，并将考核结果纳入自然资源资产离任审计内容和评价依据。同时结合数字化改革，与国内科技龙头合作，构建起"天眼＋地眼＋人眼"的数字化生态监管服务平台，集成"空、天、地"一体化数据库和GEP核算标准模型。

　　另外，丽水市积极推进GEP核算成果进决策、进项目、进交易。大洋镇是丽水市缙云县地势最高的乡镇，平均海拔 800 米以上，大洋镇积极探索通过抽水蓄能电站来发挥生态调节优势。某电力龙头企业投资缙云县光伏发电项目，得益于大洋镇优越的生态环境，光伏发电板使用寿命比在有雾霾、酸雨天气的发达地区延长了近 5 年，年发电量增长超过 10%，表现出良好的"生态溢价"。投资方与大洋镇"两山公司"（生态强村公司）协商一致并签订调节服务类生态产品购买协议，分年度支付购买资金 279.28 万元。

第三，探索建立生态产品政府购买机制。瓯江是浙江省第二大江，丽水市的"母亲河"。瓯江干流 7 县（市、区）每年设立横向生态补偿资金 3 500 万元，通过水质、水量、水效综合测算指数分配补偿资金。省、市、县三级均建立了基于 GEP 核算的生态产品政府购买机制，省级层面在丽水试行与生态产品质量和价值挂钩的绿色发展财政奖补机制；市级层面研究制定丽水市（森林）生态产品政府购买制度，统筹省财政奖补资金和市、县配套资金，推进生态产品政府购买；县级层面出台生态产品政府采购试点暂行办法，并依据办法向乡镇"两山公司"（生态强村公司）支付购买资金。

2019 年 12 月丽水发布全国首份乡级 GEP 核算报告。据核算，2018 年景宁县大均乡 GEP 达 17.88 亿元，生态调节服务价值比 2017 年增加 0.95 亿元。景宁县根据大均乡 2018 年度 GEP 增量的 2%，以政府采购公共生态产品的形式，向乡"两山公司"（生态强村公司）支付奖励金 188 万元，用于进一步保护和改善当地生态环境。大均乡"两山"公司在资金拨付当天就签约了首单项目，与一家通信基础设施服务企业签订了共建生态信用智慧监控体系的协议。该协议计划在大均乡搭建十余处高空瞭望摄影头，实现水域、森林、农田等资源及生态破坏行为的实时监控，加强生态保护的力度。

2. 建立生态产品价值实现制度体系

第一，创新培育生态产品市场交易主体。为解决市场交易主体缺失的问题，丽水市积极构建"1＋10＋N"的"两山公司"服务体系和收储、交易体系，以实现对碎片化自然生态资源资产的规模化收储、专业化整合和市场化运作①。"1"是指市级生态资源资产经营管理综合平台（即"两山公司"），依托市级国企而成立，统筹丽水全域生态资源资产，对跨县（市、区）项目或重大项目进行收储。"10"为 9 个县（市、区）和丽水经济技术开发区的"两山公

---

① 2022 年 1 月，国家银保监会发布风险提示，要求各地及时整改纠正不规范使用"银行"字样的行为。本书结合丽水市实际情况，将"两山银行"改为"两山公司"。目前，浙江省和丽水市在正式场合采用了"两山合作社"的称谓。

司"，依托县级国企而设立，发挥资源禀赋优势整合收储县域特色资源。"N"是指乡级"生态强村公司"和村级专业经济合作社对乡村范围内零散、闲置、可直接交易的生态资源进行收储归集。丽水市明确各级"两山公司"是具有公共服务性质的、不完全以盈利为目的的市场主体，承担资源集中收储、资产提质增效、权益鉴证增信、项目策划运营、产业培育发展、生态占补平衡、绿色金融创新等功能，全面构建资源清单、管控清单和项目开发清单，其与生态强村公司和村级专业经济合作社是生态资源资产收储、整合过程中的上下游交易关系。

第二，探索建立生态产品交易制度体系。丽水市重组"华东林业产权交易所"，探索推进市级"两山公司"与新"华东林业产权交易所"、市公共资源交易平台等机构的合作。对权属清晰的山、水、林、田、湖、草、古建筑、小水电、闲置宅基地和农房等资源资产分类、分批进行收储，积极探索转让、租赁、托管、股权合作等模式。推动生态资源多元化经营，如引入专业化团队直接运营，引进金融投资主导运营，投资生态产业间接运营，参股招商项目参与运营。建立完善"企业＋村集体＋专业合作社＋村民"等多元主体参与的开发机制，构建投资多元、股权清晰、利益共享、风险共担的生态产品开发运营模式。通过"资源变资产、资金变股金、农民变股东"，完善利益联结机制，让农民更多分享资源增值和产业增效的收益。创新推动生态资源权益交易，健全排污权、碳排放权、用能权等交易机制，探索推进水权、碳汇权益等交易机制。建立基于生态产品价值评估的生态占补平衡机制，构建生态环境损害和赔偿制度。推进集体建设用地使用权转让、出租、抵押交易。做好农村集体资产折股量化，推进集体资产股权占有、收益、抵押、担保、继承、有偿退出等权能实现和利益兑现。探索开展乡镇、村全域林权股份合作制改造，推进有序流转和规模经营。

2020年7月，杭州某投资公司投资2亿元开发青田县小舟山乡某生态旅游项目。基于小舟山乡优越的生态环境提供优质的调节服务类生态产品，以及《青田县小舟山乡2018年生态产品总值（GEP）核算报告》对生态产品功能量、价值量的计算，该公司通过青田县"两山公司"向小舟山乡"生态强村公司"支付300万元购买项目所在区域的生态产品，小舟山乡"生态强村公司"将该资金专项用于生态环境保护与修复工作。

青田县探索建立了一套计算方法。假定小舟山乡2018年GEP核算价值为A，乡域面积为B，项目红线面积为C；那么项目所在区域的GEP为$C \div B \times A$，再乘以相应的调节系数R；R的构成则考虑了项目的性质、投资强度、项目类别等因素。该项目核心区面积为 600 亩，小舟山乡全域面积为 36 000 亩，2018 年 GEP 核算价值为 4.8 亿元，则项目核心区域的 GEP 核算价值为 0.08 亿元（4.8×600÷36 000）。该项目核心区域所在地为生活和生产功能区，确定生态价值系数为 0.5，根据调节服务和文化服务在供给服务、调节服务、文化服务价值总和中的占比确定生态产品类别系数为 0.92，取生态相容度系数为 0.8（取值范围在 0 和 1 之间，与项目类别有关）。因此，计算得到该项目区块的生态产品价值评估量约为 300 万元（0.08×0.5×0.92×0.8＝0.029 4 亿元）。

第三，建立生态产品市场化定价机制，解决了生态产品价值"市场认可"问题。依托丽水优质民宿资源，推行民宿"生态价"，将清新空气、优美环境等生态要素纳入民宿定价范围。如景宁某网红民宿在牌价中纳入"生态溢价"，取得了较好的市场认可和社会反响。建立健全生态产品市场化定价机制，实现生态产品"明码标价"。探索土地资源的生态溢价评估，科学量化出让地块的生态价值，促进"美丽生态"向"美丽经济"转化。云和县的一块商业用地以"经济产出价值＋生态环境增值"评估出让地块价值，并将出让获得的生态环境增值资金专项用于生态保护与修复，实现开发与保护的良性循环。截至 2021 年底，云和共有 6 宗"生态地"成功出让，共计生态环境增值 143.16 万元。

第四，构建以生态信用为基础的"两山金融"信贷模式。丽水市在全国首创生态信用制度，建成全市 18 岁以上人口"绿谷分"评级数据库，开展"信易游""信易贷""信易购"等八大类 20 余项应用场景和信用等级动态管理。在林权抵押贷款等基础上，创新推出与生态产品价值核算挂钩的"生态贷"等金融产品。截至 2020 年底，包含林权、GEP 未来收益权等各类"生态抵（质）押贷"的余额为 187.5 亿元，其中林权抵押贷款余额 3.7 万笔，共计 66.9 亿元，贷款余额继续占浙江省一半以上份额，居全国各地市第一位；累计发放"两山贷"3 439 笔，共计 3.73 亿元，贷款余额 3.32 亿元。

云和县把雾溪畲族乡 GEP 核实统计值作为参考，县农商银行向雾溪畲族乡"两山贷"授信 11 亿元。"两山贷"以 60 基础分为村民个人生态信用积分，将生态保护、垃圾分类等纳入个人生态信用评价，实行"正向加分、反向减分"的评判机制。无需任何实物抵押，优惠利率与个人的生态信用直接挂钩，具有"门槛低、利率低、放贷快"的特点，产品发布当天就发放贷款 60 万元。截至 2020 年底，云和县农商银行累计发放贷款 120 余笔共计 3 900 余万元，为群众节省利息支出近 100 万元。以生态信用为担保，解决了广大农民缺抵押物贷款难问题。

3. 创新生态产品价值实现路径，推进"绿水青山"向"金山银山"转化

第一，创新发展生态农业。一方面，丽水市以"丽水山耕"品牌培育和生态产品标准化建设为抓手，推进生态产品由"初级"向"生态精品"，"低价竞争"向"品牌战略竞争"转变，以此来提升生态农产品溢价价值。"山"字系列区域公共品牌不断壮大，"丽水山景""丽水山居""丽水山泉""丽水山药"品牌在稳健成长之中，农工文旅加速融合发展。另一方面，对照欧盟标准，严把农药化肥管控，降低农药化肥使用量，提高生态农产品品质。同时，加大科技支撑，创新开展土壤数字化平台建设，精准分析全市不同区域土壤的肥力、微量元素等特性，结合气候、海拔等条件，形成全域土壤数据库，精准指导、引进适宜丽水种植的农产品，实现农特产品的提质增效，有效提升生态农产品溢价价值。丽水市依托国内顶尖科研机构实现"1 个生态土壤数据资源池＋1 张丽水土壤图＋N 个应用"的整体规划，其中数字化土壤图有 1∶400 万、1∶100 万、1∶50 万、1∶20 万、1∶5 万等不同规格，精度达到全国一流水准。

第二，大力发展生态工业。丽水市实施严格的产业准入制度，在全省率先推行工业企业进退场"验地、验水"制度。如缙云县引进某外企投资项目，在开工建设前每隔 1 米进行土壤取样，并按照德国的标准进行送检分析，以此评估土地的环境质量。同时保存土壤样品，并承诺在项目期满归还土地时，土壤保持原样；若存在土壤污染，则进行补偿。

丽水探索创新"飞地互飞"机制，在杭州建立"科技飞地"丽水数字大厦、在宁波杭州湾新区建立"产业飞地"等，在外落地飞地项目 21 个，为丽水孵化高端科技项目，带来税收收益。宁波等地在丽水九龙湿地公园建立"生态飞地"，发展康旅产业。通过政策互惠、以地易地等模式，合作探索生态产品价值异地转化，解决了发达地区缺生态空间、加快解决地区缺经济空间的区域平衡问题。

第三，培育生态旅游康养产业。以"丽水山景"为主打品牌加快发展全域旅游，建成 5A 级景区 1 个，4A 级景区 23 个，瓯江绿道 2 064 千米，打造瓯江黄金旅游带。创新高山气候价值化实现路径，全力推进 20 个"康养 600"小镇规划建设和精准招商。创新古村复兴模式，发布"丽水山居"放心民宿服务标准，通过系统复活古村风貌、文化基因，发展乡间客栈、文化驿站等乡村旅游新业态，激活农村闲置资源，复活传统民居的生命力和经济活力。

在全市推广古村复兴模式和"拯救老屋"行动经验，全面启动 257 个中国传统村落（占浙江省总数的 40.5％）、484 个历史文化村落（占浙江省总数的 23.64％）保护利用工作。在不破坏村落整体形态的前提下，对富含历

史文化元素的建筑、民居进行保护和二次开发，复活传统村落整村风貌、文化基因。

莲都区某村里有 35 幢明朝万历年间的古民居，但是由于村民整村搬迁，没人看管维护而逐渐荒废。2013 年，该村被列入首批省级历史文化村落保护利用重点村后，古村原貌得到了保护和修缮。2016 年，引进企业对全村进行整村开发，打造民俗综合体，古村的文化传承和经济效益实现了双丰收。现在，该原生态度假村成了丽水"大花园"核心区的旅游"金名片"，2018 年接待游客 10 万余人，直接营收 518 万元，接待全国各地党政考察团 1 400 余批次。这也是以民宿为载体，通过生态旅游方式实现传统乡村的历史文化价值、人文价值等文化服务类生态产品的典型模式。目前，全市有"丽水山居"农家乐民宿经营户（点）3 000 多家，从业人员近 4 万人，其中 90％以上是农民。

4. 完善生态价值实现支撑体系，实现可持续绿色发展

第一，建立最顶格的生态标准。丽水市按照国家公园的理念和标准，系统推进百山祖国家公园创建，发布"三线一单"生态环境分区管控方案，将全市 75.67％的国土面积规划为生态优先保护空间，其中生态红线区达 31.8％，确保重要自然生态系统、自然遗迹、自然景观和生物多样性得到系统性保护。

龙泉市凤阳山是浙江省批建最早的自然保护区之一。凤阳山主峰黄茅尖海拔 1 929 米，为江浙第一高峰，享有"浙江高原"之称。2018 年，丽水市以凤阳山—百山祖国家级自然保护区为基础，结合龙泉市、庆元县和景宁畲族自治县三县（市）的毗邻保护地，建设国家公园示范区，提标生态保护的标准，国家公园核心区禁止开发、禁止人类活动。丽水市通过发掘国家公园周边地区的生态人文资源，依托国家公园品牌的带动，丰富生态产品转化，将生态属性与人文价值充分结合，实现保护下的价值发掘。目前谋划了生态修复基地、科普教育基地、自然体验基地、徒步骑行基地、天文观测基地、森林露营基地、森林康养基地、气候养生基地等系列的旗舰型项目。

第二，实施最严格的生态治理。丽水市系统开展山水林田湖草生态保护与修复，实施国土绿化、美丽林相改造、生物多样性保护等重大工程。最近几年全面开展"大搬快聚富民安居"工程，持续推进"高、远、小、散"生态敏感区农民搬迁和区域生态修复，累计搬迁超过 12 万户、42 万人。统筹推进治水治气治废，在全省率先完成全境剿灭劣Ⅴ类水任务，开展机动车污染防治、工业大气污染防治等治气行动，建成危险废物处置全过程信息化监控平台，实现危废重点产生企业和危废经营单位视频联网监控率 100％。

近年来，"高、远、小、散"生态敏感区农民搬迁和区域生态修复取得了显著成效。以景宁、庆元和青田三县为例，通过实施"大搬快聚富民安居"工程，山民不再耕种，地表水融入水库，蒸发量大大减少，水源涵养明显提升，水库实际发电量远远超过设计发电量。如滩坑库区两岸生态环境经过10多年的不断优化，水源涵养能力不断提高，2010年以来年均发电量已经达到12.2亿千瓦时，比预期整整增加了2亿千瓦时，年新增纯利润1.37亿元。

第三，实行最有效的生态监管。丽水市成立全国首个生态环境健康体检中心——浙西南生态环境健康体检中心，以重点流域、区域、行业等为着力点，开展生态环境监测和评估，为生态文明建设和环境管理提供技术支撑。启动运行"花园云"生态环境智慧监管平台，推进"天眼守望"卫星遥感数字化服务平台建设，绘制"全市生态价值地图"，构建"空、天、地"一体化的生态产品空间信息数据资源库，以数字化技术保障和支撑生态产品可持续供给能力。

"花园云"生态环境智慧监管平台依托国产民用空间基础设施（租用20多颗卫星），综合航天遥感和空间大数据技术，建设服务丽水市生态文明建设和空间治理能力数字化转型的平台。"守"的是"尤为如此"的绿水青山；"望"的是生态产品价值实现，是高质量的绿色发展。"天眼守望"绘制了丽水全域生态产品价值一张图，通过"天眼"监测丽水的每一寸山水林田湖草，并通过中国科学院以及浙江省内高校和科研机构共同优化GEP核算标准模型，实现山水林田湖草生态价值的"可量化"，为政府提供区域内高频次的生态产品价值的准确评估，为各级政府领导的生态文明建设指标考核提供定量依据。

（五）浙江省丽水市绿色发展典型实践经验总结

丽水市是习近平总书记"绿水青山就是金山银山"发展理念的重要萌发地，肩负着"尤为如此"的重托。丽水市9个县、市、区全部进入浙江省26个山区县（加快发展县）名单，是一个非常典型的山区城市。

概括起来，丽水市在山区绿色发展方面的主要经验有：

第一，推进生态产品价值实现机制改革。作为全国首个生态产品价值实现机制试点城市，率先建立科学合理可操作的价值核算评估机制，出台全国首个山区市生态产品价值（GEP）核算技术办法，发布首份《生态产品价值核算指南》地方标准，开展了市、县、乡（镇）、村四级GEP核算，推动GEP核算清单化、标准化、自动化、制度化。在此基础上深入探索核算成果运用，推进 GEP 核算结果进规划、进决策、进项目、进交易、进监测、进考核，持续推进生态产品价值实现机制改革走深走实。

第二，夯实生态经济体系的制度基础。以生态产品价值实现机制试点为抓手，建立和完善生态产品价值实现制度体系。创新培育生态产品市场交易主体，构建"1＋10＋N"的自然生态资源资产收储、交易、服务体系。迁址重组"华东林业产权交易所"，创新推动生态资源权益交易，健全排污权、碳排放权、用能权等交易机制，探索推进水权、碳汇权益等交易机制。建立健全生态产品市场化定价机制。以生态信用为基础推进"两山金融"新产品、新服务，解决广大农户融资难问题。

第三，促进生态产业化和产业生态化。创新生态产品价值实现路径，推进"绿水青山"向"金山银山"转化。培育"山"字系列区域公共品牌，加强生态产品标准化建设，创新发展生态农业，推进生态产品由"初级"向"生态精品"、"低价竞争"向"品牌战略竞争"转变，推动农工文旅加速融合发展。实施严格的产业准入环保标准，大力发展生态工业。创新"飞地互飞"机制，合作探索生态产品价值异地转化，拓展经济发展空间。培育生态旅游康养产业，保护古民居等物质遗产，打造民俗综合体，实现传统乡村的历史文化价值和人文价值。

第四，推动数字化监测治理体系建设。借助省内外科研机构和高校的技术支持，深入推进数字化改革，丰富数字化场景应用，完善生态产品价值实现的监测治理体系。建设"天眼守望"卫星遥感数字化服务平台和"花园云"生态环境智慧监管平台，绘制丽水全域生态产品价值一张图，以最顶格的生态标准，实施最严格的生态监管和生态治理。

二、安徽省黄山市：将"一江清水出新安"转化为"金山银山"

（一）新安江流域生态状况概述

新安江，发源于安徽省黄山市休宁县六股尖，是钱塘江正源，干流长 373 千米（在安徽省境内长 242.3 千米），往东由歙县街口镇流入浙江省杭州市淳安县境内，年出境水量达 70 多亿立方米，流域面积达 1.1 万多平方千米。新安江是浙江省最大的入境河流，是千岛湖 68％以上的输入水源，具有较为丰富的水利资源和生物多样性资源，是长三角重要的生态安全屏障。

淳安千岛湖东距杭州城区 129 千米、西距黄山 140 千米，地处长三角腹地，占地面积 982 平方千米。新中国成立后，为建设新安江水电站，大坝拦蓄新安江上游形成一个人工湖，湖形呈树枝状，在最高水位时湖中拥有面积 2 500 平方米以上的陆桥岛屿 1 078 个，1984 年浙江省正式将新安江水库命名为"千岛湖"，这是我国华东地区最大、最有名的人工水库，也是"世界三大千岛湖"之一。1982 年，千岛湖开始发展旅游业，成为首批国家级风景名胜区。1986 年，千岛湖被林业部批复为国家森林公园。2010 年，千岛湖被评为国家 5A 级景区。千岛湖连续多年稳定保持着 I 类水质，水域能见度最高甚至能达到 12 米，是我国水质最好的水库之一。2019 年 9 月，随着历时近 5 年建设的配供水工程的完工，千岛湖开始向杭州市千万人口供水，成为长三角地区重要的战略水源地。

然而，淳安千岛湖的生态环境经历了一个由好到坏又重新恢复的过程。千岛湖平均水深 30.44 米，最深处达 100 多米，正常水面 580 平方千米，蓄水量 178 亿立方米。从环境、水深、水面、蓄水量来看，千岛湖似乎并不容易暴发蓝藻异常增殖问题。从 20 世纪 90 年代开始，黄山加快城市发展和工业建设，大量污水经新安江流入千岛湖，导致水体富营养化趋势明显，水面经常漂浮垃圾和藻类，水环境安全形势令人担忧。1998 年和 1999 年，千岛湖连续出现蓝藻水华。从 2006 年开始，千岛湖从贫营养水库转变成了中营养水库，湖区的曲壳藻、束丝藻时常出现异常增殖现象①。2010 年，千岛湖部分湖面蓝藻异常增殖，汛期数十万吨垃圾从新安江顺流入湖，全国政协组织了专题调研，引发各界关注。2010 年，新安江上游的黄山市仅工业废水排放量就有约 1 124 万吨，淳安县的工业废水排放量为 693.3 万吨。汛期来临时，固态垃圾甚至在千岛湖形成漂浮带。从 1999 年开始，每年雨季从上游冲入千岛湖的垃圾均在 5 万立方米以上，并逐年增加，2011 年仅汛期打捞湖面垃圾 18.4 万立方米，流域生态安全已经成为一个不容忽视的问题。

（二）新安江流域生态补偿制度的创新

习近平同志非常重视新安江流域的生态保护和绿色发展。早在 2003 年 9 月，时任浙江省委书记的习近平同志来到淳安县调研，就郑重要求重视生态建设，走保护先行之路，强调"保护好千岛湖，也是淳安最重要的政绩"；之后

---

① 鱼类资源结构的变化也是千岛湖水华的重要原因。鲢鱼、鳙鱼通过鳃耙滤食浮游生物，可减轻藻类密度，特别是鲢鱼作为内河食物链里面比较高端的一环，被公认为是"除藻专家"。20 世纪 90 年代，库区渔民为追求经济效益，普遍选养价高味美的高档食肉鱼，降低了对鲢鳙的放养量；同时，当时水库中存在大量的鳡鱼、翘嘴鲌、鳜鱼等凶猛天敌，也降低了库区鲢鳙的数量占比。

来淳安调研，也要求淳安"抓好生态立县"[①]。2011 年 2 月，时任中共中央政治局常委、国家副主席的习近平同志在全国政协专题调研报告上作出重要批示：千岛湖是我国极为难得的优质水资源，加强千岛湖水资源保护意义重大，在这个问题上要避免重蹈先污染后治理的覆辙。浙江、安徽两省要着眼大局，从源头控制污染，走互利共赢之路[②]。

2011 年之后新安江流域省际保护开始加快。3 月，财政部和原环保部正式启动新安江流域水环境补偿试点工作，同时安排 2 亿元专项资金用于新安江上游水环境保护和水污染治理。4 月，黄山市成立新安江流域生态建设保护局，推进农村垃圾集中处理，并在皖浙交界的街口镇拆除 5 000 多只养殖网箱。

2012 年，财政部、原环保部、安徽省和浙江省正式签订《新安江流域水环境补偿协议》，每轮试点 3 年，以皖浙两省跨界断面高锰酸盐指数、氨氮、总氮、总磷 4 项指标为考核依据。试点工作以"保护优先，合理补偿；保持水质，力争改善；地方为主，中央监管；监测为据，以补促治"32 字为基本原则，设立新安江流域水环境补偿资金，用于安徽省内皖浙交界区域污水和垃圾的治理。2012—2014 年为首轮试点，设置补偿资金每年 5 亿元，其中中央财政拨付安徽省 3 亿元，皖浙两省各出资 1 亿元，如果水质达到考核标准，浙江拨付给安徽 1 亿元，反之则由安徽拨付浙江 1 亿元。由此开了对赌性质的全国跨省流域生态补偿机制的先河。2015—2017 年为第二轮试点，突出"双提高"，即提高资金补助标准，皖浙两省的出资由 1 亿元提高至 2 亿元；提高水质考核标准，水质稳定系数由 0.85 提高至 0.89。用制度保证水质提升后的生态价值补偿同向增长，从而激励并约束生态保护从末端治理向源头保护转变、从项目推动向制度保护转变、从生态资源向生态资本转变的"三个转变"。2018—2020 年为第三轮试点，中央财政统筹资金给予支持，皖浙两省每年各出资 2 亿元，考核标准较前两轮更高。探索以货币化补偿新安江流域生态补偿制度的创新演进为基础，多元化、社会化、长效化的补偿方式。补偿资金使用范围逐渐拓展，制度激励与约束更加规范、全面、具体，进一步提高了上游地区水环境治理和水生态保护的积极性、主动性与创新性（曾凡银，2020a）。

---

① "习书记指点我怎样当好县长"——习近平在浙江（三十一）［N/OL］. 绍兴廉政网，2021 - 04 - 20. http：//sxlz. sx. gov. cn。

② 中共中央组织部 . 2019. 贯彻落实习近平新时代中国特色社会主义思想在改革发展稳定中攻坚克难案例（生态文明建设）［M］. 北京：党建读物出版社：355。

从中不难看出，《新安江流域水环境补偿协议》是我国跨省流域生态补偿机制的一次重要创新，体现了中央政府和地方政府的上下联动和统筹协调。双向补偿方式体现了"谁受益谁补偿，谁排污谁付费"的原则，有利于激发上下游地方政府的水环境保护意识，形成"利益共享，责任共担"的互助共赢模式，对地方政府转变政绩理念、引导绿色发展也起到了重要的推动作用。

（三）新安江流域生态保护实践

安徽省和黄山市非常重视发挥制度的激励与约束作用，为生态文明建设提供可靠保障。为了保护好新安江上游的水质安全，确保"一江清水出新安"，2012年《安徽省生态强省建设实施纲要》将新安江综合治理列为环保"一号工程"。而早在前一年，安徽省在全国率先改革目标管理考核体系，把黄山市作为全省唯一的四类地区，在制定市县政府分类考核办法中，加大了生态环保、现代服务业的权重，突出生态保护，实行了较为合理的考核评价体系。黄山市则加强自我约束，建立了以改善生态环境质量为核心的目标责任体系。2013年，国务院批准《千岛湖及新安江上游流域水资源与生态环境保护综合规划》（国函〔2013〕135号），给了新安江流域"建设跨省流域生态文明建设共建共享先行区域、长三角地区重要战略水源地"的国家战略定位。黄山市自我加压，制定了《关于加快新安江流域综合治理的决定》《黄山市生态文明建设目标评价考核办法》《安徽省新安江流域水资源与生态环境保护综合实施方案》《黄山市新安江流域生态补偿试点资金管理实施意见》《黄山市新安江流域生态补偿项目管理办法》《关于进一步加快新安江流域生态补偿机制试点项目建设的通知》等一系列规范文件和规章制度。

安徽省和黄山市在新安江流域生态保护实践中，形成了纵向有效衔接、横向协调有序的领导机制和工作机制。安徽省政府建立主要领导挂帅、相关部门分工推进的治理架构。黄山市成立新安江流域生态建设保护局，全面负责新安江水环境保护工作，逐层量化分解目标任务，层层落实生态保护与绿色发展考核责任。根据河流行政区域分段划片，实行市县乡村四级"河长制"，分片包干，分段包保，落实网格化模式，确保村庄保洁、河面打捞、采砂洗砂整治、污水排放管理、水源地保护等治理全覆盖。制定并从严执行《党政领导干部生态环境损害责任追究实施办法》，坚持开展领导干部自然资源离任审计，深入推进河（湖）长制、林长制，健全环保信用评价、信息强制披露、严惩重罚等制度，倒逼环保责任全面做实。表6-2列出了安徽省和黄山市在新安江流域水环境补偿三轮试点中的主要工作机制和保障措施。

表 6－2　安徽省和黄山市在新安江流域生态补偿的创新实践

制度化设计	新安江跨省流域生态补偿机制的实施方案
十个全覆盖	村级清洁、河面打捞、农药集中配送网络体系、规模化畜禽养殖污染整治、网箱退养巩固提升、重点河道综合治理、采砂洗砂治理、重要支流水草治理、入河排污口整治、沿河服务行业污水处理
十个强力推进	重点区域环境整治、城镇污水处理、农村生活污水处理、生态农业建设、生态林业建设、企业转型升级、园区基础设施建设、地质灾害防治、增殖放流、月潭水库建设
十项保障措施	组织领导、项目提效、融资管理、河（湖、林）长管理、环境监测、监督检查、政策支持、社会宣传、全民保护、目标考核
六大机制	深化流域系统治理机制、探索生态资源保护利用机制、创新资金优化投入机制、完善综合保障机制、建立市场机制、健全生态补偿长效机制
市场化机制	新安江绿色发展基金、垃圾兑换超市、山泉水养鱼、排污权与水权交易
十大工程 （皖政办秘〔2019〕82 号）	排污权管理工程、开发区发展工程、城市污水治理工程、化肥农药替代工程、绿色特色农业发展工程、农村环境整治工程、畜禽规模养殖提升工程、船舶生活污水上岸工程、河（湖）长制林长制提升工程、全民参与工程

资料来源：曾凡银，2020a。

在新安江流域生态保护和水环境治理过程中，安徽、浙江两省坚持上下游定期会商、协商，构建生态保护与污染防治共谋、共治、共建、共享的协同机制。双方开展联防联控、联合检测、联合执法、舆情信息沟通、应急联动、汛期联合打捞等深度合作。按照"保护优先、河湖统筹、互利共赢"的原则，皖浙两省积极协商，联合编制了《千岛湖及新安江上游流域水资源与生态环境保护综合规划》并经国务院批准。在水质联合监测上，《新安江流域水环境补偿试点方案》明确由中国环境监测总站组织安徽和浙江两省开展联合监测跨界断面水质。在环保联合执法上，杭州市与黄山市联合制定了《关于新安江流域沿线企业环境联合执法工作的实施意见》，建立起防范有力、指挥有序、快速高效和统一协调的应急处置体系。在联合打捞上，淳安县与歙县共同出台《关于千岛湖与安徽上游联合打捞湖面垃圾的实施意见》，并建立每半年一次的交流制度，互通情况，完善工作方案。

近年来，黄山市加强工业点源污染防治，先后关闭搬迁 100 多家禁养区内规模化畜禽养殖场，近 300 家规模养殖场全部配套建设粪污处理设施。编制产业准入负面清单，严格市场准入，累计关停淘汰污染企业 220 多家，整体搬迁工业企业 100 多家，500 多个产业项目得到改造升级，婉拒了多个影响生态环境的项目。黄山市有效化解农村面源污染，在安徽省率先建成农药集中配送体系，实行全市农药"统一采购、统一配送、统一价格、统一管理、统一回收、统一处置、统一财政补贴"的"七统一"模式，实现农业、农产品绿色发展。与试点实施前相比，化肥、农药使用量约下降五分之一至三分之一，高效低残留和生物农药使用率从 2014 年的 50% 提高至 90%，农民购买农药成本降低40%，农药废弃包装物回收处置率达 100%。新安江下游的淳安县则累计投入160 多亿元，加快污染治理和生态保护项目建设，建成城区污水管网 300 多千米、农村污水管网 3 000 多千米，污水处理终端 2 000 多套，关停 200 多家规模养殖企业，近三年化肥农药使用量下降 10% 以上。2016 年淳安县还制定了比国家一级 A 标更严格的全国首个县级环境质量管理规范——"千岛湖标准"，10 年来（截至 2018 年）累计拒绝了 300 亿元不符合千岛湖保护准入要求的产业项目落地。浙江省取消对淳安县的 GDP 考核，迭代建立绿色发展财政奖补机制，奖惩标准为全省最高。2017—2020 年，兑现淳安县绿色发展财政奖补资金 23.68 亿元。2021 年，兑现淳安特别生态功能区财政资金 8.51亿元。

第三轮试点结束后，新安江流域的总体水质为优并稳定向好，跨省界断面水质达到地表水环境质量Ⅱ类标准，每年向千岛湖输送近 70 亿立方米高质量清水，千岛湖水质实现同步改善。经评估，新安江生态系统服务价值总计246.5 亿元，水生态服务价值总量达到 64.5 亿元（曾凡银，2020b）。黄山市已投入 190 多亿元用于新安江流域综合治理。根据前三轮试点签订的补偿协议，中央及皖浙两省提供的生态补偿资金达 48 亿元。皖浙两省也从单一的资金补偿，逐渐转化为多元探索，推进新安江流域的产业结构转型和经济高质量发展。这种顶层设计与基层创新实践上下互动、有机结合的生态保护补偿机制，为我国生态文明建设提供了"新安江方案"，是中国生态文明建设的一大特色。

（四）推进生态产品价值实现

"人不负青山，青山不负人"。新安江流域在厚植生态优势的同时，积极践行五大发展理念，推进"绿水青山"向"金山银山"转化。围绕生态产业化和产业生态化，黄山市大力发展全域旅游、生态农业和新型工业，并积极融入长三角地区。与此同时，环境的改善不仅创造了更多的致富机会，也推动了人民群众生活方式的转变和生活品质的提升。

依托名山、名水和传统村落资源，黄山成为望得见山、看得见水、记得住乡愁的全域美丽大花园，2018 年杭（州）黄（山）高铁开通更是实现了名山名水一线牵。黄山成为文旅体康养的绝佳之地。2021 年全年，黄山市接待海内外游客 6 300 多万人次，比上年增长 45％，实现旅游总收入 538 亿元。尤其是近年来，以生态人文为核心竞争力的黄山民宿经济蓬勃发展，成为乡村振兴的重要支点。2015 年首届全国民宿大会上，黄山正式推出"徽州民宿"品牌，开启了品牌化、特色化的发展道路。目前，全市各类民宿客栈发展到 2 500 余家，数以万计的农民变身"服务员"，人均增收超万元。

黄山市积极对接长三角消费升级大市场，大力实施绿色特色农业发展工程，培育壮大茶叶、泉水鱼等特色农业产业基地。黄山市是安徽省重点产茶区和传统名茶产地，拥有几十万名茶农，101 个乡镇。2021 年，黄山市茶叶产值达到 40 多亿元；在黄山市全部 7 个县（区）中，祁门县、歙县、休宁县、徽州区、黄山区等 5 区（县）入选中国茶叶百强县。黄山市休宁县泉水养鱼生态系统已有近千年历史，2015 年成为全国第一个纯渔业的"中国重要农业文化遗产"。用当地优质山泉水、野草、蔬菜等绿色饵食养鱼，鱼的售价相较于普通鱼类高出 3 倍，实现了"草鱼变金鱼"。黄山市立足"森林—溪塘—池鱼—村落—田园"为基本结构的山泉流水养鱼生态系统，实施特色化、绿色化、产业化、品牌化、融合化的发展策略，形成泉水养鱼—看鱼—卖鱼—食鱼的绿色食品及乡村游产业链、供应链，从吃"资源饭"到吃"生态饭"转变，逐步实现"以旅促鱼、以鱼兴旅、鱼旅互动"的融合发展新路径。截至 2021 年，黄山市累计建设泉水鱼池（塘）10 254 口，总面积 22 多万平方米，山泉流水养鱼产业综合产值突破 7 亿元，成为当地乡村振兴的重要抓手。臭鳜鱼（又称"臭桂鱼"）是徽州菜的代表名菜，是黄山市饮食文化的一张亮丽名片。徽州臭鳜鱼形似蒜瓣、肉质酥嫩，营养价值丰富，风味品质独特，2019 年被列入黄山市非物质文化遗产保护名录。黄山市相继出台"徽州臭鳜鱼"（腌制鳜鱼）地方标准、《臭鳜鱼加工技术规程》及《冷冻臭鳜鱼》团体标准，并通过建立"徽州臭鳜鱼"加工烹饪培训中心、制定"徽州臭鳜鱼"标准化示范点、编制"徽州臭鳜鱼"烹饪菜谱、建立"徽州臭鳜鱼"文化博物馆、完善"徽州臭鳜鱼"养殖基地等措施，大力推进臭鳜鱼产业标准化、规范化和健康化发展。黄山市已经成为全国最大的臭鳜鱼加工基地和流通集散地，年产量达 200 吨，臭鳜鱼产业年产值达 40 亿元左右，带动数万人就业，产品远销东南亚、欧美和日韩市场。

黄山市围绕自身资源禀赋和生态优势，做好"水文章"，打好"特色牌"，积极培育发展新型产业。2020年11月，黄山市人民政府办公室印发《黄山市天然饮用水产业高质量发展实施方案》，提出以"优先开发地表水—做特中高端矿（山）泉水—延伸发展特色饮品"为主线，着力构建创新驱动、绿色低碳、效益显著、"大美黄山"与徽文化元素突出的天然饮用水产业体系，把水资源丰富、水质优良比较优势转化为"品牌"竞争优势，培育和引进康师傅瓶装水、六股尖矿泉水和无极雪矿泉水等一批项目。其中，黄山无极雪矿泉水科普基地于2021年1月被评为国家AAA级旅游景区。与此同时，黄山市积极引导社会资本加大生态投入，推动新安江绿色发展基金转型升级，以"专精特新"基金为主的产业基金完成首期规模10亿元全额投放，其中5个投资项目完成IPO上市，将生态"含绿量"逐渐转变为发展"含金量"，实现生态保护和经济发展相互促进。

位于新安江下游的杭州市淳安县也积极践行"绿水青山就是金山银山"理念，开创出深绿发展新格局。2021年全县接待国内外游客930多万人次，实现旅游经济总收入150多亿元，连续多年进入中国县域旅游综合竞争力百强县榜单，中药材、港湾运动、有机茶等特色小镇彰显活力，康美产业蓬勃发展。

值得指出的是，安徽、浙江两省以及黄山、杭州两市在流域协同共治、联合监测、应急联动工作中，形成并强化了"利益共同体"意识，区域一体化走深走实，不断谱写合作共赢的美丽篇章。早在2017年10月，黄山、杭州两市政府就推进新安江流域生态补偿机制进行对接会商时，双方坚信新安江上下游是利益攸关的共同体。两市在生态环境共治、交通设施互通、旅游资源合作、产业联动协作、公共服务共享等方面持续深化协同发展。2018年10月黄山市加入杭州都市圈，同年12月杭（州）黄（山）高铁开通，皖浙省际重大旅游合作项目"皖浙一号旅游风景道"开始建设，从"共饮一江水"迈向"共建共享一个圈"。2019年5月长三角地区主要领导座谈会提出共保"绿水青山"、共建长三角生态廊道、规划建设新安江—千岛湖生态补偿试验区。2019年10月在安徽省芜湖召开的长三角城市经济协调会正式吸纳黄山市以及蚌埠、六安等市入会，从此长三角覆盖安徽省全部16个地级市。2020年长三角地区主要领导座谈会上，皖浙两省政府正式签订共建杭黄世界级自然生态和文化旅游廊道战略合作框架协议、共建世界级著名湖区战略合作协议等，以实现生态产业化、一体化。2021年，杭黄世界级自然生态和文化旅游廊道被写入国家"十四五"规划纲要。同年，杭州市、黄山市联合印发《杭黄毗邻区块（淳安、歙县）生态文化旅游合作先行区建设方案》，合力构建"两镇做强、湖城支撑、串珠成链"的山水大画廊格局。

与此同时，两市也分类谋划一大批产业互补、产业对接合作企业（项目）。围绕新一代信息技术、智能制造等九大产业，杭州市赴黄山开展各类项目签约投资，投资额不断增长。2020 年 9 月，浙江蓝城集团投资 50 亿元的黟县黟美小镇正式开工，总规划 2 887 亩，着力打造成为集旅游休闲客厅、艺术产业基地、文化度假社区三位一体的世界级艺术小镇。2020 年 11 月，杭黄绿色产业园正式揭牌，探索通过"园区＋园区""园区＋企业""企业＋企业"等多种合作方式，有效畅通两地要素流动，共同打造新安江流域上下游绿色产业集群。

在推进绿色发展、生态富民的同时，黄山市大力倡导绿色低碳、文明健康的生活方式和消费模式，推进环保理念深入人心。建立生态美超市、引导公众参与新安江保护，是黄山市的一项亮丽举措。2016 年，黄山市休宁县流口镇率先探索建立"垃圾兑换超市（生态美超市）"，用"垃圾"兑换日用小商品，80 个塑料袋可以兑换一包盐，4 罐（约 220 毫升）烟头能兑换一支牙刷，由此不断增进村民的生态环保意识。目前，"垃圾兑换超市（生态美超市）"已经覆盖新安江流域乡镇，平均每个超市收集垃圾效率相当于 3 位农村保洁员的工作量，折算下来一年节省 7 万元以上的保洁资金。黄山市还通过政府门户网站、微信等平台，及时公布补偿试点工作动态；开展新安江流域生态保护征求意见活动，邀请社会公众参与环保决策；以宣教活动、评优评先、村规民约等形式引导公众转变生产、生活方式，提高环保意识。

（五）新安江流域环境治理和绿色发展的经验启示

第一，转变思想理念，是成功践行流域跨省生态补偿的前提条件。"理念是行动的先导"，新安江流经不同省份，观念分歧曾是多年来阻碍流域环境治理工作的难点和症结所在。遵照党中央、国务院的指示和部署，在国家有关部门的指导和协调之下，新安江上下游地区逐步统一思想认识，转变发展理念，树立正确观念，最终成功实践流域跨省生态补偿试点机制，并在全国起到良好示范效应。在新安江流域水环境治理工作中，皖浙两省、黄杭两市树立和深化"利益共同体"理念，也为将来双方在更广领域的合作共建、绿色发展创造了必要的主观条件。

第二，通过制度创新为流域治理保驾护航。新安江流域生态补偿三轮改革试点以体制机制建设为保障，走出了一条"上游主动强化保护、下游支持上游发展"的互利共赢之路。首先，安徽省和黄山市制定出台一系列政策文件，为"一江清水出新安"提供有力支撑。其次，为实施新安江流域水环境补偿协议，安徽、浙江两省改进区域考核制度指标体系，分别将黄山市和淳安县作为生态保护地区单列考核，突出生态环保指标权重，倒逼基层在流域污染治理与生态保护上开展创新。新安江成为全国水质最好的河流之一，下游千岛湖水质稳定保持为优。这种顶层设计与基层创新实践有机结合的"新安江模式"，在全国很多河流流域和省份得到推广，体现出我国生态文明建设制度创新的特色。

第三，在协调联动中实现合作双赢。新安江流域治理实践逐步形成各方互信互利、合作共赢的新发展格局。根据跨流域生态补偿机制的需要，新安江上下游各级政府及其有关部门建立了横向联席会议制度，在互访、沟通、会商中统一认识、推进协作。各方开展水质联合监测、汛期联合打捞、环境联合执法、应急联动，实现全流域常态化的联防联控，提升工作成效。随着三轮生态补偿协议的推进和长三角一体化国家战略的确立，两省、两市不断深化"利益共同体"意识，从共同治理走向共抓保护、共谋发展的意愿更加强烈，从治水合作迈向更大领域的共建合作。

第四，在环境治理和绿色发展中正确处理市场和政府的关系。经济学理论认为，产权难以明晰，生产、消费和受益关系难以明确的公共性生态产品，价值实现主要依靠财政转移支付、财政补贴等手段；产权明确、能直接进行市场交易的经营性生态产品，主要依靠市场方式实现价值；而处于中间状态的、具有公共特征但能开展市场交易的准公共性生态产品，则需要采取政府与市场相结合的方式。在新安江流域治理过程中，除了财政工具（"对赌协议"）发挥直接作用之外，黄山市还采用"政府＋市场"的方式实施化肥农药减量增效，建立生态美超市，引导公众参与，逐步消除农业面源污染；运用市场方式推进生态产业化和产业生态化，发展矿泉水、茶叶、泉水鱼、文旅等特色产业。政府、市场两种资源配置方式的合理运用，取得显著成效。

三、江西省抚州市：绿色金融创新助推生态产品价值实现

（一）抚州市绿色金融创新概况

绿色金融是支持生态产品价值实现的重要推手，绿色金融能够优化产业结构，引导资本助力生态产品价值实现；绿色金融产品创新能够活跃市场交易，助力自然资本产权运作；绿色金融制定项目筛选标准，发挥风险分担和管理功能。2021年4月中共中央办公厅、国务院办公厅印发的《关于建立健全生态产品价值实现机制的意见》明确提出"加大绿色金融支持力度"。

抚州市位于江西省东部，下辖临川区、东乡区和资溪、金溪、南城、广昌等9个县，是江西省唯一的生态文明先行示范市。2019年9月，国家推动长江经济带发展领导小组办公室正式批复，抚州市成为继浙江省丽水市之后的第二个国家级探索生态产品价值实现机制试点市。抚州市在破解生态产品确权、核算、评估、交易等方面展开积极探索，特别是大力推动了绿色金融标准体系创新，为生态产品价值实现提供了支撑。

与丽水市基于GEP核算的绿色金融产品创新不同，抚州探索了基于产权体系的绿色金融产品创新模式，并形成一些实践案例。如东乡区推出"畜禽智能洁养贷"产品，以畜禽养殖经营权为抵押向养殖企业发放养殖废弃物资源化利用专项贷款，用于养殖场排污系统的改造、环保设施的升级和养殖设备的自动化与智能化，有效改善畜禽养殖造成的环境污染问题。《畜禽智能洁养贷实施规范》明确了畜禽智能洁养贷实施的术语和定义、实施主体和对象、贷款要求、贷款流程、贷后管理、风险控制等内容，填补了江西省绿色金融标准体系建设的空白。资溪县率先推出"信易贷"，围绕商品林赎买和公益林收储、土地和水域经营权等开展信用抵押贷款，有效发挥信用机制在生态产品价值实现中的作用，解决公益林和天然商品林等无法抵押变现问题，帮助辖内林地、土地与水域等资源实现流转。

金溪县是目前我国古村落和古建筑保存较多、较完好，且品质精美的地方之一，被誉为没有围墙的古村落博物馆。该县针对古建筑产权企业、古村落开发保护企业或个人，及时创新推出"古村落金融贷"。将受政府保护的古村落古建筑所有权或经营权作为抵押物申请信贷资金，合理发掘古村落潜在价值，促进古村落保护和开发活化利用，将古村落从生态资源转化为生态资本。《古村落金融贷实施规范》明确了古村落金融贷实施的术语和定义、实施主体与对象、贷款要求、贷款流程、贷后管理、风险控制等内容，有助于抢救、保护、传承、利用现存古村落资源，实现古村落生态产品价值的量化升值。

在生态产品价值实现和金融创新中，抚州市资溪县曾在2020年8月28日成立江西省首个"两山银行"，为破解"实现什么生态价值""如何实现生态产品价值""生态价值为谁实现"等核心难题进行了重要探索①。

---

① 如前所述，2022年1月，中国银保监会要求各地及时整改纠正不规范使用"银行"字样的行为。资溪县"两山银行"现已更名为"两山"转化中心。为避免指代混乱，本书在后面某些段落中依然使用"两山银行"这一"传统"名称，与当时官方称谓一致。

（二）资溪县"生态立县"发展战略概述

资溪县位于江西省中部偏东、抚州市东部和武夷山脉西麓，与福建省毗邻。县域面积 1 251 平方千米，常住人口约为 10 万人，是一个典型的山区小县。资溪县地形地貌有"八山半水半分田、一分道路和庄园"之称，森林覆盖率高达 87.7%，生态环境综合评价指数位列中部第一，全国前列。

资溪县是江西省首个提出"生态立县"发展战略的县（2002 年），是第一批"国家生态文明建设示范县"（2017 年）、第一批"国家全域旅游示范区"（2019 年），是"国家重点生态功能区"、国家"绿水青山就是金山银山"实践创新基地（2021 年）。从 1980 年代开始，资溪人以"一户带一姓，一姓带一组，一组带一村，一村带一乡，一乡带一县"的方式，走出近 5 万人的产业大军，在全国 1 000 多个城镇开设有 1.6 万多家面包店，甚至走向俄罗斯、越南、缅甸等国外市场，年创产值达 200 多亿元，造就了"中国面包第一县"。

资溪县在 2007 年把发展战略目标完善为"生态立县、绿色发展"，2012年又进一步确立"纯净资溪""全景资溪、全域公园"理念，着力将 1 251 平方千米辖区面积构建为全域森林公园、最美生态旅游和养生目的地。近年来，资溪县全力打造"纯净资溪"，建设"最优森林""最真乡村""最净溪河""最美山城"，推进生态产品价值实现机制试点工作。陆续出台了《金融支持生态产品价值实现实施方案》《"两权"抵押贷款试点实施方案》《重点生态区位商品林赎买实施方案》《关于完善森林赎买工作机制的通知》《林权代偿收储担保管理办法》《河权改革工作方案》《"纯净资溪"区域公用品牌培育运营方案》《两山银行生态产品抵质押贷款风险补偿金实施方案》等重要文件，完善绿色金融助推生态产品价值实现的制度体系。2020 年 11 月，江西省"两山"转化金融服务工作现场会在资溪召开。2021 年 5 月，资溪县成功举办 2021 首届"智汇资溪"人才大会暨"两山"实践创新高峰论坛。资溪县"生态产品价值实现机制的实践探索"入选了 2021 年度江西省全面深化改革十佳案例。

（三）资溪县绿色金融支持生态产品价值实现的主要实践

2020 年 8 月 28 日，江西首个"两山银行"在中国人民银行资溪县支行挂牌成立。资溪县"两山银行"后期更名为"两山"转化中心，成为开展绿色金融创新、助推生态产品价值实现的重要抓手。

"两山银行"并非真正意义上的金融机构，其主要功能在于借鉴商业银行"分散式输入—集中式输出"的模式，通过对碎片化生态资源进行集中收储、分类和整治，转化成连片优质高效的资源包，并委托运营商进行规模化、市场化经营，实现生态保护前提下资源变资产、资产变资本，促进人民群众增收和共同富裕。在"绿水青山"转化成"金山银山"的过程中，两山银行显然具有如下特点：分散式输入、规模化整合、专业化经营、持续性变现。

继率先成立"两山银行"（"两山"转化中心）之后，2021年资溪县牵头制定了《"两山银行"运行管理规范》（DB36/T 1403—2021），成为江西省地方标准，并于2022年1月1日开始实施。该标准确立了"两山银行"的术语和定义、运行机制、运行要求、管理内容、管理要求、监督与评价等重要内容，为落实江西省委"十四五"规划中提出的推广"两山银行"建设模式、拓展"两山"转化通道奠定基础；也标志着资溪县探索生态产品价值实现路径和机制取得初步成效，在某些领域走在了江西省的前列。

1. 实现自然生态资源资产的可量化、可交易

第一，摸清自然生态资源资产存量。资溪县重点摸清土地、林木、水资源和矿产等自然资源资产存量，完成第三次国土资源调查和第七次森林资源二类调查，编制自然资源资产负债表，编制生态资源图谱，为生态产品价值实现提供基础数据支撑。经核查，全县林地面积约168万亩，活力木蓄积量约为998万立方米，毛竹立竹量近1亿株。

第二，开展生态产品价值核算。资溪县在江西省率先开展县域GEP图斑级精算，聘请第三方技术团队，加快推进GEP核算数字化平台建设，编制生态资产和生态产品目录清单，制定资溪县生态产品价值核算指标体系、标准和规范，完成了GEP一张图平台框架搭建。经核算，2020年全县GEP总值为363.55亿元，是当年地区生产总值的8.1倍[①]。

第三，进行自然生态资源资产的集约收储。早在2018年，资溪县成立泰丰自然资源经营有限公司作为国有收储主体部门，由县林业局、农业农村局、水利局、自然资源局、住建局等部门提供指导，在江西省率先开展森林赎买试点，推动自然资源产权和生态产品交易，鼓励引导国有企业和社会资本，采取赎买、租赁、合作等多种方式，对山林、土地、流域、农房等碎片化资源进行整合成为优质资产包，吸引社会资本投资，推进形成生态产业化体系。

2. 实现自然生态资源资产的可整合、可运营

第一，搭建各类平台，完善服务体系。资溪县在"两山"转化中心设立生

---

① 吴淑琴.2022.资溪：创建"两山银行"探索生态产品价值实现路径，［EB/OL］.江西生态文明网，2022-4-12。

态资源价值评估中心、资源收储中心、资产运营中心、金融服务中心和资产交易平台，组建了两山林业公司、纯净文旅公司等市场主体，负责国有生态资产的运营与服务。成立了纯净资溪生态产业协会，整合民营企业、个体工商户及农户等民间市场主体。

第二，推进"三权"分置改革，夯实制度基础。资溪县在"两山"转化中，依法推动山水林田湖草等自然资源所有权、承包权、经营权"三权"分置改革。完善水域经营权、采砂权、采矿权、养殖权等权益性资产以及农村宅基地、集体经营性建设用地、农房、传统村落（古建筑）等生态资源的产权认证和经营权承包工作，为自然生态资源资产的交易夯实制度基础的支撑。

第三，出台管理办法，规范市场化交易。资溪县制定下发《生态产品交易管理办法（试行）》，依托县里公共资源交易平台，探索开展河道管理权、经营权和采砂权、养殖权公开招租、拍卖、出让等交易试点，推动生态资源资产集约化、规模化、产业化运营。

3. 实现自然生态资源资产的可转化、可增值

第一，建立价值评估基准。探索建立生态资源"既有价值＋生态价值"的评估标准、监督机制和评估程序，启动林业碳金融试点工作，同时结合全省社会信用体系建设试点建立生态信用企业白名单，以政府公信力为企业背书增信。

第二，创新贷款模式。先后探索森林赎买抵押贷款、林权收益权质押贷款、特定资产收费权支持贷款、特种养殖权抵押（增信）贷款、水资源抵押贷款、竹木产业链融资、林权代偿收储担保机制等多种生态权益贷款，拓展绿色金融功能，助推"绿水青山"向"金山银山"转化。如，2020年11月，结合林权面积、种植树种、林木生长周期等确定贷款的额度、期限、利率，中国农业银行资溪县支行首期授信项目贷款9 800万元，期限15年，这是江西省第一笔森林赎买项目贷款。此外，江西银行以林权为抵押，授信额度1.5亿元，支持资溪县建设"两山学院"；邮储银行资溪县支行以水资源权证作为质押，发放贷款8 000万元；九江银行以25万亩林地的补偿收益权作为质押，发放江西省最大一笔林权补偿收益权质押贷款4 300万元。

第三，完善风险担保体系。出台《"两权"抵押贷款试点实施方案》《林权代偿收储担保管理办法》《两山银行生态产品抵质押贷款风险补偿金实施方案》等文件，财政出资5 000万元成立融资担保公司，设立首期3 000万元"两权"抵押贷款风险补偿金，建立风险共担机制和风险缓释机制。针对林权实现周期长、监管难度大等问题，由泰通融资担保有限公司、林业局、泰丰自然资源经营有限公司组成担保中心（联合体），会同有关部门建立健全林权融资代偿收储担保工作机制。在贷款人无法还贷时，由担保中心兜底收储相关林权，并代偿相关贷款，解决金融机构后顾之忧，活跃林权收储交易。

（四）资溪县绿色金融支持生态产品价值实现的初步成效

1. 畅通"两山转化"通道

资溪县在江西省首创"两山银行"（"两山"转化中心），探索出"存储绿水青山、收获金山银山"的有效转化模式。通过"两山"转化中心实体化运作，共收储山林20万亩，河湖水面4 500亩，闲置农房、土地经营权等自然生态资源资产20余项，总价值超过20亿元。资溪县筹资5亿元设立生态产业引导基金，撬动社会资金20亿元发展林业以及林下经济，带动休闲旅游产业。资溪"两山"转化工作入选了江西省生态文明建设十件大事，写入省委"十四五"规划，并在全省推广。资溪经验得到《人民日报》、新华社、中央电视台等主流中央媒体的广泛报道。

2. 助推生态产业发展

"两山"转化中心将生态资源变资产、资产变资本、资本变资金，反哺生态产业发展，有效促进了GEP向GDP的转化。依靠生态产品价值实现获得的贷款资金，有将近6亿元用于竹科技产业园、面包产业城建设投资，推进竹科技精深加工、食品深加工等优势产业向更高价值链延伸，发挥产业集聚效应。通过打造"纯净绩溪"区域公用品牌，提升了资溪优质生态产品、林产品的市场竞争力。

3. 实现国有资产优化

资溪县投资公司收储整合大量自然生态资源，总资产达100亿元，信用评级达到AA－，国有资产实现做大做强，成功发行2亿元公司债。组建了县两山林业、纯净文旅等平台公司，参与生态资产运营和交易，实现国有林场等资源集中、集约经营，有效保障了竹加工企业原材料供应和产业链稳定。在成功创建大觉山5A景区的基础上，推动真相乡村、大觉溪旅游区相继成功创建国家4A级旅游景区。

4. 促进民营经济发展

资溪县积极引导民营企业参与"两山"转化探索实践，创新绿色金融信贷产品，拓展民营经济融资渠道。辖区内大、小商业银行为20余家企业发放贷款近4.2亿元，以支持林木产业的发展。县邮储银行发放水资源权益证质押贷款8 000万元，帮助企业解决流动资金短缺问题。县农商行等机构创新发放特种养殖权质押贷款 2 500 万元，推动特种养殖企业转型发展。2021 年 11 月成立纯净资溪生态产业协会，全县有 180 余家生态企业入会。该生态产业协会探索 NPO（非营利组织）运作模式，推动全县生态企业资源共享，协同发展。

5. 帮助农民增收致富

在探索"两山"转化过程中，资溪县以共享、共富理念让农民在生态产品价值实现过程中增收、获益。一方面，自从"两山"转化中心运营以来，生态红利不断释放，生态溢价不断变现，生态资源本身也实现增值。辖区内毛竹林的流转价格由原先的每亩每年 12 元提高到 40～50 元，松木林由每亩每年 600 余元提高到 1 000 余元，荒山由每亩每年 10 元提高到 20 元，广大农民在流转价格上涨中直接获益。另一方面，各地因地制宜发展乡村产业，盘活村集体生态资源，全面消除集体经济薄弱村。全县所有村级集体收入均达 10 万元以上，其中有 4 个村超过 100 万元。另外，当地农民还可以通过务工、入股等形式拓宽增收渠道。

（五）资溪县绿色金融支持生态产品价值实现的未来规划

1. 进一步提升"两山"转化绿色金融服务体系

加强绿色金融信贷产品创新力度，推广森林赎买抵押贷款、景区收费质押贷款、林权补偿收益权质押贷款、林权代偿收储担保等融资模式，探索开发"面包贷""民宿贷"等更多的金融产品，拓展民营经济融资渠道。在实施"双碳"战略的大背景之下，加快碳汇技术运用，开发碳汇资产，探索用能权融资、碳排放权融资、排污权融资、碳质押等碳金融支持工具。倡导绿色低碳生产、生活方式，针对低碳生产、服务、消费行为，修改完善"百福·碳汇贷"服务内容，拓宽企业和个人融资渠道。

2. 进一步完善"两山"转化中心运行管理机制

制定林权以外的"生态资源收储管理办法"，规范生态资源收储标准流程，明确收储范围、收储程序和资源收储经营机制。进一步明晰产权，丰富产权类型和主体，理清农地经营权、经济林使用权等，合理界定出让、转让、出租、抵押、入股等权责归属。

围绕绿色产业，编制绿色产业资产负债表，开展绿色金融专项审计。构建生态资产交易实践推广和辐射机制，建立完善"两山"转化金融服务体系，健全"两山"转化机制。制定 GEP 核算成果应用规范、生态资源收储工作规范、林权碳汇权益质押实施规范等 3 项省级地方标准。

3. 进一步构建生态产品价值核算评估体系

完善生态资源价值评估中心制度建设，建立评估标准、评估流程和专业评估队伍，推进开展评估业务。开展 GEP 核算及生态产品动态变化监测试点，制定资溪县生态系统生产总值（GEP）精细化空间分布一张图，搭建生态产品信息数据共享平台，推动 GEP 核算结果在生态保护补偿、生态环境损害赔偿、经营开发融资、生态资源权益交易等方面的应用。

（六）江西省抚州市绿色发展典型实践经验总结

江西省抚州市在绿色金融创新上亮点突出，基于产权体系的绿色金融产品创新模式有效破解中小微民营企业和农户融资难题，有力推动了生态产品价值实现机制改革。特别是，抚州市资溪县在自然生态资源资产的收储、整合和经营中，进行了大量探索，产生了初步成效，形成了不少全省首创和地方标准，其典型经验总结起来有以下几个方面。

1. 推进制度改革

在市场化经济体制中，确权是交易的根本，只有产权明晰的生态产品，才能合法交易、顺畅流转。资溪县首先改变自然生态资源资产权属模糊局面，开展自然生态资源资产调查，统一进行确权登记，厘清权属边界，编制自然资源资产负债表，编制生态资源图谱，为"两山"转化中心（"两山银行"）落地运营奠定制度基础。

2. 创建市场主体

该县率先在江西省成立"两山"转化中心（"两山银行"），培育生态产品价值实现的市场主体。依靠县投资公司收储整合大量自然生态资源，组建了县"两山"林业、纯净文旅等平台公司，参与生态资产运营和交易；创新探索林权收益、特种养殖、水资源等多种生态权益贷款，组成担保中心（联合体），完善风险担保体系；引导民营企业参与"两山"转化探索实践；成立纯净资溪生态产业协会，推动全县生态企业资源共享，协同发展；在生态产品价值实现过程中，充分调动地方政府、国企平台、金融机构、专业运营商、农民等社会各方力量的积极性，培养壮大多元化市场主体队伍。

3. 完善标准体系

制定下发《生态产品交易管理办法（试行）》等文件，规范生态资源资产集约化、规模化、产业化运营。牵头制定了《"两山银行"运行管理规范》（DB36/T 1403—2021），成为江西省地方标准。探索建立生态资源"既有价值＋生态价值"的评估标准、监督机制和评估程序，启动林业碳金融试点工作。完善生态资源价值评估中心制度建设，建立评估标准、评估流程和专业评估队伍，推进开展评估业务。

4. 服务增收共富

始终坚持以人民为中心的发展思想，牢固树立共享、共富理念，推进"两山"转化，实现生态溢价，增加了农民收入。通过所有权、经营权、使用权等权益分离的方式，促进了村集体经济和个体经济的发展，拓展了当地群众增收渠道，提升获得感和幸福感，吸引各方力量积极参与生态产品价值实现机制改革，形成了良好社会氛围。

四、湖南省株洲市：从只要"金山银山"到兼要"绿水青山"

（一）因工业而兴

株洲位于湖南省东部，是长株潭城市群核心城市，总面积11 200平方千米，常住人口388万人（2021年年末）。在历史上，株洲长期作为一个镇或是一个县而存在，1956年升格为湖南省除了省会长沙之外的第一个地级市，之后行政辖区多次调整，直到1983年才完成行政辖区拼图。株洲公路四通八达，京广铁路和沪昆铁路在株洲交汇，成为我国重要的"十字形"铁路枢纽。

1949年以后，株洲成为首批重点建设的工业城市之一。我国第一台航空发动机、第一根硬质合金棒材、第一台电力机车、第一枚空空导弹、第一台电力机车牵引电机、第一台涡轮螺旋桨式航空发动机、第一块8英寸IGBT芯片等数百项中国工业"第一"皆诞生于此。早在1965年，株洲工业已初具规模，形成了7个工业区，工业企业发展到400多个，产品达4 000多种。

（二）因工业而困

作为我国重要的老工业基地，株洲长期沿袭了"高消耗、高排放、高污染"的粗放型发展模式，光城区烟囱就有500多根，严重破坏了生态环境，"天上灰蒙蒙，地下满地尘"成为人们对株洲的初始印象。清水塘老工业区是国家"一五""二五"期间重点投资建设的工业基地。15.15平方千米的核心区域聚集了冶炼、化工、建材、火电等261家企业，烟囱、塔罐、高炉、管道在这里密布。长期"重发展、轻环保""只要金山银山"的发展理念，在促进株洲工业崛起的同时，也带来许多后患。工业"三废"对区域地下饮用水及土壤造成严重污染，镉、铅等有毒金属含量严重超标；二氧化硫、烟尘、汞等主要污染物排放总量大大超过环境承载能力，酸雨频率高达79%，一年中空气质量良好比率只有 57%。严重的环境污染除了影响本地，而且对长沙、湘潭两市的空气质量和饮用水安全都构成了严重的威胁。2003 年、2004 年株洲连续两年被当时的环境保护部列入"全国空气严重污染十大城市"名单。

严重的环境破坏、生态欠账，对民生造成很大冲击，市民饱受污染之苦，反应强烈。据当地群众和企业员工回忆："空气污染最严重的时候，家里都不敢开窗户""原来车间里到处都是灰尘，涂料的气味也特别大""以前这里水流过的地方寸草不生，稻谷、蔬菜种到土里，没几天就枯了"①。

省、市两级政府部门将株洲清水塘治理纳入整治重点，铁腕进行环境执法，新建项目严格实行"环保一票否决"。仅仅用了一年时间，株洲就成功摘掉了"全国空气严重污染十大城市"黑帽子，在湖南省 2006 年城市环境综合整治定量考核中名列第二。2007 年国务院批准设立长株潭城市群为资源节约和环境友好型社会建设综合配套改革试验区，要求加快形成节约资源和保护环境的空间格局、产业结构、生产方式和生活方式。株洲市以此为契机，推动发展循环经济，开展清洁生产和就地技术改造，虽然取得一些成效，但并未从根本上遏制环境继续恶化的趋势（易昌良，2020）。

（三）壮士断腕搬迁改造

2013 年 11 月，习近平总书记在湖南考察时要求：以长株潭试验区为龙头，抓好以湘江流域为重点的重金属污染治理、以大城市为重点的大气污染防治、以畜禽及渔业养殖为重点的农村面源污染治理，加快完善节能减排体制机制，严格控制高耗能、高污染、高排放行业，谱写建设美丽中国湖南新篇章。习近平总书记的指示为长株潭试验区绿色发展指明了方向，株洲市下定决心、凝聚合力从根本上改变"高耗能、高污染、高排放"的传统粗放型发展模式。

1. 清水塘老工业区搬迁改造

清水塘老工业区年产值约 300 亿元，其中不乏五矿株洲冶炼集团、中盐湖南株洲化工集团这样的大型央企，是株洲工业发展的"顶梁柱"，也是株洲最大的污染源和湘江流域最大的"环境敏感区"。这里的"三废"排放量曾一度占到全市的三分之二，也是株洲环境整治最大的难点和堵点。

从 2013 年开始，株洲市以壮士断腕的决心开始对清水塘老工业区进行搬迁改造。2014 年 10 月，株洲旗滨玻璃破除最后一根烟囱，成为清水塘地区首

---

① 刘芳洲，蔡潇潇. 2020. 从生态欠账到碧水蓝天：老工业城市株洲的环境蝶变.［N］. 潇湘晨报，2020－10－29.

家整体搬迁的大型企业。在搬迁改造这一系统工程中，五矿株洲冶炼集团是重中之重、难中之难，事关整个老工业区搬迁改造的成败。该企业前身是国家"一五"期间建设的156项重点工程之一的株洲冶炼厂，是我国最大的铅锌冶炼企业，也是清水塘老工业区生产规模和占地面积最大的企业。五矿株洲冶炼集团占地总面积2000多亩，职工人数6000多人，带动相关就业10万人，年营业收入130多亿元，"三废"排放量占清水塘老工业区的60%。

株洲市牢固树立起"既要金山银山，也要绿水青山；若毁绿水青山，宁弃金山银山"的理念，在搬迁改造攻坚克难中，探索出了一条"土地收储＋搬迁奖补＋转型支持＋就业帮扶"的路子。为破解"钱从哪里来"的难题，株洲从三个渠道筹集资金：一是国家财政对环境治理、工业区搬迁的相关支持；二是用活金融政策，例如，政策性银行贷款、世界银行贷款等；三是立足于经营清水塘地区，创新土地资产处置模式，按每亩80万元的标准收储关停企业土地，按照企业关停搬迁时间节点给予10万～15万元/亩的奖补。株冶搬迁后收储2000多亩土地，以此为抵押从银行融资，以解搬迁补偿款难题。至于"人往哪里去"，一部分跟随原有产业走，一部分提前退休，还有一部分人跟着清水塘后续产业走，即"政策安置一批、转移就业一批、转型就业一批、移交管理一批"。至于"企业怎么搬"，则通过就近安排进园区、支持搬迁到外地、鼓励应用新技术新装备新工艺等方式，引导清水塘地区企业转移转型发展。

株冶集团在搬离株洲清水塘的同时，在200千米之外的衡阳水口山兴建了一个大型有色冶炼基地，以完成转型升级，实现绿色智能化发展。株冶在衡阳水口山的一个锌项目，引进了100多项新技术、新工艺，拥有4个世界或国内第一核心技术。基地全部建成后，铅锌冶炼产能虽然缩减了一半，但年营业收入增加3倍，工业废水实现零排放，二氧化硫排放和重金属污染都有望大幅下降。

截至2017年年底，清水塘老工业区关停了五矿株冶集团之外的140多家企业。2018年12月30日，株冶集团在清水塘地区最后一座运行中的冶炼炉——基夫赛特炉正式熄火关停，标志着261家企业全部关停退出。3万名职工、3万个居民得到妥善安置。

2. 清水塘环境整治新城重建

株冶的关停转型成为株洲市践行五大发展理念，推进产业转型升级的一个缩影，但企业关停搬迁还只是第一步，环境需要治疗，生态欠账需要修复，腾退的土地还需开发建设新城发展经济。株洲市根据国家《重金属污染防治"十二五"规划》解决历史遗留污染重点项目，在2019年年底完成了60%的土地治理修复。在环境治理修复阶段，工作的难点和重点是湘江支流霞湾港。这是"湘江水质最差断面"——清水塘老工业区工业废水流向湘江的主要通道，是湖南省最大的排污口。霞湾港全长 4 千米，深不过 1 米，几十年来饱含镉、铅、汞等重金属元素的工业废水都集中在这里排放，底泥中重金属含量惊人。因为不同工业废水经常出现不同的颜色，霞湾港也常常被称为"牛奶河""五彩河""变色龙""黑水河"。株洲市启动了霞湾港重金属污染综合治理工程项目，市、区两级投入 2 亿元，每千米治理投入达 5 000 万元。共清理出重金属污染底泥和土壤 49 487.61 立方米，平均清淤深度 1.40 米，极大限度地减轻了排入湘江的重金属污染负荷。经过多年治理，实施排污口整治、港水截留清淤、底泥处置、施工废水处理及河堤生态修复，霞湾港流水清澈，重现生机。堤岸整洁一新，绿草葱茏，时不时出现白鹭、黑水鸡等禽鸟。自 2016 年以来，湘江霞湾段水质提升到国家Ⅱ类标准。与 2011 年相比，主要污染物氨氮、汞分别下降了 98.4% 和 50%，成为国内河道重金属污染治理的成功典范。

在环境整治和新城建设中，株洲市积极创新体制机制。①在资金筹集上，探索出"重金属土壤修复＋土地流转"的治理模式：一方面，科学引导社会资金投入，发行债券，争取政策性银行贷款；另一方面，引入第三方治理企业，利用企业资金和技术治理污染，让参与方从土地增值收益中获取回报。株洲市的污染治理项目都采用了这种模式，共筹集污染治理资金 200 多亿元（筹集霞湾港污染治理资金 2 亿多元）。②在水环境保护上，株洲市率先在全省推行河长制，425 条河流全部建立河长制，实现了水环境保护全覆盖。另外在全省首创水务、海事、环保、渔政、公安轮值巡查模式，解决"九龙"治水、各自为政的局面。株洲市主要江河实现Ⅱ类水质，生态环境质量大幅提升。2019 年获评全国第二批"水生态文明城市"，2020 年被授予"中国绿水青山典范城市"称号。同时，株洲市以农村垃圾治理为重点，大力推进城乡环境治理，所辖 5 个县市全部建设成为国家级或省级卫生城市。③在新城建设中，政府与社会资本密切合作，运用 PPP 模式，按照全面退出重化工、替代发展先进制造业和现代服务业的思路大力推进。在关停企业的同时，展开清水塘老工业区产业新城道路网络、跨江桥梁、湿地公园等基础设施的建设。由株洲市市级平台公司城发集团与株洲循环集团共同出资成立清水塘新城投资集团，吸引了清华启迪控股、中交第三航务工程局有限公司等战略合作伙伴。清水塘老工业区产业新城整体开发 PPP 项目静态总投资达 80.8 亿元，2019 年 9 月举行了集中开工仪式，标志着新城开发建设进入了新阶段。按照"生态科技产业新城"的定位，清水塘将以数字化智能化产业为主体、智慧网联城市为载体，突出新城、产业、数智、社区四个建设重点，同步推进四个产业功能区建设和服务配套，培育形成数智科创、数智制造、数智文旅、数智商贸四大产业业态。

（四）脱胎换骨蝶变立新

株洲被称为"火车拖来的城市"，拥有"中国电力机车的摇篮""中小型航空发动机特色产业基地""新能源汽车制造基地"三大标志性名片，集火车动力、飞机动力和汽车动力于一身，产业辐射效应巨大。在通过坚决的环境整治形成绿色发展底色之后，为避免工厂腾退、就业流失等问题，株洲市以重塑产业体系为核心，强化拓展新动能，推动形成绿色发展新支撑。

1. 全力打造"株洲·中国动力谷"

株洲坚持优势产业优先发展，强化自身三大动力优势，集聚人才、技术和资本等要素资源，发展壮大轨道交通、航空、汽车三大动力产业，发展与之高度关联的信息技术、新材料、新能源以及与之配套的现代服务业，全力打造"株洲·中国动力谷"。自从 2013 年在全国率先提出"中国动力谷"概念以来，一大批核心技术和关键产品在株洲持续涌现，新动能加速培育，新旧动能加快转换。世界首列中低速磁悬浮列车成功投入运营，全球首条智能轨道示范线正式运行，"株洲制造"也广泛应用于"复兴号"高铁、AG600 大型水陆两栖飞机、港珠澳大桥等国家"名片"之上。通过锻长板、补短板，形成轨道交通装备、航空动力两大世界级产业集群"主干"。聚焦中车株机、中车株洲所、中车电机三大主机企业，不断延链补链强链，链上企业壮大到 300 余家，成为国内最大轨道交通装备研发生产基地，市场份额位居全球第一。目前，株洲已是全球首个产值突破 1 000 亿元的轨道交通产业基地，这里生产了我国轨道交通装备 70% 的"大脑""心脏""神经"，电力机车、动车组、城轨等出口至全世界。投资 200 亿元的航空发动机及燃气轮机重大专项落户株洲，中小航空发动机连年保持 30% 的高速增长，并为株洲通用航空产业提供有力支撑，预计到 2025 年产值有望突破 500 亿元。

2. 大力培育战略性新兴产业

株洲在发展优势动力产业的同时，大力培育信息技术、新材料、新能源、生物医药和节能环保五大战略性新兴产业。聚焦 15 个产业链条，实施链长责任制，绘制产业链条全景图，明确强链、补链、延链重点环节，加速新兴产业集聚。阿里巴巴、微软、惠普、长城电脑、中国移动数据中心、中航动力航空零部件制造、"两机"专项等一大批高新技术产业项目落户株洲，为株洲培育未来新的经济增长点抢占先机。在全省地级行政单位率先出台了《株洲市促进科技成果转化实施办法》，连续多年实施"百项科技成果转化工程"，先后与清华、中国科学院、哈尔滨工业大学、中南大学以及全国各地企业、园区对接，促成时代华先、德智新材等500多个项目落户。2021年获评国家级专精特新"小巨人"企业达38家、省级专精特新"小巨人"企业达129家，实现中小企业技术创新"破零倍增"138家。株洲市高新技术产业增加值由2010年的268亿元增加至2021年的1 016.1亿元，增长了2.79倍，年均增长率12.9%。

3. 大力提升改造传统产业

株洲市在硬质合金、陶瓷、服饰等传统产业上具有雄厚的基础，提升改造传统产业是其加快新旧动能转换的重要环节。积极引导传统产业运用新工艺、新技术、新装备进行技改、扩能、转型、发展。硬质合金，与轨道交通、航空航天并称株洲制造"三驾马车"。位于株洲荷塘区的株洲硬质合金集团是国内硬质合金行业领军企业，被誉为"中国硬质合金工业的摇篮"。株洲市和荷塘区致力于打造"世界硬质合金之都"核心区和国家重要先进制造业高地，推动产业集群高端化、规模化、品牌化发展。以承担国家科技重大专项为契机，攻克一批"卡脖子"关键技术，补齐集群短板，壮大链内企业，推动硬质先进材料产业量质齐升。株洲硬质合金集团以高端硬质合金棒型材为原料生产的超细微型钻头，直径仅0.01毫米，打破国际垄断，填补国内空白。目前，株洲硬质合金集团已经成为世界行业两强之一。全国先进硬质材料行业论坛永久放在株洲举办。

株洲醴陵是全国三大"瓷都"之一，是世界釉下五彩、世界电瓷发源地，陶瓷产业有2 000余年历史。1909—1915年，醴陵陶瓷曾4次在海内外博览会上荣获金奖，釉下五彩瓷被外国媒体誉为东方陶瓷艺术的高峰。"白如玉、明如镜、薄如纸、声如磬"的醴陵"釉下五彩"工艺，代表着当今中国最高的制瓷水平。为推进传统产业绿色转型，株洲探索出了"标准引领＋会展经济＋清洁改造"的陶瓷产业发展模式，制定了全国首个釉下五彩标准，建成标准化泥釉模配制中心，填补了国内泥、釉、模三大陶瓷原料标准化生产空白，生产效率提高6～7倍，"三废"排放几乎为零。为扩大品牌影响，醴陵利用广交会、瓷博会等平台，推广"醴陵窑LOGO"和"中国醴陵·瓷彩天下"等区域品牌和标识。目前，醴陵日用及艺术彩瓷占据全球市场十分之一的份额，日用瓷年产量近100亿件，已成为宜家、沃尔玛、星巴克等全球著名品牌的定制产品。电瓷绝缘子及军工陶瓷新材料等还打破了欧美技术垄断，基本建成一条集陶瓷材料、制造、机械、颜料、商务五位一体的完整产业链。2021年醴陵陶瓷出口规模达24.2亿元，占全国陶瓷出口量的50.8%。服饰传统产业方面，株洲芦淞服饰市场已经成为中南地区最大的服饰产业基地，年销售额突破500亿元。2020年，株洲全市服饰产业实现总规模1 015.3亿元，服饰产业链从业人员23.5万人。

4. 大力实施创新驱动战略

株洲以长株潭国家自主创新示范区建设为契机，推动产业链、创新链、资金链、人才链有机融合，着力提升关键领域自主创新能力和产业竞争力。以协同创新为突破口，通过联合开展科技攻关、共同建立研发平台、联合培养创新人才、构建产业技术创新战略联盟等方式，全面推进产学研深度融合，优化创新生态。每年安排数千万元科技专项资金，引导科技成果转化，激励强化企业在技术创新中的主体地位。大力实施"万名人才计划""科技领军人才计划"，吸引院士等国家高端人才落户株洲创新创业。

良好创新生态的构建，催发株洲涌现出一大批前沿科技成果，不断突破磁悬浮、永磁电机、高端PI膜等关键核心技术，研制出高铝超薄玻璃、特种高纯功能靶材等国内首创产品。以IGBT（绝缘栅双极型晶体管）为例，IGBT芯片是能源变换与传输的核心器件，被誉为"皇冠上的明珠"的轨道交通关键技术，但长期被德国和日本所垄断。中车株洲电力机车研究所有限公司（简称"中车株洲所"）下定决心要实现IGBT技术和产业突破，株洲专门拨出15亿元财政资金予以支持。2014年6月，中车株洲所自主研制的8英寸IGBT芯片成功下线，成为高铁的"中国芯"，在电能芯片领域打破了国外数十年的技术垄断。

2018年4月，科技部发布"国科函创第59号"文件，支持株洲市开展创新型城市建设。2020年株洲市科技研发投入占GDP比重达到3.27％，连续3年稳居湖南第一，是新中国成立以来全省唯一超过3％的市（州）。2021年，株洲承担国家各类科技计划项目42个，签订技术合同907项，技术合同成交金额206.2亿元。拥有国家级企业重点实验室5个，省级企业重点实验室20个，省级工程技术研究中心43个。每万人有效发明专利拥有量达到21.89件，超过全省平均值2倍，连续十年位居全省第二。2021年，株洲位列国家创新型城市第37位、湖南省第2位（仅次于省会长沙市）。科技创新已成为株洲经济高质量发展的最强劲动能，科技创新对经济发展的贡献率达到了65％。2018年，作为非直辖市、非副省级城市、非省会城市、非计划单列市、非东部沿海城市的株洲，被中国社会科学院和经济日报社共同发布的《中国城市竞争力报告》选为"改革开放40年来经济发展最成功的40个城市"之一。

5. 持续优化营商环境

株洲致力于打造"创业株洲、万事无忧"的营商环境，坚持把政府职能转变作为破解发展掣肘、打造良好营商环境的关键。坚持"企业至上""企业家至上"理念，树立"群众事无小事""办好群众眼中一件事"意识，大力简化审批流程，推进网上审批，实现开办企业"三天即办结"、工业项目"拿地即开工"等涉企服务。新购房子"交房即交证"的经验做法编入国家发展改革委编写的《优化营商环境百问百答》。水电气网报装"一件事"、"竣工即办证"、"一把手走流程"、"企业办事不求人"、政企早餐会、产业项目"六即"改革、"三个一"优化园区用电服务等形成全国、全省典型经验。在轨道交通重镇株洲田心，"一杯茶"的工夫，就可将一台电力机车所需的上万个零部件，在方圆5千米范围内全部集齐。企业和群众的获得感、幸福感不断提升。

同时，株洲正确处理好"绿水青山"和"金山银山"的辩证关系，下决心转变招商理念，以"高门槛"选商代替"一揽子"招商，把高科技含量、高附加值、低能耗、低污染项目作为招商首选，对高污染、高能耗、资源型的"两高一资"项目坚决说"不"。近年来拒绝了不符合产业发展定位的近30个招商大项目。在舍弃高耗能、高污染隐患的同时，换来了工业发展绿色转型的"轻装上阵"。

（五）绿色发展富民养民

株洲市在践行绿色发展理念，走上生态环境更优美、产业结构更优化、新兴动能更强劲的发展道路的同时，也在全社会推动形成绿色低碳生活方式，让绿色理念深入人心。一方面，突出资源节约型、环境友好型（以下简称"两型"）活动引领。按照"全单位覆盖、全员参与、全要素进入"的要求，在全市城乡深入开展"十进十四社会单元"示范创建活动，即清洁能源、绿色出行、垃圾分类、志愿者行动等十方面"两型"要素，全面进入家庭等14类社会单元。在全市组织"两型"文学艺术摄影创作和作品征集活动，举办"两型"文艺节目会演，开展节能宣传周、地球日、毅行湘江等各种"两型"主题活动。另一方面，制定"两型"标准体系和认证制度。组织专家学者和实际工作者按照14个社会单元分别制定标准文本，推动在各类学校按年级编印"两型"教材，并在师生中定期开展教育。建立第三方评价认证制度，授予达标的社会单元"两型"绿色牌证，并给予相应奖励和荣誉。截至2020年年底，株洲市如期完成"两型"试点任务。建成全国首个地市级"两型"展示体验馆；建成比较完备的城市低碳出行交通体系，推广新能源汽车，新能源出租车达到总量的 85％；发展"两型"公益社会组织 100 余家，每年开展活动 600 余场次；认定市级以上"两型"示范单位 1 000 多个、"两型"示范家庭 2 万多户，建成 10 个综合示范片区；倡导绿色消费，倡导"光盘行动"，全面铺开生活垃圾分类工作。通过构建共同参与、共建共享的社会化体系，使"两型"成为株洲市民共同的价值取向和文化自觉。

近年来，株洲的经济发展和社会面貌发生了显著的变化。在生态环境方面，2021 年株洲市区空气优良天数为 310 天，优良率达 84.9％，居长株潭地区第一位。主要地表水水质达到国家Ⅱ类标准，集中式饮用水源地水质达标率为 100％。森林覆盖率达到 62.11％，全市建成区绿化覆盖率达 42.68％，人均公园绿地面积 14.58 平方米。在经济发展质量方面，2021 年，三次产业结构由 2013 年的 8∶60∶32 调整为 7.6∶47.6∶44.8，高新技术产业增加值 1 016.1 亿元，占 GDP 的比重达 30％。主要经济指标在湖南省表现亮眼，人均 GDP 接近 8.8 万元。在城乡生活水平方面，2018 年株洲比全国提前三年实现整体脱贫、同步进入全面小康。城镇居民人均可支配收入和农村居民人均可支配收入分别达到 52 399 元和 25 657 元，城乡居民恩格尔系数为 27.6％。绿色低碳的生产生活方式在社会各界深入人心，人民群众对"两型"社会建设的满意度、幸福感不断提升。

（六）株洲市绿色发展典型实践经验总结

如何处理好"绿水青山"和"金山银山"、长远利益和短期利益的辩证关系，湖南省株洲市近几十年的发展为此提供了一个生动的例子，其绿色发展实践主要有以下几方面典型经验。

1. 坚定树立绿色发展理念

作为全国陆路交通枢纽、老工业基地和"火车拖来的城市"，株洲长期实行了"高消耗、高排放、高污染"的粗放型发展模式。为了"金山银山"牺牲蓝天碧水，导致"天上灰蒙蒙，地下满地尘"。核心区域"三废"排放严重超标，酸雨频发，土壤恶化，形成全省最大的排污口和湘江流域最大的"环境敏感区"。株洲曾推动环境整治、发展循环经济，但并未从根本上扭转环境恶化趋势。在 2013 年 11 月习近平总书记考察湖南之后，株洲市认真贯彻落实重要指示，以壮士断腕的决心实施清水塘老工业区搬迁改造，不惜关停搬迁株洲冶炼集团这样的经济龙头，淘汰落后产能，推动产业升级，推进产业生态化建设，实现了环境状况根本好转，重现了碧水蓝天。

2. 科技创新引领培育新动能

以长株潭国家自主创新示范区建设为契机，推动产业链、创新链、资金链、人才链有机融合，构建良好创新生态。通过联合开展科技攻关、共同建立研发平台、联合培养创新人才、构建产业技术创新战略联盟等方式，全面推进产学研深度融合，提升关键领域自主创新能力。研发投入强度连续 3 年稳居湖南全省第一，2020 年甚至达到 3.27%。每万人有效发明专利拥有量超过全省平均值 2 倍，连续 10 年位居全省第二。依靠良好的创新生态激发经济发展新动能，全力打造"株洲·中国动力谷"，做大做强优势产业，大力培育战略性新兴产业，改造提升硬质合金、陶瓷、服饰等传统产业，科技创新对经济发展的贡献率达到了 65%。

3. 制度创新优化社会治理

大力转变政府职能，打造良好营商环境，注重制度和模式创新，优化工作方式，提升社会治理成效。在污染治理和新城建设中，科学引导社会资金投入，多方面拓展融资渠道，广泛运用 PPP 合作方式，让参与方从污染整治和新城建设中获益，解决了"钱从哪里来"的难题。在水环境保护上，在湖南率先推行河长制，首创水务、海事、环保、渔政、公安轮值巡查模式，解决"九龙"治水、各自为政的局面，使得生态环境质量大幅度提升。

坚持以人民为中心的发展思想，倡导绿色低碳生活方式。创新制定"两型"标准体系和认证制度，推广"两型"教育活动，完善社会基层治理，形成良好社会氛围，让人民群众在绿色发展中共享物质文明、精神文明和生态文明建设成果，提升幸福感。

五、贵州省遵义市：开展生态产品价值实现机制试点

2016 年贵州省融入长江经济带发展战略，积极修复长江生态环境，全面推进经济社会发展绿色转型，正确处理好"在发展中保护，在保护中发展"的辩证关系。"十四五"期间贵州省明确提出践行碳达峰碳中和战略，健全生态产品价值实现机制，将生态优势转化为经济优势，率先推动生态产品价值实现。2020 年 6 月，贵州省确定遵义市赤水市、毕节市大方县、铜仁市江口县、黔东南州雷山县和黔南州都匀市 5 个县（市）为贵州省生态产品价值实现机制试点，探索破解"度量难""交易难""变现难""抵押难"等机制改革的难点。

赤水市位于贵州西北部，赤水河流域中下游，毗邻四川、重庆，也是贵州省最大的通江口岸。全市辖区面积 1 852 平方千米，总人口 32 万人，森林总面积 224 万亩，森林覆盖率高达 82.51%（2021 年），居全省第一、全国前列。

境内有物种 3 000 余种，生态资源富集、山川秀丽、人文厚重，2019 年 9 月入选首批国家全域旅游示范区。

赤水市生态产品价值实现试点的基本路径是以习近平生态文明思想为指导，坚持五大发展理念，以改革为抓手，努力构建"生态经济化，经济生态化"的现代生态经济体系，积极探索红绿融合的生态产品价值实现的多条路径。基本目标是成为贵州省践行"两山理念"的先行区、生态产品价值实现样板区，为全省提供生态产品价值实现赤水经验、赤水案例和赤水方案。截至2021 年，赤水市在生态资源普查摸底、农村产权改革、生态保护、产业培育、碳汇交易、配套机制改革等方面做了大量有效的工作。

（一）赤水市开展生态产品价值实现机制试点的主要工作情况

1. 实施生态修复与保护

开展生态资源普查摸底。自然资源管理部门紧紧围绕"十四五"规划纲要，加强与各部门和乡镇对接，开展专题研究规划编制工作 20 余次，实地调研 6 次，书面征求意见 20 余次。编制完成省级试点元厚镇桂园林村红色美丽村庄规划，已通过省、市、县、乡四级审查；初步完成全市试点村"一图一表一说明"成果和大同镇 5 个行政村、天台镇凤凰村村庄规划成果。全市完成了第三次全国国土调查工作，包括耕地、林地、草地、湿地、城镇村及工矿用地、水域及水利设施用地等，全面查清了利用状况。

积极构建生态保护和补偿机制。一是编制了《赤水国家级生态市建设规划》《赤水市生态文明建设规划》，制定《赤水市生态环境损害赔偿改革试点实施方案》《贵州省赤水河流域生态文明制度改革试点工作方案》，压实"河长""林长"责任，建立了较完善的生态补偿机制、生态环境保护机制。二是稳步提高地方公益林森林生态效益补偿标准，实现国家级公益林与地方公益林补偿标准并轨。截至 2021 年，兑现公益林补助资金逾亿元。三是持续实施生态护林员政策，聘用 1 000 多名生态护林员，并举办培训班，邀请中等职业学校专业教师授课，内容涉及森林防火及安全防护、重点野生保护动植物的识别和常见病虫害防治、禁毒知识、疫情防控等方面，努力打造一支专业化的生态环境保护队伍。

严格实施生态修复与保护。一是全面实施土地综合整治，2007 年以来，累计投入 33 118.19 万元实施了 142 个土地整治项目，新增耕地面积 1 319.81公顷；投入 29 914 万元建成高标准农田 13 825 公顷。二是因地制宜整理低效建设用地，自 2016 年以来，通过实施城乡建设用地增减挂钩，整理低效建设用地 4 458.26 亩。三是开展山水林田湖草系统治理，截至 2021 年，投入 11 亿多元实施了 4 个生态环境系统整治工程；投入 33 210 万元实施了 52 个地质灾害防治工程；投入 12 728 万元实施了乌蒙山区山水林田湖草生态保护修复试点工程、习水河流域和大同河流域修复治理工程，通过山上山下、地上地下系统治理，生态环境得到全面修复和提质优化。习水河（长沙段、石堡段）集镇河道综合治理工程通过省自然资源厅复核；大同河流域（白鹭岛至四洞沟段）生态保护与修复工程完成初步验收，解决了水土流失、岸坡坍塌等问题并被作为全国生态修复现场会观摩点之一。锚定 2025 年将大同镇全域建成农旅特色小镇目标，争取将大同镇纳入全国全域土地综合整治项目试点，完成试点实施方案与国土空间规划和村庄规划初步成果的有效衔接。紧盯关闭矿山全部修复治理结果，督促完成 5 个关闭矿山的恢复治理，面积共 57.81 亩。四是严格生态红线执法。优化全市生态保护红线面积 850.72 平方千米，占国土面积的 45.93%，较优化前减少 38.61 平方千米。优先划定永久基本农田储备区 958.82 公顷，开展永久基本农田图斑标注，取得永久基本农田核实整改补足阶段性成果。试划城镇开发边界线 7 143.6 公顷，其中集中建设区 4 460.18 公顷，弹性发展区 478.76 公顷，特别用途区 2 204.66 公顷，完成城镇"三区"细化工作。亮明问责红线，较之前降低 10 个百分点，将 5% 作为违法占耕比红线。坚决制止耕地"非农化"，开展违法违规占用耕地重点问题整治工作，排查新增乱占耕地 5 宗，2021 年完成拆除并复耕复垦 2 宗，正在进行拆除复垦 1 宗，移送综合行政执法部门立案查处 2 宗。上级下发违法占耕建房新增疑似图斑 129 个，125 个已通过遵义市级审核，3 个移交综合执法局，1 个正在按程序整改。核实整改自然资源部下发的 2021 年 1—11 月卫片监测图斑 180 个。将不被督察问责作为底线，限期整改的耕地保护督察问题 45 个和大棚房问题 6 个，2021 年已全部整改完毕。五是确保自然资源生态环境安全。赤水市调整更新了地质灾害防治部门工作责任制度，修订了 2021 年度地质灾害防灾工作方案，明晰职责促进协同，使指挥体系更高效、部门责任更落实有效。完成了全国第一次自然灾害风险普查（地质灾害专项）工作，启动了地质灾害详细调查和风险评价，查出全市地灾隐患点 130 个（新增 18 个），风险斜坡 150 处（全部为新增）。全市 130 个地质隐患点全部实现人工覆盖，并将 39 处地质灾害隐患点列入全省自动化实时监测预警平台予以监测，实现"人防＋技防"结合。委托技术单位对 64 处隐患点编制自动化监测预警设备的安装设计。以"治理＋搬迁"消除隐患的思路，组织实施地灾治理工程项目和地灾避险搬迁项目各 2 个，特别是完成两河口集镇地灾避险搬迁，对 176 户 895 人实施搬迁避让，消除了省委确定的重大风险，成为遵义市首个整集镇成功避险搬迁案例。编制并入库治理方案和避险搬迁方案各1个。

2. 大力培育生态产业体系

做强生态工业。赤水市坚持"生态产业化""产业生态化"，培育做强生态龙头企业，赤天化纸业公司是当前全球工艺技术最先进、单系列产量最大的竹浆生产企业，是全国首批循环经济试点企业。近年来，赤天化纸业公司先后投资2亿元，加快废气、废水回收利用的技术改造、升级。其主体项目"黔北20万吨/年竹浆林纸一体化工程"于2008年底正式建成投产，总投资31.18亿元，项目主要是利用赤水当地优质的杂竹资源生产竹浆及其纸制品。2021年，公司收购竹原料126.69万吨，支付竹原料款8.56亿元，实现产值24.8亿元，税收5 078万元，直接带动就业900余人，同时保障了全市近20万竹农的增收。

做实生态农业。赤水市坚持以工业化、现代化理念来抓农业，深入推进农村产业革命，大力实施生态特色农业"十百千万"工程（以10万亩金钗石斛，100万亩丰产竹林，1 000万羽乌骨鸡为重点），构建起了"山上栽竹、石上种药、林下养鸡、水里养鱼"的山地特色高效农业产业体系。依托独特的气候环境和丹霞地貌，充分利用闲散荒山荒地，发展金钗石斛产业，种植农户超过4万余人，年产值超过10亿元，不仅增加了经济效益，还有效防治了丹霞石的风化，减少了水土流失，改善了生态环境。赤水市农产品加工转化率稳定在75%以上，居全省第一。金钗石斛、丰产竹林、家禽（乌骨鸡为主）、生态水产等特色农业产业带动农民人均可支配收入年均增长10%以上。

做优生态旅游。赤水市是全国首个以行政区划名称命名的国家重点风景名胜区，2010年与湖南崀山、广东丹霞山、福建泰宁、江西龙虎山、浙江江郎山等6大著名丹霞地貌景区组成"中国丹霞"在第34届世界遗产大会上通过表决，成为中国的第8个世界自然遗产。全市生物多样性富集，保留了孑遗物种桫椤，常绿阔叶林、常绿硬叶林、针阔混交林、针叶林、竹林、灌丛等广泛分布，构成极具代表性的中亚热带丹霞森林生态系统。赤水市依托"中国丹霞"资源，坚持"全域旅游·全景赤水"发展理念，打造景区景点35个，其中4A级景区3个、3A级景区6个，2020年底赤水丹霞旅游区正式被评为国家5A级景区。虽然受到疫情的不利影响，2021年赤水市实现旅游总收入100.41亿元，在《中国县域旅游竞争力报告2021》的"2021中国县域旅游综合竞争力百强县市名单"中位列全国第25位、贵州省第1位。

3. 启动森林碳汇开发工作

赤水市森林面积达 224 万亩，竹林达 132.8 万亩（其中：楠竹 52.8 万亩，杂竹 80 万亩），是全国首批"中国竹子之乡"，但长期以来因交通条件等因素限制，竹资源利用不充分。然而，竹子是固碳效果极佳的树种，赤水市抢抓先机，主动融入"碳中和、碳达峰"国家战略。市委、市政府领导高度重视，于 2021 年 4 月带队到北京对接，寻求多方支持，签订战略合作协议，启动森林碳汇开发工作。

在组织领导上，市委、市政府主要领导，分管领导多次调度森林碳汇开发工作，并将森林碳汇开发列入全市高质量考核目标任务。以赤水市林业局和赤水市晟丰集团人员共同组建森林碳汇开发专班，成立森林碳汇开发办公室，倒排项目工期，脱产开展工作，负责开发赤水市国储林、国有、村集体、个人林地碳汇开发，专班定期汇报工作推进情况。其中，赤水市晟丰农业发展有限责任公司为森林碳汇开发项目业主。

在工作推进上，赤水市抢抓资源价值实现时间。在国家相关部委还未出台森林经营碳汇（CCER）相关政策文件的情况下，赤水市一边紧盯国家相关部委政策动向，一边着手梳理地块及相关资料，配合第三方编制项目设计文件，完成项目备案前期工作，在国家相关部委出台政策后，第一时间完成减排量备案并上市交易。根据前期外业调查及 2015—2020 年的相关林业活动设计文件及数据，赤水市核算出乔木森林经营类有 10 万亩，乔木造林类有 2 万亩，竹林经营类有 120 万亩。第一期将 44 万亩毛竹林作为开发目标，已完成竹林经营碳汇项目初步设计文件，经测算，在 2015—2044 年 30 年计入期内，第一期合计开发碳汇量 720 万吨左右（以最终评审设计文件量为准），平均每年约 24 万吨 CCER，以 50 元/吨的价格计算，预计 30 年碳汇收入 3.6 亿元，每年 1 200 万元碳汇收入。

4. 推进配套制度改革

在确权登记上，2021 年赤水市完成农村宅基地测绘 49 992 宗，完成全市 3 659 套易地扶贫搬迁安置住房登记和证书发放。全面推行"互联网＋不动产"登记服务，与 23 个金融网点开通"互联网＋不动产"抵押登记业务实现全程网办，累计办理 55 笔，实行"跨省联办""省内联办"，累计办理 26 笔。受理不动产登记 3.6 万余件，查询 1.7 万余件，出具不动产证书 2.67 万余本（含电子证书），出具不动产登记证明 0.68 万余份。

在治理效能上，赤水自然资源管理部门建立县、乡、村三级巡查机制，巡查发现疑似土地违法行为 70 条，全部移送市综合行政执法局查处。巡查建设项目 65 次，开展规划执行情况现场专项核实 19 次，下达整改通知 5 件，督促整改 3 件，下达停工通知 2 起，督促相关企业完善或设置阳光规划公示 12 起。"双随机一公开"抽查工作 12 次，发现矿山企业越界开采违法行为并移送查处 2 宗。审核、完善新一中、严家河二号线等重点项目征收补偿安置方案 8 个。收到群众来信来访 40 件，12 345 非紧急类政府服务平台受理事项 33 件，全部已办结完毕并获群众满意。

在自身建设上，自然资源管理部门以"三问三治"（问政治贪促廉、问绩治慵促为、问责治风促效）为载体，以基本清单、特色清单、奖励清单、惩罚清单"四张清单"为主抓手，将业务工作融入"双晋"管理，督促党员履职践诺。围绕土地保障、村庄规划、不动产登记、地灾防治等领域开展调研 16 次，列入办实事项目清单 3 个并全部办结。设立"两山讲堂"，开展专题学习研讨 6 次，领导干部上专题党课 8 次，业务学习 10 余次，业务知识测试 2 次，业务能手上讲堂 3 次，业务问题专题研讨 2 次。制定《赤水市自然资源局模范机关创建工作方案》，修订完善"三重一大"制度，落实"一单两制度"。制定印发《2021 年廉政风险防控工作方案》，查出廉政风险点 8 个。开展集体约谈 2 次，个别约谈 176 人次，开展警示教育 4 次，责令 2 人作书面检查。印发《赤水市自然资源局干部作风"十严禁"》，开展干部作风督查 4 次，印发《督查通报》19 期。

5. 强化外部协作

赤水市在开展生态产品价值实现机制试点的过程中，除了积极同国家、贵州省有关部门对接，还大力寻求与外部单位的战略协作，获取有效的智力和技术支持。如考察了浙江省丽水市生态产品价值实现机制改革工作经验，与丽水市相关智库在推进试点方案、县乡村三级 GEP 核算、"会议碳汇"（森林、竹林碳汇）和人才培育等方面开展深度合作。在碳汇开发方面，同北京中林联林业规划设计研究院有限公司、北京正合绿势生态科技有限公司签订了战略合作协议。随着试点工作的推进，赤水市将积极同上级部门对接，认真研读最新文件，并继续强化与外省智库、北京中林联林业规划设计研究院有限公司、贵州省林业科学研究院、遵义市林科所等科研机构的联系与合作，以掌握最新的政策精神和方法学，尽早解决在生态产品价值实现试点和碳汇开发中遇到的难题。另外，积极同金融机构对接，争取开创"碳票"等金融产品，利用金融手段，将生态产品价值和碳汇开发成果惠及广大林业农民。

（二）赤水市开展生态产品价值实现机制试点工作的主要问题

当前，赤水市在开展生态产品价值实现机制试点工作遇到的主要问题有：

首先，基础支撑条件不足。赤水地处贵州高原向四川盆地过渡地带，地势起伏呈东南高、西北低，基础设施建设不完善，对外开放通道单一，目前仅成遵高速过境。人才技术等要素支撑不足，人才数量和素质都不足以满足需求。

其次，生态价值实现存在度量难、抵押难、变现难、增值难等问题，全国各地正在积极探索，赤水市在工作推进中亦会遇到许多新挑战、新问题。

最后，生态产品价值实现是一个系统工程，需要系统推进，协同集成。整个贵州省在生态产品产权制度和市场交易规则等配套制度体系建设方面还存在许多不足。

（三）赤水市开展生态产品价值实现机制试点工作的主要方向

1. 建立生态产品价值核算和评价机制

深化与外省智库的合作，对赤水全域、2个试点乡镇和2个村开展GEP核算工作，评估结果作为下步开展市场融资、生态补偿、抵押担保和权属交易、政府采购等工作的重要决策依据，开发和丰富GEP应用场景。另外，对全市包括耕地、林地、草地、湿地、城镇村及工矿用地、水域及水利设施用地、物种、水库、河流等自然资源开展摸底和测算，同时结合赤水第三次全国国土调查公布数据，建立完善生态产品数据库。

2. 增强生态产品供给能力

实施一批重大生态保护和修复工程，努力增加生态系统服务"盈余"和"增量"。如：完成大同河流域（白鹭岛至四洞沟段）生态环境保护与修复工程后续工作，确保绩效指标全面实现；推进庙沱半岛生态修复项目等。发展好特色绿色产业，重点推进"个十百千"工程（一个旅游产业），同时抓好以"国储林项目"为主的竹林培育工程，扩大和提高绿色特色产业的规模和产能。打造生态产品区域公共品牌，围绕生态产品的生产和加工，通过制定品牌标准、提高品牌质量、完善农产品溯源体系等提升品质，通过加大宣传推广提升品牌形象，增强品牌的社会认可度，提高品牌附加值。

3. 探索可持续的生态产品价值实现多条路径

坚持政府主导，率先开展"会议碳汇"工作，通过政府主导的目标在全域范围内形成碳汇交易的氛围，让社会各界了解碳汇是需要购买的，从而实现"零碳"会议、绿色会议。探索"两山银行"，从生态保护、生态经营、绿色生活等方面探索建立个人、企业、单位的生态信用体系，为社会参与生态产品价值实现提供路径。完善生态补偿机制和赔偿制度，根据赤水实际情况，重点完善森林生态补偿和流域生态补偿。积极争取国家、省对试点城市的财政定额补助和生态补偿，加大对地方的纵向转移支付力度，增加转移支付规模，将生态保护成效作为确定补偿生态资金的重要依据。建设黔北川南生态产品交易中心，打造区域性高质量的生态产品交易平台，争取省级支持建设贵州首个县级竹林碳汇收储交易平台。

4. 进一步推进配套改革

积极稳妥推进农村集体经营性建设用地入市工作；开展农村乱占耕地建房存量问题分类处置试点工作；推进大同镇全国全域土地综合整治试点工作；推进林权确权和自然资源确权登记。优化营商环境，严格控制不动产转移登记3个工作日、一般抵押登记2个工作日、预告登记1个工作日、企业办理不动产登记（不含房开）0.5个工作日以内，争取优化营商环境排名位居全省前列。

六、重庆市典型案例：数字化赋能绿色金融创新

重庆是我国最年轻的直辖市，有"山城"之称。重庆地处我国内陆西南部，是长江上游地区的经济、金融、科创、航运和商贸物流中心，是国家中心城市和重要先进制造业中心，总面积8.24万平方千米，常住人口3200多万人，下辖渝中区、万州区等26个区，奉节、巫山等8个县，以及石柱、秀山等4个自治县。重庆两江新区成立于2010年6月，是我国继上海浦东、天津滨海之后的第三个副省级新区，也是中西部第一个国家级新区。

早在2017年，重庆就公布了全市首部绿色金融发展规划，规划核心点便是"长江流域保护"和"产业转型"。2020年以来，重庆积极申报创建国家绿色金融改革创新试验区，将绿色金融纳入重庆"十四五"规划，绿色金融政策体系不断完善，绿色金融标准体系加快建设，激励约束机制持续优化。通过部门间绿色金融协同推进、创新绿色信贷政策、丰富绿色债券产品、设立绿色信贷专营机构、办理绿色票据再贴现和提升绿色金融数字化等举措，引导更多金融资源流向绿色发展领域。

2021年10月，中共中央、国务院印发《成渝地区双城经济圈建设规划纲要》明确重庆定位，要"以建成高质量发展高品质生活建设规划纲要新范例为统领，在全面深化改革和扩大开放中先行先试，建设国际化、绿色化、智能化、人文化现代城市"，特别强调要打造"西部金融中心"。重庆市在金融支持绿色产业发展的政策体系建设方面不断完善，全市多个区县也出台了绿色金融发展规划，探索绿色金融创新实践。如渝中区把金融业当作第一支柱产业，致力于高水平打造重庆绿色金融中心，建设西部金融中心主承载区，力争"十四

五"时期集聚各类金融机构 500 家以上，绿色信贷余额占全市 35％，绿色债券余额达到全市 30％以上，金融业增加值占全区比重达 25％以上、占全市 15％以上。两江新区出台了《绿色金融支持碳达峰碳中和工作方案》，推动金融产品和模式创新，引导和撬动金融资源向绿色低碳领域集聚①。截至 2021 年末，重庆全市绿色贷款余额达 3 843.8 亿元，同比增长 35.6％，较全国平均增速高约 2.6 个百分点；绿色债券余额超 310 亿元，同比增长 21％，较全市债券增速高 17.4 个百分点②。

　　在探索绿色金融创新的过程中，重庆市非常重视发挥数字化赋能作用。2019 年，重庆市建设国内首个绿色金融大数据综合服务系统——"长江绿融通"。通过大数据归集处理、融资信息对接、绿色专业服务、货币政策工具运用管理等功能模块助推金融科技与绿色产业深度融合，初步形成了"金融科技＋绿色金融＋绿色产业"的数字化发展新格局。

　　2020 年 9 月我国明确提出 2030 年"碳达峰"和 2060 年"碳中和"目标。同年 11 月份，重庆市印发《构建现代环境治理体系实施方案》，在全国省份中率先纳入应对气候变化的要求，并将碳排放管理纳入环评和排污许可。重庆市生态环境局探索将林业碳汇、户用沼气、光伏发电、垃圾分类等温室气体减排行为项目化，组建了全国首个覆盖"碳履约""碳中和""碳普惠"的平台——碳汇通，初步建成以碳交易为核心的生态产品价值实现机制。

（一）开发"长江绿融通"系统

1. 数字化转型升级的必要性

　　构建有效的绿色金融体系是一项系统工程，至少包含绿色主体资格认证、绿色项目融资供需对接、绿色金融信息披露、数据统计监测等功能模块。在绿色金融创新实践中，如果缺乏整体的顶层设计，各个部门往往基于自身职能，专注于某一功能模块，出现"九龙治水"的局面，其结果常常出现功能缺失和功能重叠并存的结构性矛盾。

　　另外，各个地方、各个部门构建的"局部"系统由于平台底层架构和开发标准的不一致，容易造成绿色项目认定标准的不统一，主观随意性大，认定结果相互打架，不利于绿色项目的落地和推进。

　　最后，各个部门的"局部"系统相互独立，数据、资源不能共享，信息碎

① 2022 年夏，重庆市两江新区成为全国首批气候投融资试点地之一。
② 马骏.2022 年.推进重庆建立转型金融框架［N］.江北嘴财经.2022－7－28。

片化分割，条条块块之间出现数字壁垒，将大大增加企业融资的交易成本和金融安全监管的难度，影响微观主体参与绿色金融活动的积极性。

2. 重庆绿色金融数字赋能的探索实践

重庆市采取"集中开发、统一管理、功能整合、全辖覆盖"的总体思路推进绿色金融数字基础设施转型升级。中国人民银行重庆营业管理部组建"业务＋技术"一体化研发团队，自主开发建设"长江绿融通"系统，并牢牢掌握开发迭代主动权，确保系统建设安全可控（中国人民银行重庆营业管理部，2022）。

在功能设计方面，采用"组件模块化""功能服务化"和"业务流程化"的开放模式，将系统划分为多个相互联系、可独立运行的可复用功能模块，通过"小步快跑"方式迭代升级，实现根据业务需要快速叠加功能模块。系统设置了绿色金融统计监测、绿色金融评价、绿色金融融资、绿色专业服务、绿色金融信息共享、绿色金融支持工具箱等10个一级功能模块和40个二级功能模块。

在金融数据共建共治共享方面，"长江绿融通"系统建立数据接入标准，确保各方数据整合应用，汇聚绿色金融政策、绿色产业政策等公共服务信息，实现数据互联互通。另外系统建立通用开发平台和应用架构，可支持多个大数据平台应用。特别是，重庆征信公司开发的碳账户数字平台正在对接"长江绿融通"系统，实现企业减排数据准确计量，为商业银行环境信息披露和人民银行碳减排支持工具提供有力的数据支撑。

鉴于原有大部分绿色金融数字基础设施的功能主要集中于数据统计、信息共享，开展数据颗粒化采集较少。多数系统尚未提供碳计量、碳核算、绿色认定、监测评价等专业服务。"长江绿融通"系统设有数据汇总、数据校验、数据查询等多个功能模块。金融机构只需通过系统按月报送绿色信贷颗粒化数据，平台即可一键生成数据统计结果，精准分析监测资金投向的区域、产业、企业及具体项目。"长江绿融通"系统具备的大数据深度加工功能，能够对各个机构和区县实现自动评价考核。系统能够一键生成和发布数据监测报告，对各区县、各金融机构绿色金融发展情况进行精准画像，挖掘绿色金融创新发展的亮点、难点，提供政策激励数据支撑，推动绿色金融政策精准落地。

"长江绿融通"系统还设置了政策管理功能，实现政策工具的精准支持。其"碳减排支持工具""绿易贷""绿票通"功能模块，对符合碳减排支持工具、再贷款、再贴现要求的贷款台账、票据清单进行颗粒化数据跟踪监测分析，实现一键生成统计报表，改进货币政策工具的全貌监测，提升货币政策工具操作效率。其传递信息的公告功能和咨询问答功能，形成畅通的政策发布和信息反馈渠道。辖内各人民银行基层行和金融机构基层网点可随时查看，减少中间流程，缩短政策传导和反馈周期，打通政策传导"最后一公里"，实现数据互联互通。

数年来"长江绿融通"系统的研发探索、迭代升级，取得了积极的成效，在重庆市绿色金融创新实践中发挥重要作用。目前，"长江绿融通"系统接入金融机构近百家，已连通辖内各人民银行分支机构以及部分区、县政府。2022年1—4月，累计向"长江绿融通"系统推送绿色项目712个，金融机构已授信188个，授信金额783.01亿元，已放款180个，放款金额352.72亿元；推送绿色企业97家，金融机构已授信57家、金额143.37亿元，已放款56家、放款金额86.35亿元。

（二）打造碳汇通平台

为践行"绿水青山就是金山银山"理论，积极倡导绿色低碳生活，加快建设山清水秀美丽之地，重庆提出了"碳汇＋"（现"碳汇通"）生态产品价值实现试点工作。结合重庆实际将林业碳汇、户用沼气、光伏发电、垃圾分类等温室气体减排行为项目化，构建多元化生态产品体系。2021年6月，重庆有关部门印发《"碳汇通"生态产品价值实现机制管理暂行办法（征求意见稿）》，明确重庆市生态环境局是"碳汇通"生态产品价值实现机制建设工作的管理部门，国内外机构、企业、团体和个人均可参与"碳汇通"生态产品价值实现机制相关活动。"碳汇通"项目减排量在主管部门确定的运营主体进行备案和登记，并在重庆联合产权交易所交易。1吨二氧化碳当量"碳汇通"减排项目的减排量抵消1吨二氧化碳排放量。

重庆市在碳汇交易的探索方面进展迅速，到2021年年中已经取得阶段性成果：完成了单株、成片林等林业碳汇方法学的开发；完成了某些村林业碳汇生态产品开发和核证工作；某些工作会、培训会购买了林业碳汇产品，实现会议"碳中和"；数家具备较强社会责任意识的企业则主动购买林业碳汇产品，实现企业年度"碳中和"。

"碳汇通"平台作为双碳背景之下生态产品价值实现的通道，由重庆市生态环境局牵头建立，重庆征信公司负责运营。作为全国首个覆盖"碳履约""碳中和""碳普惠"的平台，企业、社会各界、个人都可参与其中，践行绿色低碳行为，引领绿色风尚。

"碳汇通"平台联结造林营林企业、森林经营农户、新能源出行企业、赛会举办方以及个人等社会各类微观主体，并对接地方生活平台等互联网平台，汇聚林木碳汇造林项目、新能源发电、节约用电、低碳出行、官方发布的节能减排倡议活动等多渠道碳汇来源，积极探索完善碳减排量化方法、统一交易度量、交易规则、碳抵消机制、碳普惠机制，助力生态产品价值实现。针对企业端，"碳汇通"上线林业碳汇、分布式光伏等减排项目，核证签发其减排量。碳市场控排企业可以通过购买"碳汇通"项目减排量额度，冲抵清缴碳排放配额，实现碳履约方式多样化。企业和大型活动主办方等可以通过购买"碳汇通"项目减排量额度，抵消以特定方法学计算得到的、在此活动中产生的温室气体排放量，实现净排放为零即"碳中和"。在碳普惠机制中，普通市民可以在日常生活中践行步行、骑共享单车、乘坐新能源汽车等绿色低碳行为，在"碳汇通"平台获得积分，并可以凭积分在碳汇商城兑换成产品、商业优惠、权益或服务。另外，"碳汇通"平台还打造了低碳教育、社区低碳生活、景区低碳旅游等多种低碳场景，减少温室气体排放。

目前，重庆市已经初步形成了涵盖碳履约、碳中和、碳普惠等多种形式的生态产品价值实现机制，并取得显著成效。在碳强度方面，2020年重庆全市碳排放强度较2015年累计下降超过23%，超额完成国家下达的19.5%的目标任务，绝对值降为0.70吨二氧化碳/万元左右，比全国平均水平低30%。截至2021年年中，全市共有196家工业企业纳入碳排放权交易，累计成交量达1 672万吨、交易额达1.8亿元。"碳汇通"平台将进一步发挥重庆市碳交易市场在应对气候变化、生态环境治理中的补偿作用，激发企业减排动力，引导全社会层面形成绿色低碳的生产、生活方式。

（三）重庆市绿色发展典型实践经验总结

近年来，重庆市在推进金融业务"降碳"、探索应对气候变化投融资体系改革方面做了积极的实践，并且取得初步的成效。特别是，重庆市将数字化改革和生态产品价值实践机制改革有机结合起来，注重发挥金融科技的赋能作用，研发了"长江绿融通"系统和"碳汇通"平台，破解绿色项目"识别难""评估难""融资难"等堵点和碳交易市场等生态产品价值实现平台缺失问题。"长江绿融通"绿色金融大数据综合服务系统打通金融、发展和改革委、生态环境等部门和区、县政府信息平台，实现环境评价、绿色绩效等上万条信息的共享，并通过对企业和项目的减排减碳、环境绩效、经营状况等数据模块化、标签化，实现了金融机构对绿色项目的智能化识别、审核。以"碳汇通"平台实现碳交易的定价作用，积极开展碳普查，构建企业碳账户体系，进一步完善企业、项目绿色效益和减碳绩效的统一核算制度，加快绿色金融产品创新。

概括起来，重庆市在绿色金融数字化探索方面有以下几点典型经验：

1. 以数字化、标准化推动绿色金融改革创新

在产业形态日新月异的今天，绿色金融是一个内涵丰富、业务范围广、数据高频、时效性强、功能需求复杂多样的体系。人民银行重庆营管部借助大数据、云计算、人工智能等现代科技手段，大力推进数据标准化、流程标准化、开发标准化、操作标准化，倒逼业务标准化、监管标准化，实现绿色金融数字化转型和规范发展。

2. 以构建高效、先进的平台作为绿色金融数字化的核心

"长江绿融通"系统以大数据、分布式和人工智能为依托，逐步建立稳定先进、弹性可扩展的平台技术架构，促进了系统管理集中化、技术统一化、资源分布化、业务穿透化，为支持全国性和区域性绿色金融业务应用管理的创新打下良好基础。"长江绿融通"与重庆征信公司开发的碳账户数字平台对接互通，实现绿色金融数据共建共治共享，为实现企业减排数据准确计量、金融机构环境信息披露和人民银行碳金融监管提供有力的数据支撑。平台开发坚持核心技术自主可控，掌握技术主动权，确保了各种金融大数据和关键信息安全稳定。

3. 推进金融科技和绿色金融深度融合

在业务上，组织建立绿色金融业务创新工作小组，不断拓展绿色金融服务模式。在技术上，不断在"长江绿融通"系统嵌入新的功能模块，不断开发升级金融科技应用场景，推动绿色金融持续创新。同时，在安全可控前提下，适时与第三方科技公司开展市场化合作。积极推广数字化系统、平台的实际运用，加强与区县政府、市级部门、金融机构、征信公司等多方连接合作，整合数据资源，形成数据融合共享应用生态圈，实现数字化建设资源共享，确保数据资源应用价值最大化。

D

展望篇

第七章　总结与展望

一、长江经济带山区绿色发展总结和对策建议

本书梳理了长江经济带国家发展战略的形成过程，阐述了长江经济带山区绿色发展的重要意义；基于"创新、协调、绿色、开放、共享"五大发展理念进行了理论分析。选取浙江省、安徽省、江西省、湖南省、湖北省、四川省、贵州省、云南省和重庆市76个山区城市（自治州）为研究对象，选择2个一级指标、7个二级指标和32个三级指标，利用极差标准化归一法、变异系数赋权法和高维空间欧几里得距离公式构建绿色发展综合指数测度各个山区城市（自治州）的绿色发展综合水平。进而在此基础上，我们分别在城市（自治州）、省（直辖市）和三大区域（华东、华中、西南）层面比较研究了32个三级指标的均值和绿色发展综合指数水平，针对各个山区城市（自治州）绿色发展的优势和短板进行了剖析。接着分别选取长江上游、中游、下游城市进行了绿色发展典型实践的案例分析。

我们认为，一些城市（自治州）绿色发展水平比较接近，但省（直辖市）以及三大区域层面发展差异较大，体现出明显的非充分、非均衡特征。特别是在三大区域层面，总体而言华东地区平均发展水平要高于华中地区，而华中地区又要高于西南地区，但是如果将重庆市纳入西南地区之中，华东地区和西南地区的差距则不明显。我们的研究成果也反映出作为长三角核心省份之一的浙江省和作为西部中心城市的重庆市具备显著的经济龙头作用，在绿色发展水平的省际比较中占据很大的优势地位。

基于上述研究，我们主要提出以下几方面促进长江经济带山区绿色发展的政策建议。

第一，发挥比较优势构建现代化的生态经济体系。长江经济带各地自然条件和资源禀赋差异很大，各地应注重发挥自身比较优势，克服不利短板，因地制宜构建现代化的经济体系。例如云南一些城市（自治州）地处热带地区，大力发掘独特的热带光热资源和多样化的生物资源，发展烟草、橡胶、热带珍稀水果等特色产业，提升单位耕地的产值。江西省、贵州省等省份利用独特旅游

资源，打造精品红色旅游路线，实现经济效益和社会效益同步提高。还有近年来贵州等省份利用丰富的能源潜力和凉爽的气候条件，发展大数据等产业，培育了新兴经济增长点。

第二，充分利用技术创新和制度创新的红利。在前文中不难看出，一些城市非常重视科技创新在经济发展中的引擎作用，持续加大研发投入培育新动能，高新技术产业增加值增长强劲，有力支撑了区域经济的高质量绿色发展。一些城市勇于探索，先行先试，在生态产品价值实现、两山转化、绿色金融创新等方面取得重要进展，初步释放改革红利，有力推进了居民增收和共同富裕。我们也发现，一些省份和一些城市（自治州）科技投入不足，研发强度偏低，与其他城市相比具有较大差距，有待推进"创新驱动"战略走深走实，提升经济发展绩效。

第三，强化人才培养和创新要素的集聚。作为一枚硬币的两个方面，沿海省份高研发投入、高专利拥有量和高社会劳动生产率的背后，则是较高的人才培养力度和人才集聚水平。中西部很多城市（自治州）的高等教育毛入学率尚且低于全国平均水平，体现出与沿海省份的较大差距。因此中西部省份应充分争取、利用国家政策的机遇和支持，大力提升人才培养规模和质量；同时，持续优化创新创业生态，吸引人才、资金、技术、管理、信息等创新要素集聚，补足高质量绿色发展的短板。

二、长江经济带山区绿色发展研究展望

毋庸讳言，我们的研究尚存在许多不足之处。一是指标体系的全面性、科学性、合理性有待进一步探讨，特别是考虑到实际数据的可获得性而不得不做出一些权衡取舍。二是我们所掌握的资料尚不够充分，基础数据主要依赖互联网上公开的统计资料进行采集、整理和推算，由于各种原因而面临一些指标数据的滞后和缺失。在案例资料的搜集方面，从2021年至2022年年底因新冠疫情跨省调研难以顺利实施，致使案例资料不够丰富、不够深入。

我们认为后续研究方向主要有以下几个方面：

一是提升指标体系的全面性和合理性。特别是我国宣布"碳达峰""碳中和"目标之后，"双碳"研究成为学术界关注的热点。宜努力探索多种渠道，补全有关数据，在"节能减排"二级指标中纳入碳排放和其他氮氧化物的排放情况。另外在环境质量中除了空气质量、地表水质量之外，亦应纳入声环境质量。

二是深入开展实地调研。在情况允许的前提下，宜积极创造条件开展实地调研，深入各省份选择有代表性的山区城市（自治州）发掘典型实践和特色经验，形成更为丰富的案例研究，提升研究的学术价值和现实意义。

三是开发利用多种技术手段。在科技革命日新月异的今天，除了官方统计产品之外，还可以开发多种手段，发掘利用互联网大数据甚至卫星遥感数据，拓展多渠道的资料来源，形成交叉验证和互相补充，在全面性、合理性、即时性等方面提高研究质量。

参 考 文 献

柴莹莹，孟晓杰，韩永伟等，2022. 长江经济带国家生态文明建设示范市县生态文明发展
　　状况评估［J］. 环境工程技术学报，12（2）：380 - 389.

陈芳，刘松涛，2022. 官员异地交流提升了长江经济带绿色发展水平吗？：基于多期双重差
　　分模型的实证考察［J］. 安徽大学学报（哲学社会科学版）（4）：138 - 146.

陈洪波，2020. 协同推进长江经济带生态优先与绿色发展：基于生物多样性视角［J］. 中
　　国特色社会主义研究（3）：79 - 87.

陈思杭，雷礼，周中林，2022. 环境规制、绿色技术进步与绿色经济发展：基于长江经济
　　带 11 省市面板数据的实证研究［J］. 科技进步与对策，39（10）：52 - 60.

程莉，文传浩，2019. 长江经济带乡村绿色发展水平研判及其多维解释［J］. 南通大学学
　　报（社会科学版），35（4）：29 - 37.

邓霞，2019. 区域生态效率评价研究：以长江经济带为例［J］. 价格理论与实践（11）：
　　133 - 137.

付浩龙，李亚龙，2020. 关于加快长江流域农村水电绿色发展的思考［J］. 人民长江，51
　　（S2）：37 - 40.

苟兴朝，张超峰，张斌儒，2021. 地方财政支农对长江经济带乡村绿色发展的影响研究：
　　基于空间杜宾模型的实证分析［J］. 财政科学（10）：82 - 95.

黄成，吴传清，2021. 长江经济带工业绿色转型与生态文明建设的协同效应研究［J］. 长
　　江流域资源与环境，30（6）：1287 - 1297.

黄明，陈诗一，2022. 绿色金融赋能长江经济带发展［J］. 中国金融（3）：67 - 68.

李光龙，江鑫，2020. 绿色发展、人才集聚与城市创新力提升：基于长三角城市群的研究
　　［J］. 安徽大学学报（哲学社会科学版），44（3）：122 - 130.

李琳，2022. 长江经济带高质量发展研究的探索之作：《长江经济带创新驱动与绿色转型发
　　展研究》评介［J］. 湖北经济学院学报（7）：127 - 128.

李琳，陈文婧，2022. 市场一体化促进了长江经济带城市群绿色发展了吗［J］. 学习与实
　　践（7）：65 - 74.

李林子，田健，赵玉婷，等，2022. 基于主体功能区的差异化绿色发展指标体系研究：以
　　长江经济带为例［J］. 生态经济（5）：222 - 229.

李强，刘庆发，2022. 环境分权与长江经济带经济增长质量：影响机理与实证检验［J］.

南开经济研究（4）：120-138.

李书敏，2020. 长江经济带流通业集聚与绿色 GDP 提升：基于省级面板数据的实证［J］.
　　商业经济研究（5）：159-162.

李爽，周天凯，樊琳梓，2019. 长江经济带城市绿色发展及影响因素分析［J］. 统计与决
　　策，35（15）：121-125.

李旭辉，李丽雅，李敬明，2022. 长江经济带五大发展理念实施绩效的动态测度［J］. 统
　　计与决策（6）：117-121.

李扬杰，李敬，2020. 长江经济带产业生态化水平动态评价：基于全局主成分分析模型的
　　测算［J］. 林业经济（6）：143-151.

李志萌，盛方富，2020. 长江经济带区域协同治理长效机制研究［J］. 浙江学刊（6）：
　　143-151.

李忠，刘峥延，金田林，2022. 推动长江经济带农业绿色发展的思考和建议［J］. 农业经
　　济（4）：9-11.

刘司可，黄家顺，彭智敏，2021. 长江经济带老工业基地城市产业转型升级：基于定性比
　　较分析的解释［J］. 城市问题（4）：43-51.

刘伟明，王明，吴志军，等，2022. 长江经济带环境质量和经济增长的双向互动关系及空
　　间分异［J］. 经济地理（4）：54-64.

刘雨婧，唐健雄，2022. 长江经济带旅游业发展质量评价及其时空演变［J］. 经济地理，
　　42（4）：209-219.

吕有金，高波，2021. 新型城镇化对环境污染的直接影响与空间溢出：以长江经济带 108
　　个城市为例［J］. 大连理工大学学报（社会科学版），42（5）：41-51.

苏科，周超，2021. 人力资本、科技创新与绿色全要素生产率：基于长江经济带城市数据
　　分析［J］. 经济问题（5）：71-79.

苏铭，2019. 长江经济带能源协同发展研究［J］. 宏观经济管理（12）：37-41，57.

滕堂伟，孙蓉，胡森林，2019. 长江经济带科技创新与绿色发展的耦合协调及其空间关联
　　［J］. 长江流域资源与环境，28（11）：2574-2585.

滕祥河，林彩云，文传浩，2022. 成昆渝地区一体化绿色发展战略构想：基于国家区域重
　　大战略比较视角［J］. 贵州财经大学学报（4）：91-100.

王倩，陈军飞，邓梦华，2021. 长江经济带水资源与区域高质量发展和谐度评价研究［J］.
　　生态经济，38（4）：163-169.

王伟，文杰，孙芳城，2022. 政府环境审计对长江经济带绿色发展的影响［J］. 长江流域
　　资源与环境（6）：1187-1197.

王翌秋，郭冲，2022. 长江经济带绿色金融与产业绿色发展耦合协调研究［J］. 河海大学
　　学报（哲学社会科学版），24（2）：53-59.

汪再奇，余尚蔚，2020. 长江经济带人类绿色发展指数研究［J］. 安全与环境工程，27
　　（6）：31-36.

吴传清，黄磊，邓明亮，2020. 长江经济带创新驱动与绿色转型发展研究［M］. 北京：中国社会科学出版社.

吴传清，张冰倩，2022. 长江经济带制造业绿色发展效率研究［J］. 学习与实践（5）：32-40.

武菲，张昕川，2019. 长江经济带发展战略定位的历史演进及思考［J］. 人民长江，50（S1）：6-8.

吴学榕，程铖，2020. 长江经济带建设中云南实现绿色发展的路径研究［J］. 经济问题探索（12）：96-102.

向云波，王圣云，邓楚雄，2021. 长江经济带化工产业绿色发展效率的空间分异及驱动因素［J］. 经济地理，41（4）：108-117.

肖琴，周振亚，罗其友，2019. 新时期长江经济带农业高质量发展：问题与对策［J］. 中国农业资源与区划，40（12）：72-80.

杨朝霞，2022. 中国环境立法50年：从环境法1.0到3.0的代际进化［J］. 北京理工大学学报（社会科学版），24（3）：88-107.

易昌良，2020. 中国高质量发展指数报告［M］. 北京：研究出版社.

于丽英，刘宏笪，陈子璇，2021. 长江经济带绿色治理效率测度与分析：基于广义面板三阶段DEA模型［J］. 经济地理，35（6）：88-99.

于善波，张军涛，2021. 长江经济带省域绿色全要素生产率测算与收敛性分析［J］. 改革（4）：68-77.

袁华锡，封亦代，余泳泽，2022. 制造业集聚促进抑或阻碍绿色发展绩效？来自长江经济带的证据［J］. 经济地理（6）：121-131.

袁茜，吴利华，张平，2019. 国家三大区域发展战略对城市经济绿色增长的影响评估［J］. 华东经济管理，33（11）：5-14.

曾凡银，2020a. 新安江流域生态补偿制度的创新演进［J］. 理论建设，36（4）：56-61.

曾凡银，2020b. 共建新安江—千岛湖生态补偿试验区研究［J］. 学术界（10）：58-66.

张建清，于海潮，范雯，等，2021. 环境异质性对长江经济带创新绩效的门槛效应研究［J］. 中国科技论坛（1）：65-72.

张静晓，候丹丹，彭劲松，等，2020. "十四五"时期长江经济带发展的重点、难点及建议［J］. 企业经济，39（8）：15-24.

张明月，周梦，张祥，2019. 长江经济带11省市旅游业发展水平评价［J］. 华中师范大学学报（自然科学版），53（5）：792-803，814.

张平淡，袁浩铭，2019. 生态文明高水平建设有利于经济发展吗？以长江经济带128个地级城市为样本［J］. 经济问题探索（12）：112-122.

张莹，潘家华，2020. "十四五"时期长江经济带生态文明建设目标、任务及路径选择［J］. 企业经济，39（8）：5-14.

张跃，刘莉，2021. 绿色发展背景下长江经济带产业结构优化升级的地区差异及空间收敛

性 [J]. 世界地理研究, 30 (5): 991 - 1 004.

赵小姣, 2021. 长江经济带绿色发展的法治化思考 [J]. 兰州学刊 (2): 131 - 146.

中国人民银行重庆营业管理部课题组, 2022. 金融科技赋能绿色金融的重庆探索 [J]. 中国金融 (11): 24 - 26.

周静, 2021. 长江经济带农业绿色发展评价、区域差异分析及优化路径 [J]. 农村经济 (12): 99 - 108.

邹小伟, 陈福时, 张永薇, 等, 2022. 长江经济带科技创新与可持续发展耦合协调: 基于 74 个国家级可持续发展实验区的实证分析 [J]. 财会月刊 (11): 131 - 137.

Sarma M. 2008. Index of Financial Inclusion [R]. New Delhi: Indian Council for Research on International Economic Relations Working Paper: 215.

附　　录

五部委关于加强长江经济带工业绿色发展的指导意见
工业和信息化部　发展改革委　科技部　财政部
环境保护部关于加强长江经济带工业绿色发展的指导意见

工信部联节〔2017〕178号

上海市、江苏省、浙江省、安徽省、江西省、湖北省、湖南省、重庆市、四川省、云南省、贵州省工业和信息化、发展改革、科技、财政、环境保护主管部门:

为贯彻落实党中央、国务院关于长江经济带发展重大战略部署,保护长江流域生态环境,进一步提高工业资源能源利用效率,全面推进绿色制造,减少工业发展对生态环境的影响,实现绿色增长,现提出以下意见:

一、总体要求

深入学习党的十八大和十八届三中、四中、五中、六中全会精神,贯彻新发展理念,落实党中央、国务院关于长江经济带发展的战略部署,按照习近平总书记提出的"共抓大保护,不搞大开发"要求,坚持供给侧结构性改革,坚持生态优先、绿色发展,全面实施中国制造2025,扎实推进《工业绿色发展规划(2016—2020年)》,紧紧围绕改善区域生态环境质量要求,落实地方政府责任,加强工业布局优化和结构调整,以企业为主体,执行最严格环保、水耗、能耗、安全、质量等标准,强化技术创新和政策支持,加快传统制造业绿色化改造升级,不断提高资源能源利用效率和清洁生产水平,引领长江经济带工业绿色发展。

到2020年,长江经济带绿色制造水平明显提升,产业结构和布局更加合理,传统制造业能耗、水耗、污染物排放强度显著下降,清洁生产水平进一步提高,绿色制造体系初步建立。与2015年相比,规模以上企业单位工业增加值能耗下降 18%，重点行业主要污染物排放强度下降 20%，单位工业增加值用水量下降 25%，重点行业水循环利用率明显提升。全面完成长江经济带危险化学品搬迁改造重点项目。一批关键共性绿色制造技术实现产业化应用，打造和培育 500 家绿色示范工厂、50 家绿色示范园区，推广 5 000 种以上绿色产品，绿色制造产业产值达到 5 万亿元。

二、优化工业布局

（一）完善工业布局规划。落实主体功能区规划，严格按照长江流域、区域资源环境承载能力，加强分类指导，确定工业发展方向和开发强度，构建特色突出、错位发展、互补互进的工业发展新格局。实施长江经济带产业发展市场准入负面清单，明确禁止和限制发展的行业、生产工艺、产品目录。严格控制沿江石油加工、化学原料和化学制品制造、医药制造、化学纤维制造、有色金属、印染、造纸等项目环境风险，进一步明确本地区新建重化工项目到长江岸线的安全防护距离，合理布局生产装置及危险化学品仓储等设施。

（二）改造提升工业园区。严格沿江工业园区项目环境准入，完善园区水处理基础设施建设，强化环境监管体系和环境风险管控，加强安全生产基础能力和防灾减灾能力建设。开展现有化工园区的清理整顿，加大对造纸、电镀、食品、印染等涉水类园区循环化改造力度，对不符合规范要求的园区实施改造提升或依法退出，实现园区绿色循环低碳发展。全面推进新建工业企业向园区集中，强化园区规划管理，依法同步开展规划环评工作，适时开展跟踪评价。严控重化工企业环境风险，重点开展化工园区和涉及危险化学品重大风险功能区区域定量风险评估，科学确定区域风险等级和风险容量，对化工企业聚集区及周边土壤和地下水定期进行监测和评估。推动制革、电镀、印染等企业集中入园管理，建设专业化、清洁化绿色园区。培育、创建和提升一批节能环保安全领域新型工业化产业示范基地，促进园区规范发展和提质增效。

（三）规范工业集约集聚发展。推动沿江城市建成区内现有钢铁、有色金属、造纸、印染、电镀、化学原料药制造、化工等污染较重的企业有序搬迁改造或依法关闭。推动位于城镇人口密集区内，安全、卫生防护距离不能满足相关要求和不符合规划的危险化学品生产企业实施搬迁改造或依法关闭。到2020 年，完成 47 个危险化学品搬迁改造重点项目（见附件 1）。新建项目应符合国家法规和相关规范条件要求，企业投资管理、土地供应、节能评估、环境影响评价等要依法履行相关手续。实施最严格的资源能源消耗、环境保护等方面的标准，对重点行业加强规范管理。

（四）引导跨区域产业转移。鼓励沿江省市创新工作方法，强化生态环境约束，建立跨区域的产业转移协调机制。充分发挥国家自主创新示范区、国家高新区的辐射带动作用，创新区域产业合作模式，提升区域创新发展能力。加强产业跨区域转移监督、指导和协调，着力推进统一市场建设，实现上下游区域良性互动。发挥国家产业转移信息服务平台作用，不断完善产业转移信息沟通渠道。认真落实长江经济带产业转移指南（见附件2），依托国家级、省级开发区，有序建设沿江产业发展轴，合理开发沿海产业发展带，重点打造长江三角洲、长江中游、成渝、黔中和滇中等五大城市群产业发展圈，大力培育电子信息产业、高端装备产业、汽车产业、家电产业和纺织服装产业等五大世界级产业集群，形成空间布局合理、区域分工协作、优势互补的产业发展新格局。

（五）严控跨区域转移项目。对造纸、焦化、氮肥、有色金属、印染、化学原料药制造、制革、农药、电镀等产业的跨区域转移进行严格监督，对承接项目的备案或核准，实施最严格的环保、能耗、水耗、安全、用地等标准。严禁国家明令淘汰的落后生产能力和不符合国家产业政策的项目向长江中上游转移。

三、调整产业结构

（六）依法依规淘汰落后和化解过剩产能。结合长江经济带生态环境保护要求及产业发展情况，依据法律法规和环保、质量、安全、能效等综合性标准，淘汰落后产能，化解过剩产能。严禁钢铁、水泥、电解铝、船舶等产能严重过剩行业扩能，不得以任何名义、任何方式核准、备案新增产能项目，做好减量置换，为新兴产业腾出发展空间。严格控制长江中上游磷肥生产规模。严防"地条钢"死灰复燃。加大国家重大工业节能监察力度，重点围绕钢铁、水泥等高耗能行业能耗限额标准落实情况、阶梯电价执行情况开展年度专项监察，对达不到标准的实施限期整改，加快推动无效产能和低效产能尽早退出。

（七）加快重化工企业技术改造。全面落实国家石化、钢铁、有色金属工业"十三五"规划，发挥技术改造对传统产业转型升级的促进作用，加快沿江现有重化工企业生产工艺、设施（装备）改造，改造的标准应高于行业全国平均水平，争取达到全国领先水平。推广节能、节水、清洁生产新技术、新工艺、新装备、新材料，推进石化、钢铁、有色、稀土、装备、危险化学品等重点行业智能工厂、数字车间、数字矿山和智慧园区改造，提升产业绿色化、智能化水平，使沿江重化工企业技术装备和管理水平走在全国前列，引领行业发展。

（八）大力发展智能制造和服务型制造。在长江经济带有一定工作基础、地方政府积极性高的地区，探索建设智能制造示范区，鼓励中下游地区智能制造率先发展，重点支持中上游地区提升智能制造水平。加快在数控机床与机器人、增材制造、智能传感与控制、智能检测与装配、智能物流与仓储等五大领域，突破一批关键技术和核心装备。在流程制造、离散型制造、网络协同制造、大规模个性化定制、远程运维服务等方面，开展试点示范项目建设，制修订一批智能制造标准。大力发展生产性服务业，引导制造业企业延伸服务链条，推动商业模式创新和业态创新。

（九）发展壮大节能环保产业。大力发展长江经济带节能环保产业，在重庆、无锡、成都、长沙、武汉、盐城、昆明等地重点推动节能环保装备制造业集群化发展，在江苏、上海、重庆等地不断提升节能环保技术研发能力及节能环保服务业水平，在上海临港、合肥、马鞍山和彭州等地加快建设再制造产业集聚区，着力发展航空发动机关键件、工程机械、重型机床等机电产品再制造特色产业。加强节能环保服务公司与工业企业紧密对接，推动企业采用第三方服务模式，壮大节能环保产业。

四、推进传统制造业绿色化改造

（十）大力推进清洁生产。按照《中华人民共和国清洁生产促进法》，引导和支持沿江工业企业依法开展清洁生产审核，鼓励探索重点行业企业快速审核和工业园区、集聚区整体审核等新模式，全面提升沿江重点行业和园区清洁生产水平。在沿江有色、磷肥、氮肥、农药、印染、造纸、制革和食品发酵等重点耗水行业，加大清洁生产技术推行方案实施力度，从源头减少水污染。实施中小企业清洁生产水平提升计划，构建"互联网＋"清洁生产服务平台，鼓励各地政府购买清洁生产培训、咨询等相关服务，探索免费培训、义务诊断等服务模式，引导中小企业优先实施无费、低费方案，鼓励和支持实施技术改造方案。

（十一）实施能效提升计划。推动长江经济带煤炭消耗量大的城市实施煤炭清洁高效利用行动计划，以焦化、煤化工、工业锅炉、工业炉窑等领域为重点，提升技术装备水平、优化产品结构、加强产业融合，综合提升区域煤炭高效清洁利用水平，实现减煤、控煤、防治大气污染。在钢铁和铝加工产业集聚区，推广电炉钢等短流程工艺和铝液直供。积极推进利用钢铁、化工、有色、建材等行业企业的低品位余热向城镇居民供热，促进产城融合。

（十二）加强资源综合利用。大力推进工业固体废物综合利用，重点推进中上游地区磷石膏、冶炼渣、粉煤灰、酒糟等工业固体废物综合利用，加大中下游地区化工园区废酸废盐等减量化、安全处置和综合利用力度，选择固体废物产生量大、综合利用有一定基础的地区，建设一批工业资源综合利用基地。鼓励地方政府在沿江有条件的城市推动水泥窑协同处置生活垃圾。推进再生资源高效利用和产业发展，严格废旧金属、废塑料、废轮胎等再生资源综合利用企业规范管理，搭建逆向物流体系信息平台。

（十三）开展绿色制造体系建设。在长江经济带沿江城市中，选择工业比重高、代表性强、提升潜力大的城市，结合主导产业，围绕传统制造业绿色化改造、绿色制造体系建设等内容，综合提升城市绿色制造水平，打造一批具有示范带动作用的绿色产品、绿色工厂、绿色园区和绿色供应链。推动长江经济带重点行业领军企业牵头组成联合体，围绕绿色设计平台建设、绿色关键工艺突破、绿色供应链构建，推进系统化绿色改造，在机械、电子、食品、纺织、化工、家电等领域实施一批绿色制造示范项目，引领和带动长江经济带工业绿色发展。

五、加强工业节水和污染防治

（十四）切实提高工业用水效率。在长江流域切实落实节水优先方针，加强企业节水管理，大力推进节水技术改造，推广国家鼓励的工业节水工艺、技术和装备，加快淘汰高耗水落后工艺、技术和装备，控制工业用水总量，提高工业用水效率。开展水效领跑者引领行动，引导和支持工业企业开展水效对标达标活动。强化高耗水行业企业生产过程和工序用水管理，严格执行取水定额国家标准，推动高耗水行业用水效率评估审查。实行最严格水资源管理制度考核，加强对高耗水淘汰目录执行情况的督促检查。

（十五）推进工业水循环利用。大力培育和发展沿江工业水循环利用服务支撑体系，积极推动高耗水工业企业广泛开展水平衡测试，鼓励企业采用合同节水管理、特许经营、委托营运等模式，改进节水技术工艺，强化过程循环和末端回用，提高钢铁、印染、造纸、石化、化工、制革和食品发酵等高耗水行业废水循环利用率。推进非常规水资源的开发利用，支持上海、江苏、浙江沿海工业园区开展海水淡化利用，推动钢铁、有色等企业充分利用城市中水，支持有条件的园区、企业开展雨水集蓄利用。

（十六）加强重点污染物防治。深入实施水、大气、土壤污染防治行动计划，从源头减少工业水、大气及土壤污染物排放。按行业推进固定污染源排污许可证制度实施，依法落实企业治污主体责任，持证排污，按证排污。重点推进沿江干支流及太湖、巢湖、洞庭湖、鄱阳湖周边"十小"企业取缔、"十大"重点行业专项整治、工业集聚区污水管网收集体系和集中处理设施建设并安装自动在线监控装置，规范沿江涉磷企业渣场和尾矿库建设，推进工业企业化学需氧量、氨氮、总氮、总磷全面达标排放。加大燃煤电厂超低排放改造、"散乱污"企业治理、中小燃煤锅炉淘汰、工业领域煤炭高效清洁利用、挥发性有机物削减等工作力度，严控二氧化硫、氮氧化物、烟粉尘、挥发性有机物等污染物排放。加强涉重金属行业污染防控，制定涉重金属重点工业行业清洁生产技术推行方案，鼓励企业采用先进适用生产工艺和技术，减少重金属污染物排放。

六、保障措施

（十七）加强组织领导。长江经济带各级工业和信息化、发展改革、科技、财政、环境保护等主管部门要充分认识工业绿色发展的重大意义，加强组织领导，落实地方政府责任，以企业为主体，充分发挥行业协会、产业联盟等的桥梁纽带作用，切实推动工业绿色发展各项工作的落实。

（十八）强化标准和技术支撑。发挥水耗、能耗、环境、质量、安全，以及绿色产品、绿色工厂、绿色园区、绿色供应链和绿色评价及服务等标准的引领作用，鼓励各地出台最严格的绿色发展标准。加大急需技术装备和产品的创新，推动先进成熟技术的产业化应用和推广，支撑长江经济带工业绿色发展。

（十九）落实支持政策。充分利用现有资金渠道，进一步向长江经济带工业绿色发展、水污染防治等项目倾斜，支持符合条件的企业实施清洁生产技术改造、节水治污、能源利用效率提升、资源综合利用等。落实现有税收、绿色信贷、绿色采购、土地等优惠政策，加快支持企业绿色转型、提质增效。鼓励长江经济带建立地区间、上下游间生态补偿机制，推动上中下游开发地区和生态保护地区进行横向生态补偿，探索区域污染治理新模式。

（二十）加强人才培养和国际交流合作。组织实施绿色制造人才培养计划，加大专业技术人才、经营管理人才的培养力度，完善从研发、转化、生产到管理的人才培养体系。依托长江经济带的产业和区位优势，加强国际合作与交流，鼓励采用境外投资、工程承包、技术合作、装备出口等方式，推动绿色制造和绿色服务率先"走出去"。

（二十一）加大宣传力度。加大绿色理念的传播力度，充分发挥媒体、教育培训机构、行业协会、产业联盟、绿色公益组织的作用，开展多层次、多形式的宣传教育活动，积极传播绿色理念，为长江经济带工业绿色发展营造良好社会氛围。

　　附件：1. 长江经济带 11 省市危险化学品搬迁改造重点项目
　　　　　2. 长江经济带产业转移指南

　　　　　　　　　　　　　　　　　　　　　　工业和信息化部
　　　　　　　　　　　　　　　　　　　　国家发展和改革委员会
　　　　　　　　　　　　　　　　　　　　　　科学技术部
　　　　　　　　　　　　　　　　　　　　　　　财政部
　　　　　　　　　　　　　　　　　　　　　　环境保护部
　　　　　　　　　　　　　　　　　　　　2017 年 6 月 30 日

交通运输部关于推进长江经济带绿色航运发展的指导意见

交水发〔2017〕114号

上海、江苏、浙江、安徽、江西、湖北、湖南、重庆、四川、云南、贵州省（市）交通运输厅（委），长江航务管理局，上海、浙江海事局：

推进长江经济带绿色发展是党中央、国务院在新时期做出的重大决策部署。航运具有占地少、能耗低、运能大等比较优势，经济高效、节能环保。近年来，长江经济带航运基础设施建设成效显著，运输服务能力明显提升，为区域乃至全国经济社会发展提供了有效支撑。但仍然存在发展方式相对粗放、绿色发展水平不高、航运比较优势未得到充分发挥等问题，不能完全适应长江经济带发展的新要求。为贯彻落实《中共中央国务院关于加快推进生态文明建设的意见》《长江经济带发展规划纲要》，推进长江经济带绿色航运发展，现提出以下意见。

一、总体要求

（一）指导思想

全面贯彻党的十八大和十八届三中、四中、五中、六中全会精神，统筹推进"五位一体"总体布局和协调推进"四个全面"战略布局，牢固树立和贯彻落实新发展理念，坚持生态优先、绿色发展，以推进供给侧结构性改革为主线，以长江生态环境承载力为约束，以资源节约集约利用为导向，以绿色航道、绿色港口、绿色船舶、绿色运输组织方式为抓手，努力推动形成绿色发展方式，促进航运绿色循环低碳发展，更好发挥长江黄金水道综合效益，为长江经济带经济社会发展提供更加有力的支撑。

（二）基本原则

改革创新，引领发展。立足国家战略，着力推进供给侧结构性改革，紧紧依靠制度、科技和管理创新，积极培育绿色发展新动能，加快长江经济带绿色航运发展，引领全国航运发展，充分发挥长江黄金水道在长江经济带综合立体交通走廊中的主骨架和主通道作用，在长江经济带生态文明建设中先行示范。

全面推进，重点突破。从战略规划着眼，强化长江经济带绿色航运发展顶层设计。加强统筹谋划，把绿色发展理念融入到航运发展的各方面和全过程，从生态保护、污染防治、资源节约、节能降碳等方面全面推进绿色发展。坚持目标导向、问题导向，围绕关键领域和重点环节，实施专项行动，开展试点示范，实现率先突破。

综合施策，分类指导。坚持优增量、调存量，综合运用改善结构、整合资源、提升标准、强化监管等多种措施，不断提升基础设施、运输装备的节能环保水平。既统筹推进协调发展，又结合实际，根据沿海内河、干支流特点，分类提出科学合理的目标要求。

（三）发展目标

到2020年，初步建成航道网络有效衔接、港口布局科学合理、船舶装备节能环保、航运资源节约利用、运输组织先进高效的长江经济带绿色航运体系，航运科学发展、生态发展、集约发展的良好态势基本形成，在综合运输体系中的作用进一步提升，绿色航道、绿色港口、绿色船舶和绿色运输组织方式等重点领域进展显著。

——行业生态保护取得明显成效。航运基础设施生态友好程度明显提升，符合生态红线要求。建成一批绿色航道、绿色港口示范工程。

——行业污染物排放得到全面有效控制。船舶污染物全部接收或按规定处置；长三角水域船舶硫氧化物、氮氧化物、颗粒物与2015年相比分别下降65%、20%、30%；船舶使用能源中液化天然气（LNG）占比在2015年基础上增长200%；新建大型煤炭、矿石码头堆场100%建设防风抑尘等设施；主要港口90%的港作船舶、公务船舶靠泊使用岸电，主要港口和排放控制区内50%的集装箱、客滚、邮轮、3 000吨级以上客运和5万吨级以上干散货专业化泊位具备向船舶供应岸电的能力。

——节约集约利用水平显著提高。长江经济带港口单位岸线通过能力在2015年基础上增长10%；营运船舶单位运输周转量能耗和港口生产单位吞吐量综合能耗在2015年基础上分别下降6%、2%。

——运输组织效率明显提升。内河船舶船型标准化率达到70%，平均吨位达到1 000载重吨；重点港口集装箱铁水联运量年均同比增长10%；基本形成长江和长三角地区至宁波—舟山港和洋山深水港区江海直达运输系统。

二、主要任务

（四）完善长江经济带绿色航运发展规划

1. 优化港口和航道规划布局。

修订《全国内河航道与港口布局规划》《长江干线航道发展规划》，加快形成干支衔接、互联互通的内河高等级航道网，进一步优化港口布局和功能分工。完善主要港口总体规划，统筹港口岸线与其他岸线利用需求，合理确定港口岸线开发规模与开发强度。强化港口和航道规划与区域规划、城市规划等的衔接与融合，综合利用过江通道资源。

2. 加快制定实施绿色航运发展专项规划。

加快出台港口岸电布局方案，研究制定长江化学品洗舱基地布局规划等专项规划。推进落实《长江干线京杭运河西江航运干线液化天然气加注码头布局方案（2017—2025 年）》。认真实施《长江干线危险化学品船舶锚地布局方案（2016—2030 年）》，加快推进危险化学品锚地建设。

（五）建设生态友好的绿色航运基础设施

3. 推进绿色航道建设。

优先采用生态影响较小的航道整治技术与施工工艺，积极推广生态友好型新材料、新结构在航道工程中的应用，加强疏浚土等资源综合利用。在航电枢纽建设和运营中采取修建过鱼设施、营造栖息生境和优化运营调度等生态环保措施。推动开展造成显著生态影响的已建航道工程与航电枢纽工程生态修复。加快推进三峡枢纽水运新通道建设，解决三峡枢纽瓶颈制约。加强航道水深测量和信息发布，充分利用长江航道水深资源，引导船舶进行科学配载。建设智能化、绿色化水上服务区。

4. 开展绿色港口创建。

加快落实《"十三五"长江经济带港口多式联运建设实施方案》《"十三五"港口集疏运系统建设方案》，完善港口集疏运体系，强化主要港区与干线铁路、高等级公路的连接，打通港口集疏运"最后一公里"。完善绿色港口创建制度，深入开展长江经济带港口绿色等级评价，高标准建设新建绿色码头，因地制宜制定老旧码头的升级改造方案，鼓励有条件的港区或港口整体创建绿色港区（港口）。推进港口和船舶污染物接收设施建设，做好与城市公共转运、处理设施的衔接，促进港口环保设施高效稳定运营，确保污染物得到合规处理。全面推进主要港口既有大型煤炭、矿石码头堆场建设防风抑尘等设施。

（六）推广清洁低碳的绿色航运技术装备

5. 持续提升船舶节能环保水平。

严格执行船舶强制报废制度，加快淘汰高污染、高耗能的客船、老旧运输船舶、单壳油轮和单壳化学品船。深入推进内河船型标准化，调整完善内河运输船舶标准船型指标，加快推广三峡船型、江海直达船型和节能环保船型，开展内河集装箱（滚装）经济性、高能效船型、船舶电力推进系统等研发与推广应用。进入内河的国际航线船舶加装压载水处理装置或者其他等效设施。鼓励船舶改造油气收集系统，加装尾气污染治理装备。鼓励 400 总吨以下内河船舶安装生活污水收集存储或收集处理装置。加快推进清洁能源船舶开发应用，完善船舶能效管理体系。

6. 强化港口机械设备节能与清洁能源利用。

加强港口节能环保技术改造，加快淘汰能耗高、污染重、技术落后的设备，积极推广清洁能源和可再生能源在机械设备和港口生产生活中的应用。提高码头前沿装卸设备、水平运输车辆、堆场装卸机械等关键设备的自动化水平，进一步提升港口装卸作业效率。开展智慧港口示范工程建设，优化港口物流流程和生产组织，促进港口物流服务网络化、无纸化和智能化。

（七）创新节能高效的绿色航运组织体系

7. 大力发展绿色运输组织方式。

以集装箱、商品汽车铁水联运为重点，深入开展铁水联运示范工程，加快推进铁水、公水等多式联运发展。依托黄金水道，鼓励冷链物流企业探索"水运＋冷藏班列"铁水联运等联运新模式，优化物流通道布局，促进形成与国际海运、陆海联运、国际班列等有机结合的联运服务模式。加快落实《关于推进特定航线江海直达运输发展的意见》，优先发展干散货、集装箱江海直达运输，研究拓展江海直达领域和范围，加快研究推进商品汽车江海直达船舶发展。鼓励沿江内贸适箱货物集装箱化，促进干支直达、江海联运和水水中转。支持发展大宗液体散货顶推运输船队，鼓励港口企业给予顶推运输船队优先靠离泊、优先装卸等优惠措施。

8. 进一步提升运输组织效率。

利用移动互联、大数据、云计算等先进技术，积极推进"互联网＋"水运融合发展。加快建设数字航道，推广使用长江电子航道图、水上 ETC 和北斗定位系统。推进长江航运物流公共信息平台和国家交通运输物流公共信息平台建设，促进信息交换共享。优化船闸调度运行管理，推动长江上游及支流水库群、梯级船闸联合调度，完善运行调度机制和枢纽水库调度规程，进一步提升船舶过闸效率。加强三峡船闸和升船机运行维护管理，统筹协调、科学安排三峡和葛洲坝船闸检修，加强检修期间的通航保障工作，充分发挥三峡升船机运能。

（八）提升绿色航运治理能力

9. 加强法规标准制修订工作。

按照《中华人民共和国大气污染防治法》《中华人民共和国水污染防治法》

等法律法规的新要求，制修订绿色航运发展相关的规章制度。研究制定内河航道绿色建设技术导则，完善绿色港口评价标准。完善船舶建造规范和检验法规，研究制定长江水系过闸运输船舶标准船型主尺度系列国家强制性标准。研究制定绿色航运发展综合示范区评价体系，推动建设长江经济带绿色航运发展先行示范区。

10. 加强港口资源节约集约利用。

积极推进区域港口一体化发展，加强港口资源整合，完善港口间协调发展机制，加快推进锚地、航道等资源共享共用。严格港口岸线管理，探索建立港口岸线资源有偿使用制度，建立长江经济带港口深水岸线监测系统。积极引导小、散、乱码头集中布置，鼓励企业专用码头社会化经营管理，促进规模化公用港区（码头）建设。在地方政府统一领导下，在重点水域继续开展非法码头专项整治工作，推动依法取缔安全隐患大、环境影响突出、非法建设的码头和装卸点，开展船舶水上过驳非法作业治理，禁止和取缔内河危险品水上非法过驳作业。

11. 加强节能环保监管。

加强防污染设施建设和污染物排放的监督检查，坚决制止和纠正违法违规行为。研究设立长江绿色航运黑名单制度，加大对违规企业的惩处力度。严格实施船舶与港口污染防治专项行动实施方案，推动建立港口和船舶污染物排放的部门间联合监管机制。加强船用燃油联合监管，严格落实内河和江海直达船舶使用合规普通柴油、船舶排放控制区低硫燃油使用的相关要求。开展船舶违规从事植物油运输的治理。加强水运基础设施和船舶的能耗监测。

12. 加大科技攻关和推广应用。

加强绿色发展新技术、新材料、新工艺在航运领域的转化应用，制定发布绿色航运技术和产品推广目录，优先支持重点节能环保技术和产品的推广应用。鼓励企业加大科技攻关力度和资金投入，开展船舶尾气后处理、大功率LNG柴油双燃料动力设备、过鱼设施等重大装备与关键技术研发。

（九）深入开展绿色航运发展专项行动

13. 加强化学品洗舱作业专项治理。

按照危险化学品洗舱基地布局，开展长江经济带化学品洗舱作业需求评估，积极推进化学品洗舱基地建设。全面开展化学品洗舱水治理，进一步规范和强化化学品洗舱基地和洗舱作业管理。引导建立危险化学品洗舱基地和配套设施建设产业基金，鼓励社会资本投资建设和运营管理危险化学品洗舱基地。

14. 大力推广靠港船舶使用岸电。

完善船舶检验法规和建造规范，积极推进新建船舶建设岸电受电设施，鼓励既有集装箱船、客滚船等客船改造岸电受电设施。新建码头必须建设岸电设施，引导现有码头增加或改建岸电设施。推进水上服务区、待闸锚地等船舶密集区建设岸电设施。完善岸电供售电机制，健全船舶使用岸电的激励机制，积极推进靠泊船舶优先使用岸电。

15. 积极推进 LNG 动力船舶和配套码头建设。

鼓励 LNG 动力船舶建造和改造，优先使用 LNG 能源，完善 LNG 动力船舶建造规范和运营管理配套政策。制定完善 LNG 加注码头建设、运营和管理等标准规范，按照布局方案，加快推进 LNG 加注码头建设，形成 LNG 能源水上应用良性互动发展格局。

16. 强化危险化学品运输安全治理。

积极推进长江危险化学品运输安全保障体系建设。按照当地人民政府的统一安排，加快推进水源保护区和自然保护区内的危险化学品码头搬迁工作。建立内河禁运危险化学品遴选标准，严格落实《内河危险化学品禁运目录》。严格危险化学品运输市场准入，实施企业分类分级管理。严格执行内河单壳油船、单壳化学品船禁航相关规定，加强危险品运输船舶安全监管。完善危险化学品水路运输企业信息库，建立长江危险化学品运输动态监管信息共享平台，推进共享危险化学品运输相关信息。结合危险化学品运输规模和码头布局，强化水上溢油及危险化学品泄漏事故应急处置能力建设。

17. 组织船舶污染防治专项治理。

坚持问题导向，全面排查船舶污染风险隐患。紧抓船舶航行与作业安全这一源头，加强风险防控。坚持系统治理，建立与完善船舶污染"防、治、赔"的综合治理机制。船舶污染防治专项治理行动工作方案另行印发。

三、保障措施

（十）加强组织领导

各级交通运输主管部门要高度重视，把绿色航运发展摆在更加突出的位置，制定本区域绿色航运发展工作方案，明确责任分工，统筹安排工作进度。各级交通运输主管部门和海事管理机构要加强与有关部门的沟通，积极探索建立区域间、上下游协调联动机制，齐抓共管、形成合力，确保各项工作扎实推进。

（十一）加强政策支持

各级交通运输主管部门要充分利用好中央和地方已有的相关资金支持政策，并积极协商有关部门加大政策与资金支持力度。对集约高效的运输组织方式加大市场准入支持力度，培育绿色发展、生态友好型港航企业，建立绿色发展的激励机制。探索形成公众参与绿色航运发展与监督制度。充分利用市场机制，引导社会资本进入绿色航运发展领域。加快推进内河船舶污染责任险，鼓励航运企业探索长江绿色航运相互保险。

（十二）加强监督考核

建立监督考核机制，层层传导压力，逐级落实责任。制定绿色航运发展考核办法，依托专业化技术手段和人才，定期评估绿色航运发展重点任务和工作目标的完成情况。开展定期通报，并将评估考核结果作为专项资金补贴和示范项目筛选的重要依据。

（十三）加强宣传引导

加强舆论引导，组织开展绿色航运发展相关主题宣传，广泛宣传绿色航运发展的成效和做法，交流推广绿色发展经验，积极营造促进绿色航运发展的良好氛围。加强从业人员绿色发展知识和专业技能的培训教育，强化船员、码头职工等一线人员的环保意识，大力提升从业人员素质，确保各项任务在全行业得到有效开展。

交通运输部

2017 年 8 月 4 日

关于建立健全长江经济带生态补偿与保护
长效机制的指导意见

财预〔2018〕19 号

上海、江苏、浙江、安徽、江西、湖北、湖南、重庆、四川、云南、贵州省（直辖市）财政厅（局）：

为全面贯彻落实党的十九大精神，积极发挥财政在国家治理中的基础和重要支柱作用，按照党中央、国务院关于长江经济带生态环境保护的决策部署，推动长江流域生态保护和治理，建立健全长江经济带生态补偿与保护长效机制，制定本意见。

一、总体要求

（一）指导思想

高举中国特色社会主义伟大旗帜，全面贯彻落实党的十九大精神，以习近平新时代中国特色社会主义思想为指导，坚持稳中求进工作总基调，坚持新发展理念，紧扣我国社会主要矛盾变化，按照高质量发展的要求，统筹推进"五位一体"总体布局和协调推进"四个全面"战略布局，牢固树立和践行绿水青山就是金山银山的理念，把修复长江生态环境摆在压倒性位置，推动形成"共抓大保护、不搞大开发"的工作格局，强化财政职能作用，加强顶层设计，创新体制机制，促进长江经济带生态环境质量全面改善。

（二）基本原则

生态优先，绿色发展。把长江经济带生态补偿与保护摆在优先位置，强化宏观与系统的保护，加快环境污染治理，加快改善环境质量，推动长江经济带高质量发展，以绿色发展实现人民对美好生活的向往。

统筹兼顾，有序推进。以建立完善全流域、多方位的生态补偿和保护长效体系为目标，优先支持解决严重污染水体、重要水域、重点城镇生态治理等迫切问题，着力提升生态修复能力，逐步发挥山水林田湖草的综合生态效益，构建生态补偿、生态保护和可持续发展之间的良性互动关系。

明确权责，形成合力。中央财政加强长江流域生态补偿与保护制度设计，完善转移支付办法，加大支持力度，建立健全激励引导机制。地方政府要采取有效措施，积极推动建立相邻省份及省内长江流域生态补偿与保护的长效机制。

奖补结合，注重绩效。以生态环境质量改善为核心，根据生态功能类型和重要性实施精准考核，强化资金分配与生态保护成效挂钩机制。让保护环境的地方不吃亏、能受益、更有获得感，充分调动市县级政府加强生态建设的积极性、主动性和创造性，用制度保护生态环境。

（三）目标任务

通过统筹一般性转移支付和相关专项转移支付资金，建立激励引导机制，明显加大对长江经济带生态补偿和保护的财政资金投入力度。到 2020 年，长江流域保护和治理多元化投入机制更加完善，上下联动协同治理的工作格局更加健全，中央对地方、流域上下游间生态补偿效益更加凸显，为长江经济带生态文明建设和区域协调发展提供重要的财力支撑和制度保障。

二、中央财政加大政策支持

（一）增加均衡性转移支付分配的生态权重。 中央财政增加生态环保相关因素的分配权重，加大对长江经济带相关省（市）地方政府开展生态保护、污染治理、控制减少排放等带来的财政减收增支的财力补偿，进一步发挥均衡性转移支付对长江经济带生态补偿和保护的促进作用，确保地方政府不因生态保护增加投入或限制开发降低基本公共服务水平。

（二）加大重点生态功能区转移支付对长江经济带的直接补偿。 增加重点生态功能区转移支付预算安排，调整重点生态功能区转移支付分配结构，完善县域生态质量考核评价体系，加大对长江经济带的直接生态补偿，重点向禁止开发区、限制开发区和上游地区倾斜，提高长江经济带生态功能重要地区的生态保护和民生改善能力。

（三）实施长江经济带生态保护修复奖励政策。 支持流域内上下游邻近省级政府间建立水质保护责任机制，鼓励省级行政区域内建立流域横向生态保护责任机制，引导长江经济带地方政府落实好流域保护和治理任务，对相关工作开展成效显著的省市给予奖励，进一步调动地方政府积极性。

（四）加大专项对长江经济带的支持力度。 在支持开展森林资源培育、天然林停伐管护、湿地保护、生态移民搬迁、节能环保等方面，中央财政将结合生态保护任务，通过林业改革发展资金、林业生态保护恢复资金、节能减排补助资金等向长江经济带予以重点倾斜。把实施重大生态修复工程作为推动长江经济带发展项目的优先选项，中央财政将加大对长江经济带防护林体系建设、水土流失及岩溶地区石漠化治理等工程的支持力度。

三、地方财政抓好工作落实

（一）统筹加大生态保护补偿投入力度。省级财政部门要完善省对下均衡性、重点生态功能区等一般性转移支付资金管理办法，不断加大对长江沿岸、径流区及重点水源区域的支持。省以下各级财政部门要加强对涉及生态环保等领域相关专项转移支付资金的管理，引导各责任部门协调政策目标、明确任务职责、统筹管理办法、规范绩效考核，形成合力明显增加对长江经济带生态保护的投入。探索建立长江流域生态保护和治理方面专项转移支付资金整合机制。对相关中央专项转移支付的结转资金，地方可以制定更加严格的资金统筹办法，切实提高财政资金使用效益。

（二）因地制宜突出资金安排重点。省以下各级财政部门要紧密结合本地区的功能定位，集中财力保障长江经济带生态保护的重点任务。水源径流地区要以山水林田湖草为有机整体，重点实施森林和湿地保护修复、脆弱湖泊综合治理和水生物多样性保护工程，增强水源涵养、水土保持、水质修复等生态系统服务功能。排放消耗地区要以工业污染、农业面源污染、城镇污水垃圾处置为重点，构建源头控污、系统截污、全面治污相结合的水环境治理体系。工业化城镇化集中地区要加快产业转型升级，优化水资源配置，强化饮用水水源保护，推动节水型社会建设，满足生态系统完整健康的用水需求。对岸线周边、生态保护红线区及其他环境敏感区域内落后产能排放整改或搬迁关停要给予一定政策性资金支持。

（三）健全绩效管理激励约束机制。省级财政部门要积极配合相关部门，推动建立有针对性的生态质量考核及生态文明建设目标评价考核体系，综合反映各地生态环境保护的成效。考核结果与重点生态功能区转移支付及相关专项转移支付资金分配明显挂钩，对考核评价结果优秀的地区增加补助额度；对生态环境质量变差、发生重大环境污染事件、主要污染物排放超标、实行产业准入负面清单不力和生态扶贫工作成效不佳的地区，根据实际情况对转移支付资金予以扣减。

（四）建立流域上下游间生态补偿机制。按照中央引导、自主协商的原则，鼓励相关省（市）建立省内流域上下游之间、不同主体功能区之间的生态补偿机制，在有条件的地区推动开展省（市）际间流域上下游生态补偿试点，推动上中下游协同发展、东中西部互动合作。中央对省级行政区域内建立生态补偿机制的省份，以及流域内邻近省（市）间建立生态补偿机制的省份，给予引导性奖励。同时，对参照中央做法建立省以下生态环保责任共担机制较好的地区，通过转移支付给予适当奖励。

（五）完善财力与生态保护责任相适应的省以下财政体制。省级财政部门要结合环境保护税、资源税等税制改革，充分发挥税收调节机制，科学界定税目，合理制定税率，夯实地方税源基础，形成生态环保的稳定投入机制。推进生态环保领域财政事权和支出责任划分改革，明确省以下流域治理和环保的支出责任分担机制，对跨市县的流域要在市县间合理界定权责关系，充分调动市县积极性。

（六）充分引导发挥市场作用。各级财政部门要积极推动建立政府引导、市场运作、社会参与的多元化投融资机制，鼓励和引导社会力量积极参与长江经济带生态保护建设。研究实行绿色信贷、环境污染责任保险政策，探索排污权抵押等融资模式，稳定生态环保 PPP 项目收入来源及预期，加大政府购买服务力度，鼓励符合条件的企业和机构参与中长期投资建设。探索推广节能量、流域水环境、湿地、碳排放权交易、排污权交易和水权交易等生态补偿试点经验，推行环境污染第三方治理，吸引和撬动更多社会资本进入生态文明建设领域。

各级财政部门要积极会同相关部门，健全工作机制，完善相关领域配套措施办法。省级财政部门要做好统筹协调，加强对市县财政部门的工作指导。市县财政部门要结合自身实际，明确本地区工作重点，切实抓好落实。要做好信息发布、宣传报道、舆情引导等工作，形成人人关心长江生态保护的良好氛围，有效调动全社会参与生态环境保护的积极性。

财政部

2018 年 2 月 13 日

长江经济带绿色发展专项中央预算内投资管理暂行办法

第一章 总 则

第一条 为全面贯彻落实习近平总书记关于深入推动长江经济带发展的重要讲话和指示精神，进一步规范中央预算内投资支持长江经济带绿色发展有关项目管理，提高资金使用效率，引导带动地方和社会资金，根据《政府投资条例》《中央预算内投资补助和贴息项目管理办法》（国家发展和改革委员会令2016年第45号）和《国家发展改革委关于规范中央预算内投资资金安排方式及项目管理的通知》（发改投资规〔2020〕518号）等相关规定，制定本办法。

第二条 按照党中央、国务院确定的工作重点，遵循科学、民主、公开、公正、高效的原则，平等对待各类投资主体。

第三条 本专项支持范围覆盖上海、江苏、浙江、安徽、江西、湖北、湖南、重庆、四川、贵州、云南等11省市，原则上仅支持中西部8省市以及享受中西部地区政策的地区。

第四条 本专项支持地方的中央预算内投资资金，地方可以采取直接投资、资本金注入、投资补助等方式安排项目。本专项中央预算内投资资金用于年度新开工或续建项目，不得用于已完工项目。

第五条 项目的中央预算内投资资金规模原则上应一次性核定，对于已经足额安排的项目，不得重复申请。同一项目不得重复申请不同专项资金。

第二章 支持范围和标准

第六条 本专项中央预算内投资重点用于支持符合长江经济带发展年度工作要点明确的重点工作任务，对探索走出一条生态优先、绿色发展的新路子、保护和修复长江生态环境、推动生态产品价值实现、改善交通运输条件具有重要意义的长江经济带绿色发展项目，主要包括：

（一）生态环境突出问题整改项目。对推动长江经济带发展领导小组办公室明确的生态环境突出问题清单中整改成效明显的地方，予以奖励支持，用于问题整改直接相关的投资项目。

（二）长江生态环境污染治理"4＋1"工程项目。具体包括：船舶污水垃圾接收转运处置设施建设、化学品洗舱站及配套设施建设、岸电系统船载装置改造等船舶污染治理项目，尾矿库污染治理项目，合规化工园区污水处理设施提标改造和应急管理设施建设项目等。

（三）绿色发展示范工程。支持地方实施区域生态环境系统性保护修复工程及其生态产品价值实现系统工程。

（四）沿江黑臭水体整治项目。具体包括：控污截污、溢流污染控制、雨水面源污染处理、内源治理等建设项目和雨水利用设施建设项目。

（五）绿色交通项目。具体包括：有效解决枢纽港口和重点港口"最后一公里"的集疏运铁路、道路连接线建设，且所在港区规划年通过能力不小于500万吨、铁路连接线长度不超过50公里、道路连接线长度不超过30公里的港口集疏运通道项目，以及必要的综合交通枢纽补短板项目。

（六）落实党中央、国务院决策部署的其他重大工程和重大项目。

第七条　本专项中央预算内投资采取直接下达投资、打捆下达、切块下达投资三种方式。

（一）直接下达投资：生态环境突出问题整改、化学品洗舱站及配套设施建设、尾矿库污染治理、合规化工园区污水处理设施提标改造和应急管理设施建设、绿色交通等项目；

（二）打捆下达投资：绿色发展示范工程；

（三）切块下达投资：船舶污水垃圾接收转运处置设施建设、岸电系统船载装置改造、长江干支流水生态环境监测、沿江黑臭水体整治等项目；

（四）落实党中央、国务院决策部署的其他重大工程和重大项目，如本办法已覆盖，对照相应的中央预算内投资安排方式执行。如本办法暂未覆盖，可另行制定具体实施方案，明确中央预算内投资安排方式并参照本办法有关规定执行。

第八条　本专项中央预算内投资支持标准如下：

（一）生态环境突出问题整改项目、长江生态环境污染治理"4＋1"工程项目、绿色发展示范工程，对中、西部地区分别按照不超过项目总投资的45％、60％予以支持。原则上单个生态环境突出问题整改项目的中央预算内投资资金规模不超过1亿元，单个尾矿库污染治理项目的中央预算内投资资金规模不超过1亿元，单个绿色发展示范工程的中央预算内投资资金规模不超过2亿元；

（二）沿江黑臭水体整治项目对中、西部地区分别按照不超过项目总投资的45％、60％予以支持，单个项目的中央预算内投资资金规模不超过1亿元；

（三）绿色交通项目对中、西部地区分别按照不超过项目总投资的20％、

25％予以支持。原则上单个集疏运道路连接线项目的中央预算内投资资金规模不超过2亿元，单个集疏运铁路连接线项目的中央预算内投资资金规模不超过3亿元；

（四）按国家有关规定享受特殊政策的贫困地区、革命老区等特殊地区的建设项目，支持标准根据相关规定执行；

（五）以上所指项目总投资，均不包括征地拆迁费用。

第三章　资金申请

第九条　各地发展改革部门应根据本专项中央预算内投资支持范围，依托国家重大建设项目库，做好项目日常储备工作，编制三年滚动投资计划。

第十条　申请本专项中央预算内投资应符合以下基本条件：

（一）符合本专项规定的资金支持方向和申请程序的项目；

（二）未获得我委其他专项中央预算内投资以及其他中央资金支持的项目；

（三）纳入重大建设项目库和三年滚动投资计划，并通过投资项目在线审批监管平台完成审批、核准、备案的项目；

（四）已落实建设资金和项目用地、具备开工建设条件、能够形成当年投资工作量的项目；

（五）具备有效监管措施保障。

第十一条　对于直接下达投资的项目，由项目单位提出资金申请报告，按程序报省级发展改革部门。项目单位对资金申请报告的真实性、合规性负责。省级发展改革部门对申请本专项中央预算内投资项目提出审核意见，并根据项目性质提出每个项目拟采取的资金安排方式（直接投资、资本金注入或投资补助），报送国家发展改革委，省级发展改革部门对审核结果负责。

第十二条　对于打捆下达投资的项目，省级发展改革部门明确到具体项目后打捆上报，并根据项目性质提出拟采取的资金安排方式。绿色发展示范工程，应在摸清生态资源本底、查清生态环境问题的基础上，按照生态环境系统性保护修复及其修复后生态产品价值实现的要求编制绿色发展示范工程实施方案，明确生态环境系统治理及其生态产品价值实现的总体思路、建设目标、路径和任务、具体建设项目、建设周期和时序安排、总投资及资金来源、效益分析等。

第十三条　对于切块下达投资的项目，由省级发展改革部门审核汇总后确定年度投资规模，上报年度投资需求，并根据项目性质提出拟采取的资金安排方式。

第十四条　按照中央有关要求，严格落实国家在贫困地区安排的公益性建设项目取消县级和西部连片特困地区地市级建设资金的政策，除中央预算内投资外，切实落实省市级建设资金，确保项目地方投资及时到位。

第十五条　报送的投资计划符合地方财政承受能力和政府投资能力，不会造成地方政府隐性债务，沿江省市应合理确定地方政府建设投资任务和项目，严控债务高风险地区政府建设投资规模。

第四章　资金下达及调整

第十六条　对于直接下达投资的项目，国家发展改革委对资金申请报告进行审查，一次或分次下达投资计划，明确建设任务、中央预算内投资资金规模、资金安排方式、绩效目标等；对于打捆、切块下达投资的项目，国家发展改革委按照年度中央预算内投资专项规模、年度建设任务等，根据省级发展改革部门上报的投资计划，一次或分次下达年度投资计划，明确建设任务、中央预算内投资规模、地方可采取的资金安排方式、绩效目标等。

第十七条　对直接下达投资的项目，省级发展改革部门应在收文后10个工作日内转发下达；对于打捆、切块下达投资的项目，省级发展改革部门应在收文后20个工作日内分解落实到具体项目，同时按项目明确资金安排方式，不得与其他专项中央预算内投资安排到同一项目或同一建设内容，在规定时限内将分解计划报国家发展改革委备案，并对计划分解和下达资金的合规性负责。

第十八条　在执行过程中，确需进行投资计划调整的，直接下达投资的项目由国家发展改革委调整，打捆、切块下达投资的项目，如调整后项目仍在原专项内，由省级发展改革部门调整，调整结果及时报国家发展改革委备案，如调整到其他专项，由省级发展改革部门报国家发展改革委进行调整。

第五章　监管措施

第十九条　省级发展改革部门向国家发展改革委报送中央预算内投资计划时，应明确每个项目的项目（法人）单位及项目责任人、日常监管直接责任单位及监管责任人。项目责任人、监管责任人应分别为项目单位、日常监管直接责任单位的有关负责人。明确日常监管直接责任单位及监管责任人，应经有关单位和责任人认可。

第二十条　省级发展改革部门应严格执行制定的监管措施，加强项目实施过程的跟踪检查，发现问题及时整改和作出处理，按月于每月10日前将项目的开工情况、投资完成情况、工程形象进度等数据通过重大建设项目库报送国家发展改革委（涉密项目按有关要求报送）。

第二十一条 国家发展改革委对投资计划执行情况开展定期调度、不定期检查，督促省级发展改革部门有序推进年度投资计划实施和项目建设。对发现的问题负责督促整改，按照有关规定及时作出通报、批评或收回、扣减、暂停安排中央预算内投资等处理措施。

第二十二条 对上年度中央预算内投资计划执行不力、投资完成率不足50％的地方或单位，国家发展改革委在下达本年度中央预算内投资计划时适当予以核减。省级发展改革部门在分解下达年度中央预算内投资计划时可参照执行。

第二十三条 各级发展改革部门有下列行为之一的，国家发展改革委可根据情节，在一定时期和范围内不再受理其报送的项目，或者调减其中央预算内投资安排规模。

（一）指令或授意项目单位提供虚假情况、骗取投资补助资金的；

（二）审核项目不严、造成投资补助资金损失的；

（三）对于打捆和切块下达投资的年度投资计划分解和安排出现严重失误的；

（四）所在地区或所属企业的项目存在较多问题且督促整改不到位的；

（五）未按要求通过投资项目在线审批监管平台报告相关项目信息的；

（六）其他违反本办法的行为。

第二十四条 项目单位有下列行为之一的，国家发展改革委责令其限期整改；拒不整改或整改后仍不符合要求的，核减、收回或者停止拨付投资补助资金，暂停其申报中央预算内投资，将相关信息纳入全国信用信息共享平台并在"信用中国"网站公开，根据情节轻重提请或移交有关机关依法追究有关责任人的行政或者法律责任。

（一）提供虚假情况，骗取投资补助资金的；

（二）转移、侵占或者挪用投资补助资金的；

（三）擅自改变主要建设内容和建设标准的；

（四）项目建设规模、标准和内容发生较大变化而不及时报告的；

（五）无正当理由未及时建设实施的；

（六）拒不接受依法进行的监督检查的；

（七）未按要求通过投资项目在线审批监管平台报告相关项目信息的；

（八）其他违反国家法律法规和本办法规定的行为。

第六章 附 则

第二十五条 本办法由国家发展改革委负责解释。国家发展改革委根据长江经济带战略实施情况，适时对本办法进行修订。

第二十六条　本办法自发布之日起施行，有效期至 2022 年 12 月 31 日。原《长江经济带绿色发展专项中央预算内投资管理暂行办法》（发改基础规〔2019〕738 号）同时废止。

农业农村部关于支持长江经济带
农业农村绿色发展的实施意见

农计发〔2018〕23 号

上海、江苏、浙江、安徽、江西、湖北、湖南、重庆、四川、贵州、云南省（市）农业（海洋与渔业）厅（委、局）：

推动长江经济带发展是党中央作出的重大决策，是关系国家发展全局的重大战略。2018 年 4 月 26 日，习近平总书记在武汉主持召开深入推动长江经济带发展座谈会，为新时代推动长江经济带发展作出重要战略部署。为全面贯彻习近平总书记重要讲话精神，落实《〈长江经济带发展规划纲要〉分工方案》，推动长江经济带农业农村绿色发展，提出如下意见。

一、切实增强推动长江经济带农业农村绿色发展的自觉性和紧迫性

（一）推动长江经济带农业农村绿色发展是深入贯彻习近平总书记重要讲话精神的重要举措。习近平总书记重要讲话提出，要把修复长江生态环境摆在压倒性位置，共抓大保护、不搞大开发，强调要正确把握整体推进和重点突破、生态环境保护和经济发展、总体谋划和久久为功、破除旧动能和培育新动能、自身发展和协同发展"五个关系"。农业农村发展是长江经济带发展的重要内容，全面贯彻习近平总书记重要讲话精神，要求我们把思想和行动统一到中央决策部署上来，牢固树立"四个意识"，增强政治责任感和历史使命感，推动农业农村绿色发展，构建人与自然和谐共生的农业农村发展新格局，支持长江经济带探索出一条生态优先和农业农村绿色发展协同推进的路子。

（二）推动长江经济带农业农村绿色发展是促进长江经济带高质量发展的内在要求。习近平总书记强调，现在我国经济已由高速增长阶段转向高质量发展阶段，要坚持新发展理念，使长江经济带成为引领我国经济高质量发展的生力军。推动长江经济带农业农村绿色发展，唱响质量兴农、绿色兴农、品牌强农主旋律，加快推进农业由增产导向转向提质导向，大力推进质量变革、效率变革、动力变革，有利于促进长江经济带农业高质量发展，推进生态宜居的美丽乡村建设，把绿水青山变成金山银山，实现生态美、百姓富的有机统一。

（三）推动长江经济带农业农村绿色发展是解决长江经济带农业农村生态环境问题的迫切需要。随着《长江经济带发展规划纲要》的实施，沿江省市农业生态环境恶化问题得到初步遏制。同时我们也清醒看到，长江水生生物生存环境日趋恶化，生物多样性指数持续下降，长江江豚、中华鲟等极度濒危，刀鲚、暗纹东方鲀等重要渔业资源面临全面衰退；化肥、农药等农业投入品过量使用，畜禽粪便、农作物秸秆、农田残膜等农业废弃物不合理处置，农业面源污染治理难度大。推进长江经济带农业农村绿色发展，强化水生生物多样性保护，严格控制农业面源污染，实现投入品减量化、生产清洁化、废弃物资源化、产业模式生态化，才能加快补齐农业农村生态环境保护短板。

二、突出抓好长江经济带农业农村绿色发展的重点任务

（四）强化水生生物多样性保护

推进长江禁捕。在长江流域重点水域开展禁捕试点，2018年水生生物保护区实现禁捕，到2020年实现长江干流及重要支流全面禁捕。做好渔民退捕上岸后的转产转业及社会保障等工作。在鄱阳湖、洞庭湖等通江湖泊和有关水域实行禁捕和特殊资源专项管理相结合、组织化养护和合理利用相结合等符合水生生物保护和渔业资源可持续发展要求的资源管理制度。

拯救濒危物种。加快实施中华鲟、长江鲟、长江江豚等长江珍稀水生生物拯救行动计划，建立完善的自然种群监测、评估与预警体系。在三峡水库、长江故道、河口、近海等水域建设一批中华鲟接力保种基地。制定中华鲟规模化增殖放流规划。在长江中下游夹江、故道、水库、湖泊等水域建设一批长江江豚迁地保护水域。支持有条件的科研单位和水族馆建设长江珍稀濒危物种人工繁育和科普教育基地。

加强生态修复。加强水生生物产卵场、索饵场、越冬场和洄游通道等重要鱼类生境的保护和修复。开展基于水生生物需求的生态调度，降低滞温效应、自然节律改变、气体过饱和等不利影响。建立健全增殖放流管理机制。

完善生态补偿。强化涉水工程过程监管和结果跟踪评估，开展涉水工程普查和后评价工作。完善生态补偿机制，扩大补偿范围，提高补偿标准，制定生态修复方案。探索建立多元化保护工作格局，设立长江水生生物保护基金，鼓励企业和公众支持资助长江水生生物保护事业。

加强资源监测。开展长江流域水生生物资源与生态环境调查评价，建立水生生物资源资产台账，定期向社会公众发布长江水生生物及其关键栖息地状况。

（五）深入推进化肥农药减量增效

推进化肥减量增效。支持长江经济带 11 省（市）实施化肥使用量负增长行动，选择一批重点县（市）开展化肥减量增效示范，加快技术集成创新，集中推广一批土壤改良、地力培肥、治理修复和化肥减量增效技术模式，探索有效服务机制，在更高层次上推进化肥减量增效。

推进农药减量增效。支持长江经济带 11 省（市）实施农药使用量负增长行动，建设一批病虫害统防统治与绿色防控融合示范基地、稻田综合种养示范基地，选择一批重点县开展果菜茶病虫全程绿色防控试点，大力推广一批行之有效简便易行的绿色防控技术，扩大绿色防控覆盖范围。推进统防统治减量，推行政府购买服务等方式，扶持一批农作物病虫防治专业服务组织。推进高效药械减量，示范推广高效药械、低毒低残留农药，引导农民安全科学用药。

推进有机肥替代化肥。支持长江经济带 11 省（市）在果菜茶优势产区、核心产区和知名品牌生产基地，全面实施有机肥替代化肥政策，集中打造一批有机肥替代化肥、绿色优质农产品生产基地（园区），加快形成一批可复制、可推广、可持续的组织方式和技术模式。

（六）促进农业废弃物资源化利用

加强畜禽粪污资源化利用。完善畜禽粪污资源化利用制度体系，推动完善畜禽粪污资源化利用用地政策、畜禽规模养殖场环评制度、碳减排交易制度。落实《畜禽粪污土地承载力测算技术指南》，指导长江经济带合理布局畜禽养殖。在长江经济带畜牧大县率先完成整县推进粪污资源化利用项目，推动形成畜禽粪污资源化利用可持续运行机制。开展畜牧业绿色发展示范县创建活动，示范引领长江经济带畜禽粪污资源化利用工作全面铺开。

推进农作物秸秆资源化利用。指导长江经济带以县为单元编制全量化利用实施方案，提高秸秆综合利用的区域统筹水平。坚持农用为主、五料并举，积极推广深翻还田、捡拾打捆、秸秆离田多元利用等技术，指导创设秸秆还田离田利用政策机制，培育秸秆资源化利用产业化龙头企业，推进秸秆产业化发展。

推进农膜废弃物资源化利用。坚持源头控制、因地制宜、重点突破、综合施策，不断完善农膜回收网络。加大农用地膜新国家标准宣贯力度，加快推广应用加厚地膜。探索应用全生物可降解地膜。

开展农业面源污染综合治理示范区建设。抓好长江经济带重点流域农业面源污染综合治理示范区建设，到 2020 年建设 100 个示范区。以县为单位，坚持源头控制与过程防治相结合、农艺措施与工程措施相结合、面上推进与示范创建并举，推动农业面源污染示范区建设与农业发展有机结合，打造一批生态循环农业模式。总结农业面源污染防治综合示范区建设运行机制，大力培育市场主体，以投入品减量和农业废弃物资源化利用为切入点，打造产业"领跑者"和行业"标杆"。

实施长江绿色生态廊道项目。启动亚行贷款农业综合开发长江绿色生态廊道工程建设，对相关地区种植业、畜牧业和水产业生产体系进行改造升级，减少农业生产面源污染和水土流失，促进农业生产更加高效、高产和清洁。

三、协同推进长江经济带农业农村绿色发展与乡村振兴

（七）优化农业农村发展布局

强化农业资源环境管控。坚持最严格的耕地保护制度，全面落实永久基本农田特殊保护政策措施，控制各类建设用地占用耕地，特别要保护好平原和城市周边的永久基本农田。依法加强对商品鱼生产基地和城市郊区重要养殖水域的保护。

落实农业功能区制度。加快划定和建设粮食生产功能区、重要农产品生产保护区，创建认定一批特色农产品优势区，合理划定畜禽养殖适养、限养、禁养区域，依法编制发布县域养殖水域滩涂规划，严格保护农业生产空间，努力建立反映市场供求与资源稀缺程度的农业生产力布局。

建立农业产业准入负面清单制度。以县为单位，针对农业资源与生态环境突出问题，因地制宜制定禁止和限制发展产业目录，明确种植业、畜牧业、渔业发展方向和开发强度，强化准入管理和底线约束，分类推进重点地区资源保护和严重污染地区治理。

统筹山水林田湖草等生产要素。树立山水林田湖草是一个生命共同体的理念，加强对自然生态空间的整体保护，修复和改善乡村生态环境，提升生态功能和服务价值。

（八）推进乡村产业振兴

推动种植业提质增效。推动长江流域省市加快粮食生产功能区和重要农产品保护区划定，高标准农田建设资金优先支持长江经济带流域第一批完成"两区"划定任务县。支持长江经济带11省（市）建立健全耕地质量监测网络，开展耕地质量调查评价，实施耕地轮作休耕试点。开展绿色高质高效创建，集成全环节绿色高效技术，构建全过程社会化服务体系，打造全链条产业融合模式。支持发展节水农业，培育推广耐旱品种，因地制宜推广管道输水等高效灌溉技术。

推动畜禽养殖业转型升级。进一步提高标准化规模养殖示范创建标准，以生猪、家禽、肉牛等主要畜禽规模养殖场为重点，兼顾其他畜禽品种，引导长江经济带11省（市）创建畜禽养殖标准化示范场，推进种养结合、农牧循环发展。支持上中下游地区重点发展以草食畜牧业为代表的特色生态农业，依托现有草原生态保护补助奖励政策、退牧还草工程、退耕还草工程和南方现代草地畜牧业推进行动等政策措施，开展人工草地建植，推进草食畜牧业转型升级。

推动水产生态健康养殖。优化水产养殖空间布局，指导地方全面完成沿江养殖水域滩涂规划编制，依法科学划定禁止养殖区、限制养殖区和养殖区。推动水产养殖结构调整，大力推广池塘和工厂化循环水养殖、大水面生态增养殖、稻渔综合种养、渔农复合养殖和盐碱水养殖等模式，支持发展碳汇渔业、净水渔业。引导开展水产健康养殖示范创建，支持发展休闲观光渔业，把水产养殖场建设成为美丽渔场、水上景观。加快水产良种场建设，提高良种应用覆盖率。

推动农村一二三产业融合发展。支持长江经济带11省（市）培育打造和创建一批农村一二三产业融合发展先导区、农村产业融合发展示范园、现代农业产业园、农产品加工园区、农业产业强镇、美丽乡村、农村创业创新园区等平台载体，推进农产品精深加工与初加工、综合利用加工协调发展。支持农产品精深加工、综合利用、休闲农业和乡村旅游等产业发展，支持流域省份新型经营主体建设农产品产地初加工设施。

打好产业扶贫三年攻坚战。指导支持长江经济带贫困县、贫困乡镇和贫困村加快发展对贫困户增收带动明显的种养业、林草业、农产品加工业、休闲农业和乡村旅游等，注重产业长期培育和发展，把绿水青山变成金山银山。加快培育龙头企业、农民合作社、农业社会化服务组织等新型经营主体，强化脱贫致富带头人和新型职业农民培育，吸引资本、技术、人才等要素向乡村流动，引导新型经营主体与贫困村、贫困户建立联动发展的利益联结机制。扶持贫困地区农产品产销对接，加强产地市场和仓储冷链物流体系建设，打造特色品牌，提升产销信息服务水平。加强贫困地区特色产业发展的财政资金投入、金融保险扶持、科技服务、风险防范等支撑保障能力建设。

（九）开展农村人居环境整治

整治提升村容村貌。结合乡村振兴战略规划，加强优化村庄规划管理，加快推动功能清晰、布局合理、生态宜居的村庄建设。调动好农民的积极性，鼓励投工投劳，开展房前屋后和村庄公共空间环境整治。

推进农村生活垃圾治理。指导长江经济带11个省（市）按照"标本兼治、综合施策、突出重点、分类施策"要求，做好非正规垃圾堆放点排查和整治工作。建立农村生活垃圾集运处置体系，鼓励具备条件的地方实行村收集、镇转运、县处理。有条件的地区要推行适合农村特点的垃圾就地分类和资源化利用方式。发挥好村级组织作用，增强村集体组织动员能力，支持社会化服务组织提供垃圾收集转运等服务。

推进农村生活污水治理。推动长江经济带11个省（市）科学合理制定本地农村生活污水处理排放标准，因地制宜推进污水处理设施建设。支持有条件的地区，推广城乡生活污水处理统一规划、统一建设、统一运行、统一管理模式，推动城镇污水管网向周边村庄延伸覆盖。切实加强宣传教育，倡导节约用水，加强生活污水源头减量。

推进厕所革命。支持长江经济带11个省（市）推进农村户用卫生厕所改造、加强农村公共卫生厕所建设、配套搞好农村厕所粪污处理。

强化典型示范。学习借鉴浙江"千村示范、万村整治"经验，组织开展农村人居环境整治示范活动，及时总结推广一批先进典型，通过试点示范不断推进农村人居环境整治工作。

四、保障措施

（十）加强组织领导。成立农业农村部支持长江经济带农业农村绿色发展工作领导小组，协调落实中央推动长江经济带发展决策中涉农工作，研究解决重大问题，提出支持举措。领导小组办公室设在发展规划司，做好统筹协调、沟通衔接、督促检查、进展调度等工作。长江经济带11个省（市）农业农村部门要把农业农村绿色发展摆在更加重要的位置，建立工作协调推进机制，主要负责同志要靠前指挥，强化工作落实，确保各项任务落地生效。

（十一）加强倾斜支持。农业农村部各有关司局和单位要围绕任务分工，立足自身职能和行业优势，拿出超常举措，凝聚各方资源，从资金扶持、项目安排、主体培育、科技支撑、人才培养等方面，进一步加大对长江经济带水生生物多样性保护、化肥农药减量增效、农业废弃物资源化利用、农业面源污染防治、农村人居环境整治、乡村产业振兴等方面倾斜支持力度。长江经济带11个省（市）农业农村部门要发挥主体责任、主动作为、积极行动，整合各方资源，加大对农业农村绿色发展的支持力度。

（十二）加强督促调度。农业农村部支持长江经济带农业农村绿色发展工作领导小组每半年要对《长江经济带发展规划纲要》分工方案涉农事项以及支持长江经济带农业农村绿色发展有关工作落实情况进行督促检查，及时调度汇总水生生物多样性保护、化肥农药减量增效、农业废弃物资源化利用等工作进展，确保各项工作有力有序有效推进。农业农村部各有关司局和单位、长江经济带 11 个省（市）农业农村部门要定期总结工作任务落实情况、存在问题、支持措施、取得成效等。

（十三）加强沟通协调。农业农村部支持长江经济带农业农村绿色发展工作领导小组办公室要加强与推动长江经济带发展领导小组办公室的沟通，积极争取相关政策支持。农业农村部各有关司局和单位要加强与沿江省市的沟通对接，从整体出发，树立"一盘棋"思想，强化共抓大保护的协同性，及时研究解决跨区域的重大问题，推动协调发展、融合发展。

农业农村部

2018 年 9 月 11 日

关于印发《长江保护修复攻坚战行动计划》的通知

环水体〔2018〕181 号

上海、江苏、浙江、安徽、江西、湖北、湖南、重庆、四川、贵州、云南省（市）人民政府，国务院有关部委、直属机构：

经国务院同意，现将《长江保护修复攻坚战行动计划》印发给你们，请认真贯彻落实。

生态环境部

发展改革委

2018 年 12 月 31 日

长江保护修复攻坚战行动计划

长江是中华民族的母亲河，也是中华民族发展的重要支撑。推动长江经济带发展必须从中华民族长远利益考虑，把修复长江生态环境摆在压倒性位置，共抓大保护、不搞大开发。为深入贯彻全国生态环境保护大会精神，打好长江保护修复攻坚战，制定本行动计划。

一、总体要求

（一）指导思想。 以习近平新时代中国特色社会主义思想为指导，全面贯彻党的十九大和十九届二中、三中全会精神，深入贯彻习近平生态文明思想和习近平总书记关于长江经济带发展重要讲话精神，认真落实党中央、国务院决策部署，以改善长江生态环境质量为核心，以长江干流、主要支流及重点湖库为突破口，统筹山水林田湖草系统治理，坚持污染防治和生态保护"两手发力"，推进水污染治理、水生态修复、水资源保护"三水共治"，突出工业、农业、生活、航运污染"四源齐控"，深化和谐长江、健康长江、清洁长江、安全长江、优美长江"五江共建"，创新体制机制，强化监督执法，落实各方责任，着力解决突出生态环境问题，确保长江生态功能逐步恢复，环境质量持续改善，为中华民族的母亲河永葆生机活力奠定坚实基础。

（二）基本原则。

——生态优先、统筹兼顾。树立绿水青山就是金山银山的理念，把修复长江生态环境摆在压倒性位置，融入长江经济带发展的各方面和全过程。以长江保护修复推动形成节约资源和保护生态环境的文化理念、产业结构、生产和生活方式，以高质量发展成果提升长江保护修复水平，努力实现长江发展与保护和谐共赢。

——空间管控、严守红线。坚持山水林田湖草系统治理，强化"三线一单"（生态保护红线、环境质量底线、资源利用上线，生态环境准入清单）硬约束，健全生态环境空间管控体系，划定河湖生态缓冲带，实施流域控制单元精细化管理，分解落实各级责任，用最严格制度最严密法治保护生态环境，坚决遏止沿河环湖各类无序开发活动。

——突出重点、带动全局。以长江干流、主要支流及重点湖库为重点，加快入河（湖、库）排污口（以下简称排污口）排查整治，强化工业、农业、生活、航运污染治理，加强生态系统保护修复，全面推动长江经济带大保护工作，为全国生态环境保护形成示范带动作用。

——齐抓共管、形成合力。坚持生态环境保护"党政同责""一岗双责"，落实地方生态环境保护责任。通过更好发挥政府的作用，激发和保障市场的决定性作用，完善"政府统领、企业施治、市场驱动、公众参与"的生态环境保护机制，构建齐抓共管大格局，着力解决长江大保护突出生态环境问题。

（三）工作目标。

通过攻坚，长江干流、主要支流及重点湖库的湿地生态功能得到有效保护，生态用水需求得到基本保障，生态环境风险得到有效遏制，生态环境质量持续改善。到 2020 年年底，长江流域水质优良（达到或优于Ⅲ类）的国控断面比例达到 85% 以上，丧失使用功能（劣于Ⅴ类）的国控断面比例低于 2%；长江经济带地级及以上城市建成区黑臭水体消除比例达 90% 以上，地级及以上城市集中式饮用水水源水质优良比例高于 97%。

（四）重点区域范围。

在长江经济带覆盖的上海、江苏、浙江、安徽、江西、湖北、湖南、重庆、四川、云南、贵州等 11 省市（以下称沿江 11 省市）范围内，以长江干流、主要支流及重点湖库为重点开展保护修复行动。长江干流主要指四川省宜宾市至入海口江段；主要支流包含岷江、沱江、赤水河、嘉陵江、乌江、清江、湘江、汉江、赣江等河流；重点湖库包含洞庭湖、鄱阳湖、巢湖、太湖、滇池、丹江口、洱海等湖库。

二、主要任务

（一）强化生态环境空间管控，严守生态保护红线。

完善生态环境空间管控体系。编制实施长江经济带国土空间规划，划定管制范围，严格管控空间开发利用。根据流域生态环境功能需要，明确生态环境保护要求，加快确定生态保护红线、环境质量底线、资源利用上线，制定生态环境准入清单。原则上在长江干流、主要支流及重点湖库周边一定范围划定生态缓冲带，依法严厉打击侵占河湖水域岸线、围垦湖泊、填湖造地等行为，各地可根据河湖周边实际情况对范围进行合理调整。开展生态缓冲带综合整治，严格控制与长江生态保护无关的开发活动，积极腾退受侵占的高价值生态区域，大力保护修复沿河环湖湿地生态系统，提高水环境承载能力。2019 年年底前，基本建成长江经济带"三线一单"信息共享系统。2020 年年底前，完成生态保护红线勘界定标工作（生态环境部、自然资源部按职责分工牵头，发展改革委、住房城乡建设部、交通运输部、水利部、林草局等参与，地方各级人民政府负责落实。以下均需地方各级人民政府落实，不再列出）。

实施流域控制单元精细化管理。坚持山水林田湖草系统治理，按流域整体推进水生态环境保护，强化水功能区水质目标管理，细化控制单元，明确考核断面，将流域生态环境保护责任层层分解到各级行政区域，结合实施河长制湖长制，构建以改善生态环境质量为核心的流域控制单元管理体系。2020 年年底前，沿江 11 省市完成控制单元划分，确定控制单元考核断面和生态环境管控目标（生态环境部牵头，自然资源部、住房城乡建设部、水利部、农业农村部等参与）。

整治劣 V 类水体。以湖北省十堰市神定河口、泗河口断面，荆门市马良龚家湾、拖市、运粮湖同心队断面；四川省成都市二江寺断面，自贡市碳研所断面，内江市球溪河口断面；云南省昆明市通仙桥、富民大桥断面，楚雄州西观桥断面；贵州省黔南州凤山桥边断面等 12 个国控断面为重点，综合施策，力争 2020 年年底前长江流域国控断面基本消除劣 V 类水体（生态环境部牵头，有关部门参与）。

（二）排查整治排污口，推进水陆统一监管。

按照水陆统筹、以水定岸的原则，有效管控各类入河排污口。统筹衔接前期长江入河排污口专项检查和整改提升工作安排，对于已查明的问题，加快推进整改工作。及时总结整改提升经验，为进一步深入排查奠定基础。选择有代表性的地级城市深入开展各类排污口排查整治试点，综合利用卫星遥感、无人机航拍、无人船和智能机器人探测等先进技术，全面查清各类排污口情况和存在的问题，实施分类管理，落实整治措施。通过试点工作，探索出排污口排查和整治经验，建立健全一整套排污口排查整治标准规范体系。2019年完成试点工作，之后在长江干流及主要支流全面开展排污口排查整治，并持续推进（生态环境部牵头，有关部门参与）。

（三）加强工业污染治理，有效防范生态环境风险。

优化产业结构布局。加快重污染企业搬迁改造或关闭退出，严禁污染产业、企业向长江中上游地区转移。长江干流及主要支流岸线1公里范围内不准新增化工园区，依法淘汰取缔违法违规工业园区。以长江干流、主要支流及重点湖库为重点，全面开展"散乱污"涉水企业综合整治，分类实施关停取缔、整合搬迁、提升改造等措施，依法淘汰涉及污染的落后产能。加强腾退土地污染风险管控和治理修复，确保腾退土地符合规划用地土壤环境质量标准。2020年年底前，沿江11省市有序开展"散乱污"涉水企业排查，积极推进清理和综合整治工作（工业和信息化部、生态环境部牵头，发展改革委等参与）。

规范工业园区环境管理。新建工业企业原则上都应在工业园区内建设并符合相关规划和园区定位，现有重污染行业企业要限期搬入产业对口园区。工业园区应按规定建成污水集中处理设施并稳定达标运行，禁止偷排漏排。加大现有工业园区整治力度，完善污染治理设施，实施雨污分流改造。组织评估依托城镇生活污水处理设施处理园区工业废水对出水的影响，导致出水不能稳定达标的，要限期退出城镇污水处理设施并另行专门处理。依法整治园区内不符合产业政策、严重污染环境的生产项目。2020年年底前，国家级开发区中的工业园区（产业园区）完成集中整治和达标改造（生态环境部牵头，发展改革委、科技部、工业和信息化部、住房城乡建设部、商务部等参与）。

强化工业企业达标排放。制定造纸、焦化、氮肥、有色金属、印染、农副食品加工、原料药制造、制革、农药、电镀等十大重点行业专项治理方案，推动工业企业全面达标排放。深入推进排污许可证制度，2020年年底前，完成覆盖所有固定污染源的排污许可证核发工作（生态环境部、工业和信息化部等按职责分工负责）。

推进"三磷"综合整治。组织湖北、四川、贵州、云南、湖南、重庆等省市开展"三磷"（即磷矿、磷肥和含磷农药制造等磷化工企业、磷石膏库）专项排查整治行动，磷矿重点排查矿井水等污水处理回用和监测监管，磷化工重点排查企业和园区的初期雨水、含磷农药母液收集处理以及磷酸生产环节磷回收，磷石膏库重点排查规范化建设管理和综合利用等情况。2019 年上半年，相关省市完成排查，制定限期整改方案，并实施整改。2020 年年底前，对排查整治情况进行监督检查和评估（生态环境部牵头，有关部门参与）。

加强固体废物规范化管理。实施打击固体废物环境违法行为专项行动，持续深入推动长江沿岸固体废物大排查，对发现的问题督促地方政府限期整改，对发现的违法行为依法查处，全面公开问题清单和整改进展情况。建立部门和区域联防联控机制，建立健全环保有奖举报制度，严厉打击固体废物非法转移和倾倒等活动。2020 年年底前，有效遏制非法转移、倾倒、处置固体废物案件高发态势。深入落实《禁止洋垃圾入境推进固体废物进口管理制度改革实施方案》（生态环境部牵头，工业和信息化部、公安部、住房城乡建设部、交通运输部、卫生健康委、海关总署等参与）。

严格环境风险源头防控。开展长江生态隐患和环境风险调查评估，从严实施环境风险防控措施。深化沿江石化、化工、医药、纺织、印染、化纤、危化品和石油类仓储、涉重金属和危险废物等重点企业环境风险评估，限期治理风险隐患。在主要支流组织调查，摸清尾矿库底数，按照"一库一策"开展整治工作（生态环境部牵头，发展改革委、工业和信息化部、应急部、自然资源部等参与）。

（四）持续改善农村人居环境，遏制农业面源污染。

加快推进美丽宜居村庄建设。持续开展农村人居环境整治行动，推进农村"厕所革命"，探索建立符合农村实际的生活污水、垃圾处理处置体系，有条件的地区可开展农村生活垃圾分类减量化试点，推行垃圾就地分类和资源化利用。加快推进农村生态清洁小流域建设。加强农村饮用水水源环境状况调查评估和保护区（保护范围）划定。2020 年年底前，有基础、有条件的地区基本实现农村生活垃圾处置体系全覆盖，农村生活污水治理率明显提高（农业农村部牵头，生态环境部、住房城乡建设部、水利部、卫生健康委等参与）。

实施化肥、农药施用量负增长行动。开展化肥、农药减量利用和替代利用，加大测土配方施肥推广力度，引导科学合理施肥施药。推进有机肥替代化肥和废弃农膜回收，完善废旧地膜和包装废弃物等回收处理制度。2020 年年底前，化肥利用率提高到 40% 以上，测土配方施肥技术推广覆盖率达到 93% 以上，鄱阳湖和洞庭湖周边地区化肥、农药使用量比 2015 年减少 10% 以上（农业农村部牵头，生态环境部等参与）。

着力解决养殖业污染。推进畜禽粪污资源化利用，鼓励第三方处理企业开展畜禽粪污专业化集中处理，因地制宜推广粪污全量收集还田利用等技术模式。着力提升粪污处理设施装备配套率。2020年年底前，所有规模养殖场粪污处理设施装备配套率达到95％以上，生猪等畜牧大县整县实现畜禽粪污资源化利用。持续推进渔业绿色发展，发布实施养殖水域滩涂规划，依法划定禁止养殖区、限制养殖区和养殖区，禁止超规划养殖。积极引导渔民退捕转产，加快禁捕区域划定，实施水生生物保护区全面禁捕。严厉打击"电毒炸"和违反禁渔期禁渔区规定等非法捕捞行为，全面清理取缔"绝户网"等严重破坏水生生态系统的禁用渔具和涉渔"三无"船舶。2020年年底前，长江流域重点水域实现常年禁捕；重点湖库非法围网养殖完成全面整治（农业农村部牵头，发展改革委、财政部、自然资源部、生态环境部、水利部、林草局等参与）。

（五）补齐环境基础设施短板，保障饮用水水源水质安全。

加强饮用水水源保护。推动饮用水水源地规范化建设，划定饮用水水源保护区，规范保护区标志及交通警示标志设置，建设一级保护区隔离防护工程。全面推进长江经济带饮用水水源地环境保护专项行动，重点排查和整治县级及以上城市饮用水水源保护区内的违法违规问题。2020年年底前，城市饮用水水源地规范化建设比例达到60％以上，乡镇及以上集中式饮用水水源保护区划定工作基本完成（生态环境部牵头，住房城乡建设部、水利部、交通运输部、林草局等参与）。

推动城镇污水收集处理。加快推进沿江地级及以上城市建成区黑臭水体治理，以黑臭水体整治为契机，加快补齐生活污水收集和处理设施短板，推进老旧污水管网改造和破损修复，提升城镇污水处理水平。对污水处理设施产生的污泥进行稳定化、无害化和资源化处理处置，禁止处理处置不达标的污泥进入耕地，非法污泥堆放点一律予以取缔。2020年年底前，沿江地级及以上城市基本无生活污水直排口，基本消除城中村、老旧城区和城乡结合部生活污水收集处理设施空白区，城市生活污水集中收集效能显著提高，污泥无害化处理处置率达到90％以上（住房城乡建设部牵头，发展改革委、生态环境部等参与）。

全力推进垃圾收集转运及处理处置。建立健全城镇垃圾收集转运及处理处置体系，推动生活垃圾分类，统筹布局生活垃圾转运站，淘汰敞开式收运设施，在城市建成区推广密闭压缩式收运方式，加快建设生活垃圾处理设施。对于无渗滤液处理设施、渗滤液处理不达标的生活垃圾处理设施，加快完成改造。2020年年底前，完成城市水体蓝线范围内的非正规垃圾堆放点整治，实现沿江城镇垃圾全收集全处理（住房城乡建设部牵头，发展改革委、生态环境部等参与）。

（六）加强航运污染防治，防范船舶港口环境风险。

深入推进非法码头整治。巩固长江干线非法码头整治成果，研究建立监督管理长效机制，坚决防止反弹和死灰复燃。按照长江干线非法码头治理标准和生态保护红线管控等要求，开展长江主要支流非法码头整治，推进砂石集散中心建设，促进沿江港口码头科学布局。2020年年底前，全面完成长江主要支流非法码头清理取缔（推动长江经济带发展领导小组办公室牵头制定长效机制的指导意见；交通运输部牵头推进相关工作，发展改革委、工业和信息化部、财政部、生态环境部、水利部等参与）。

完善港口码头环境基础设施。优化沿江码头布局，严格危险化学品港口码头建设项目审批管理。推进生活污水、垃圾、含油污水、化学品洗舱水接收设施建设。加快港口码头岸电设施建设，逐步提高三峡、葛洲坝过闸船舶待闸期间岸电使用率。港口、船舶修造厂所在地市、县级人民政府切实落实《中华人民共和国水污染防治法》要求，统筹规划建设船舶污染物接收、转运及处理处置设施。2020年年底前，完成港口、船舶修造厂污染物接收设施建设，做好与城市公共转运、处置设施的衔接；主要港口和排放控制区港口50%以上已建的集装箱、客滚、邮轮、3千吨级以上客运和5万吨级以上干散货专业化泊位，具备向船舶供应岸电的能力（交通运输部牵头，发展改革委、工业和信息化部、财政部、生态环境部、住房城乡建设部、国家电网、三峡集团等参与）。

加强船舶污染防治及风险管控。积极治理船舶污染，严格执行《船舶水污染物排放控制标准》，加快淘汰不符合标准要求的高污染、高能耗、老旧落后船舶，推进现有不达标船舶升级改造。2020年年底前，完成现有船舶改造，经改造仍不能达到标准要求的，加快淘汰。尽快制定化学品运输船舶强制洗舱规定，促进化学品洗舱水达标处理。强化长江干流及主要支流水上危险化学品运输环境风险防范，严厉打击危险化学品非法水上运输及油污水、化学品洗舱水等非法转运处置等行为。2020年年底前，严禁单壳化学品船和600载重吨以上的单壳油船进入长江干线、京杭运河、长江三角洲等高等级航道网以及乌江、湘江、沅水、赣江、信江、合裕航道、江汉运河（交通运输部牵头，工业和信息化部、生态环境部、商务部、市场监管总局等参与）。

（七）优化水资源配置，有效保障生态用水需求。

实行水资源消耗总量和强度双控。严格用水总量指标管理，健全覆盖省、市、县三级行政区域的用水总量控制指标体系，加快完成跨省江河流域水量分配，严格取用水管控。严格用水强度指标管理，建立重点用水单位监控名录，对纳入取水许可管理的单位和其他用水大户实行计划用水管理。2020 年年底前，长江经济带用水总量控制在 2 922 亿立方米以内；万元工业增加值用水量比 2015 年下降 25％以上（水利部牵头，发展改革委、工业和信息化部等参与）。

严格控制小水电开发。严格控制长江干流及主要支流小水电、引水式水电开发。沿江 11 省市组织开展摸底排查，科学评估，建立台账，实施分类清理整顿，依法退出涉及自然保护区核心区或缓冲区、严重破坏生态环境的违法违规建设项目，进行必要的生态修复。全面整改审批手续不全、影响生态环境的小水电项目。对保留的小水电项目加强监管，完善生态环境保护措施。2020 年年底前，基本完成小水电清理整顿工作（水利部牵头，发展改革委、自然资源部、生态环境部、能源局、农业农村部等参与）。

切实保障生态流量。加强流域水量统一调度，切实保障长江干流、主要支流和重点湖库基本生态用水需求。深化河湖水系连通运行管理，实施长江上中游水库群联合调度，增加枯水期下泄流量，确保生态用水比例只增不减。2020 年年底前，长江干流及主要支流主要控制节点生态基流占多年平均流量比例在 15％左右（水利部牵头，发展改革委、生态环境部、交通运输部、农业农村部、统计局、国家电网、三峡集团等参与）。

（八）强化生态系统管护，严厉打击生态破坏行为。

严格岸线保护修复。实施长江岸线保护和开发利用总体规划，统筹规划长江岸线资源，严格分区管理与用途管制。落实河长制湖长制，编制"一河一策""一湖一策"方案，针对突出问题，开展专项整治行动，严厉打击筑坝围堰等违法违规行为。推进长江干流两岸城市规划范围内滨水绿地等生态缓冲带建设。落实岸线规划分区管控要求，组织开展长江干流岸线保护和利用专项检查行动。2020 年年底前，基本完成岸线修复工作，恢复岸线生态功能（水利部、住房城乡建设部按职责分工牵头，自然资源部、交通运输部、林草局等参与）。

严禁非法采砂。沿江 11 省市严格落实禁采区、可采区、保留区和禁采期管理措施，加强对非法采砂行为的监督执法。2019 年年底前，组织跨部门联合监督检查和执法专项行动，严厉打击非法采砂行为。2020 年年底前，建立长江干流及主要支流非法采砂跨区域联动执法机制（水利部牵头，公安部、自然资源部、交通运输部等参与）。

实施生态保护修复。从生态系统整体性和长江流域系统性出发，开展长江生态环境大普查，摸清资源环境本底情况，系统梳理和掌握各类生态环境风险隐患。（生态环境部会同自然资源部、水利部、林草局等部门负责）开展退耕还林还草还湿、天然林资源保护、河湖与湿地保护恢复、矿山生态修复、水土流失和石漠化综合治理、森林质量精准提升、长江防护林体系建设、野生动植物保护及自然保护区建设、生物多样性保护等生态保护修复工程。因地制宜实施排污口下游、主要入河（湖）口等区域人工湿地水质净化工程。强化以中华鲟、长江鲟、长江江豚为代表的珍稀濒危物种拯救工作，加大长江水生生物重要栖息地保护力度，实施水生生物产卵场、索饵场、越冬场和洄游通道等关键生境保护修复工程，开展长江干流、主要支流及重点湖库水生生物保护区监督检查。2020 年年底前，以国际重要湿地和国家级湿地自然保护区为重点，完成 10 处左右湿地保护与修复工程建设（发展改革委、自然资源部、生态环境部、水利部、农业农村部、林草局等按照职责分工负责）。

强化自然保护区生态环境监管。持续开展自然保护区监督检查专项行动，重点排查自然保护区内采矿（石）、采砂、设立码头、开办工矿企业、挤占河（湖）岸、侵占湿地以及核心区缓冲区内旅游开发、水电开发等对生态环境影响较大的活动，坚决查处各种违法违规行为。2019 年 6 月底前，沿江 11 省市完成长江干流、主要支流和重点湖库各级自然保护区自查，制定限期整改方案。对自查和整改情况，开展监督检查（生态环境部牵头，自然资源部、交通运输部、农业农村部、水利部、林草局等参与）。

三、保障措施

（一）加强党的领导。

全面落实生态环境保护"党政同责""一岗双责"。地方政府要把打好长江保护修复攻坚战放在突出位置，主要领导是本行政区域第一责任人，组织制定本地区工作方案，细化分解目标任务，明确部门分工，落实各级河长湖长责任，确保各项工作有力有序完成。各有关部门切实履行生态环境保护职责，主动对表、积极作为、分工协作、共同发力，构建长江保护修复齐抓共管大格局（生态环境部牵头，有关部门参与）。

严格考核问责。将长江保护修复攻坚战年度和终期目标任务完成情况作为重要内容，纳入污染防治攻坚战成效考核，做好考核结果应用。发现篡改、伪造监测数据的地区，考核结果认定为不合格，并依法依纪追究责任。对工作不力、责任不落实、环境污染严重、问题突出的地区，由生态环境部公开约谈当地政府主要负责人。按照国家有关规定，对在长江保护修复攻坚战工作中涌现出的先进典型予以表彰奖励（生态环境部牵头，中央组织部、人力资源社会保障部等参与）。

（二）完善政策法规标准。

强化长江保护法律保障。推动制定出台长江保护法，为长江经济带实现绿色发展，全面系统解决空间管控、防洪减灾、水资源开发利用与保护、水污染防治、水生态保护、航运管理、产业布局等重大问题提供法律保障（司法部、生态环境部、发展改革委、交通运输部、水利部、自然资源部、林草局等部门参与）。

推动制定地方性环境标准。根据流域生态环境功能目标，明确流域生态环境管控要求，有针对性制定地方水污染物排放标准。岷江、沱江、乌江等总磷污染重点区域应研究制定针对总磷控制的地方水污染物排放标准（生态环境部牵头，有关部门参与）。

（三）健全投资与补偿机制。

拓宽投融资渠道。各级财政支出要向长江保护修复攻坚战倾斜，增加中央水污染防治专项投入。采取多种方式拓宽融资渠道，鼓励、引导和吸引政府与社会资本合作（PPP）项目参与长江生态环境保护修复。完善资源环境价格收费政策，探索将生态环境成本纳入经济运行成本，逐步建立完善污水垃圾处理收费制度，城镇污水处理收费标准原则上应补偿到污水处理和污泥处置设施正常运营并合理盈利。扩大差别电价、阶梯电价执行的行业范围，拉大峰谷电价价差，探索建立基于单位产值能耗、污染物排放的差别化电价政策。完善高耗水行业用水价格机制，提高火电、钢铁、纺织、造纸、化工、食品发酵等高耗水行业用水价格，鼓励发展节水高效现代农业。全面清理取消对高污染排放行业的各种不合理价格优惠政策，研究完善有机肥生产销售运输使用等环节的支持政策和长江港口、水上服务区、待闸锚地岸电电价扶持政策（发展改革委、财政部、人民银行按职责分工牵头，生态环境部、住房城乡建设部、水利部等参与）。

完善流域生态补偿。健全长江流域生态补偿机制，深入实施长江经济带生态保护修复奖励政策，进一步加大中央财政支持长江经济带及源头地区生态补偿资金投入，推进沿江11省市实施市场化、多元化的横向生态补偿。实行国家重点生态功能区转移支付资金与补偿地区生态环境保护绩效挂钩。沿江11省市加快建立行政区域内与水生态环境质量挂钩的财政资金奖惩机制（财政部牵头，发展改革委、生态环境部、水利部、农业农村部、自然资源部、林草局等参与）。

（四）强化科技支撑。

加强科学研究和成果转化。加快开展长江生态保护修复技术研发，系统推进区域污染源头控制、过程削减、末端治理等技术集成创新与风险管理创新，尽快形成一批可复制可推广的区域生态环境治理技术模式。加强珍稀濒危物种保护及其关键生境修复技术攻关。整合各方科技资源，创新科技服务模式，促进水体污染控制与治理科技重大专项、水资源高效开发利用、重大有害生物灾害防治、农业面源和重金属污染农田综合防治与修复技术研发等科研项目成果转化（科技部、生态环境部、住房城乡建设部按职责分工牵头，水利部、农业农村部、林草局等参与）。

大力发展节能环保产业。积极发展节能环保技术、装备、服务等产业，完善支持政策。构建市场导向的绿色技术创新体系。创新环境治理服务模式，拓展环境服务托管、第三方监测治理等服务市场。培育农业农村环境治理市场主体，推动建立政府主导、市场主体、农户参与的农业生产和农村生活废弃物收集、转化、利用三级网络体系（发展改革委牵头，工业和信息化部、科技部、生态环境部、水利部、农业农村部等参与）。

（五）严格生态环境监督执法。

建立完善长江环境污染联防联控机制和预警应急体系，建立健全跨部门、跨区域突发环境事件应急响应机制和执法协作机制，加强长江流域环境违法违规企业信息共享，构建环保信用评价结果互认互用机制（生态环境部牵头，最高人民法院、最高人民检察院、发展改革委、公安部、司法部、交通运输部、水利部、农业农村部、林草局等参与）。

加大生态环境执法力度。加快组建长江流域环境监管执法机构，增强环境监管和行政执法合力。统一实行生态环境保护执法，从严处罚生态环境违法行为，着力解决长江流域环境违法、生态破坏、风险隐患突出等问题。坚持铁腕治污，对非法排污、违法处置固体废物特别是危险废物等行为，综合运用按日连续处罚、查封扣押、限产停产等手段依法从严查处。强化排污者责任，对未依法取得排污许可证、未按证排污的排污单位，依法依规从严处罚。加强涉生态环境保护的司法力量建设，健全行政执法与刑事司法、行政检察衔接机制，完善信息共享、案情通报、案件移送等制度（生态环境部、中央编办按职责分工牵头，最高人民法院、最高人民检察院、公安部、司法部、交通运输部、水利部、农业农村部等参与）。

深入开展生态环境保护督察。将长江保护修复攻坚战目标任务完成情况纳入中央生态环境保护督察及其"回头看"范畴，对污染治理不力、保护修复进展缓慢、存在突出环境问题、生态环境质量改善达不到进度要求甚至恶化的地区，视情组织专项督察，进一步压实地方政府及有关部门责任，杜绝敷衍整改、表面整改、假装整改。全面开展省级生态环境保护督察，实现对地市督察全覆盖。建立完善排查、交办、核查、约谈、专项督察"五步法"监管机制（生态环境部负责）。

提升监测预警能力。开展天地一体化长江水生态环境监测调查评估，完善水生态监测指标体系，开展水生生物多样性监测试点，逐步完善水生态环境监测评估方法。制定实施长江经济带排污口监测体系建设方案。落实水环境质量监测预警办法，对水环境质量达标滞后地区开展预警工作。完成长江干流岸线生态环境无人机遥感调查，摸清长江干流岸线排污口、固体废物堆放、岸线开发利用、生态本底、企业空间分布等情况（生态环境部牵头，有关部门参与）。

（六）促进公众参与。

加强环境信息公开。定期公开国控断面水质状况、水环境质量达标滞后地区等信息。地方各级人民政府及时公开本行政区域内生态环境质量、"三线一单"划定及落实、饮用水水源地保护及水质、黑臭水体整治等攻坚战相关任务完成情况等信息。重点企业定期公开污染物排放、治污设施运行情况等环境信息。各地要建立宣传引导和群众投诉反馈机制，发布权威信息，及时回应群众关心的热点、难点问题（生态环境部牵头，有关部门参与）。

构建全民行动格局。增强人民群众的获得感，聚焦群众身边的突出生态环境问题，引导群众建言献策，鼓励群众通过多种渠道举报生态环境违法行为，接受群众监督，群策群力，群防群治，让全社会参与到保护母亲河行动中来。鼓励有条件的地区选择环境监测、城市污水和垃圾处理等设施向公众开放，拓宽公众参与渠道。新闻媒体充分发挥监督引导作用，全面阐释长江保护修复的重要意义，积极宣传各地生态环境管理法律法规、政策文件、工作动态和经验做法（生态环境部牵头，中央宣传部、教育部等参与）。

关于印发《关于全面推动长江经济带发展财税支持政策的方案》的通知

财预〔2021〕108 号

上海市、江苏省、浙江省、安徽省、江西省、湖北省、湖南省、重庆市、四川省、贵州省、云南省人民政府，国务院有关部委、直属机构：

《关于全面推动长江经济带发展财税支持政策的方案》已经国务院同意，现印发你们，请认真组织实施。

财政部

2021 年 9 月 2 日

附件：

关于全面推动长江经济带发展财税支持政策的方案

为贯彻落实全面推动长江经济带发展座谈会精神，支持推动长江经济带高质量发展，按照党中央、国务院决策部署，现就相关财税支持政策制定如下方案。

一、总体要求

以习近平新时代中国特色社会主义思想为指导，全面贯彻党的十九大和十九届二中、三中、四中、五中全会精神，坚持稳中求进工作总基调，立足新发展阶段，贯彻新发展理念，构建新发展格局，以推动高质量发展为主题，以深化供给侧结构性改革为主线，以改革创新为根本动力，以满足人民日益增长的美好生活需要为根本目的，加大各级财政资金支持力度，完善市场化多元化投入机制，健全横向和纵向财政体制，调动政府和市场、中央和地方的积极性，支持长江经济带成为我国生态优先绿色发展主战场、畅通国内国际双循环主动脉、引领经济高质量发展主力军。

二、完善财政投入和生态补偿机制，谱写生态优先绿色发展新篇章

1. 更好发挥一般性转移支付调节作用。加大重点生态功能区转移支付力度，完善中央对地方重点生态功能区转移支付办法，逐步增加转移支付资金规模；考虑财力情况、生态保护区域面积等因素，加大对沿江省市的生态保护补偿力度；完善县域生态环境质量监测、评价与考核体系，加大对长江经济带的直接补偿力度。健全均衡性转移支付稳定增长机制，统筹考虑沿江省市节能减排、生态保护和修复治理带来的财政减收增支情况，加大资金支持力度。

2. 加大污染防治专项资金投入力度。着力加强污染防治，加大水污染防治资金等对沿江省市倾斜力度，支持落实长江保护修复相关任务。支持农业水价综合改革，以农业节水促减排。推动沿江省市加强城镇污水管网更新改造和污水处理设施建设，开展固体废物特别是废弃危险化学品污染、农业面源污染、城镇生活污水垃圾处理、长江船舶污染、尾矿库污染等防治工作。完善危险废物跨区域转移处置政策，深化危险废物移出地与接受地合作。加快建立生态产品价值实现机制。积极利用世界银行、亚洲开发银行等国际金融组织和外国政府贷款，支持开展生态环境系统性保护修复、污染治理与生态环境监测、绿色发展示范、生态产品价值实现工程等项目。

3. 积极支持推动生态环境保护修复。支持开展重点生态保护修复，统筹推进山水林田湖草沙一体化保护和修复。通过林业草原生态保护恢复资金和林业改革发展资金，积极支持沿江省市深入推进国土绿化，实施天然林和公益林等森林资源保护，加强湿地保护修复、国家重点野生动植物保护和自然保护地体系建设，促进沿江地区林草植被保护恢复和生物多样性保护。完善财政资金绩效考核体系，加强生态环境质量监测结果应用，引导和鼓励沿江省市落实好流域治理和生态保护修复任务，对相关工作完成效果显著的省市，在分配相关专项资金时给予倾斜。

4. 国家绿色发展基金等重点投向长江经济带。国家绿色发展基金首期规模885亿元，中央财政出资100亿元，沿江省市政府和社会资本参与出资。第一期存续期间主要投向长江经济带沿江省市，重点投向环境保护和污染防治、生态修复和国土空间绿化、能源资源节约利用、绿色交通、清洁能源等领域，支持打好污染防治攻坚战，加快培育绿色产业相关市场主体，更好服务长江经济带绿色发展。同时，推动中国政企合作投资基金（中国PPP

基金）对沿江省市符合条件的政府和社会资本合作（PPP）项目给予优先支持。

5. 引导地方建立横向生态保护补偿机制。鼓励地方开展沿江省（市）际间流域横向生态补偿机制建设。支持引导沿江省市在干流和重要支流建立横向生态保护补偿机制，推广新安江流域横向生态保护补偿试点经验，推动建立长江全流域横向生态保护补偿机制，加强生态环境保护修复。中央财政根据机制建设情况，安排奖励资金，鼓励早建机制、建好机制。

6. 推进市场化多元化生态补偿机制建设。鼓励地方探索建立市场化多元化生态补偿机制，构建受益者付费、保护者得到合理补偿的政策体系。加快推进排污权有偿使用和交易试点，积极培育交易市场，推动形成企业污染减排的内生动力。

三、支持综合交通等基础设施建设，打造区域协调发展新样板

7. 支持提升长江黄金水道功能。利用中央预算内投资和车辆购置税资金，支持实施长江干流重大航道整治工程及水上交通安全监管和救助系统建设，增强长江干线航运能力。支持推进长三角高等级航道网建设、支流航道整治和梯级渠化工程，提高支流航道等级，形成与长江干流有机衔接的支线网络。加大对航运中心、主要港口和综合运输枢纽公共基础设施和集疏运体系建设的支持力度。

8. 支持长江经济带水利建设。统筹利用中央预算内投资、中央财政水利发展资金、国家重大水利工程建设基金等，在深入科学论证的基础上，稳步推进大中型水库、流域区域调水和沿江城市引提水工程。加强干支流河道崩岸治理、堤岸加固和清淤疏浚，实施长江口综合治理。推进重要蓄滞洪区建设，强化中小河流治理和山洪灾害防治。增强城市防洪排涝能力。支持长江上中游水土保持生态建设。加大长江岸线保护支持力度。

9. 支持连通重点区域的交通网建设。对符合条件的沿江省市连通重点区域、中心城市、主要港口和重要边境口岸的国家高速公路、普通国道、界河桥梁等建设，以及沿江省市省级干线公路、农村公路建设给予支持。利用中央预算内投资等资金支持沿江高速及相关普速铁路建设。利用民航发展基金、中央预算内投资等资金，对符合条件的沿江省市国际性、区域性枢纽和干线、支线机场建设给予支持。

10. 加大地方政府债券支持力度。在风险可控的前提下，支持沿江省市发行地方政府债券用于长江经济带重大公益性项目建设，鼓励增加用于符合条件

的长江经济带重大生态保护项目的规模和比例。对于符合条件的国家重点支持的铁路、国家高速公路和支持推进国家重大战略的地方高速公路、水利、供电、供气项目，允许沿江省市将部分专项债券作为一定比例的项目资本金。完善专项债券本金偿还方式，在到期一次性偿还本金方式基础上，鼓励沿江省市在专项债券发行时采取本金分期偿还方式。

四、支持沿海沿江沿边和内陆开放，构筑高水平对外开放新高地

11. 支持加快开放平台建设。支持沿江省市自由贸易试验区先行先试、经验推广和开放合作，充分发挥对沿江市县的辐射效应、枢纽功能和示范引领作用。支持将沿江各类符合条件的海关特殊监管区域整合为综合保税区，支持具备条件的沿江省市设立综合保税区和边境旅游合作区，支持重点境外经济贸易合作区和农业合作区发展。

12. 支持推动贸易转型升级。鼓励有条件的贸易产业集群、聚集区完善各类配套服务，支持沿江省市发展跨境电子商务、市场采购贸易方式试点、外贸综合服务企业等外贸新业态，促进外贸转型升级和创新发展。为长江经济带企业内销和采购国产设备提供便利，激发企业技术升级、创新发展的内生动力，推动内外贸一体化发展。落实好现行启运港退税政策，解决长江航线长、江海中转耗时久等制约沿江货物出口退税速度的关键问题。

五、支持加快破除旧动能和培育新动能，塑造创新驱动发展新优势

13. 支持加快新旧动能转换。加大对沿江省市的倾斜支持力度，积极稳妥化解钢铁、煤炭等领域落后产能，聚焦重点产业链条，支持开展产业链协同创新、公共服务平台建设和首台（套）重大技术装备保险补偿试点，促进产业基础能力提升，完善产业技术公共服务体系，推动重大技术装备推广应用。积极推动新能源与清洁能源应用。积极落实长江经济带发展负面清单指南和长江经济带产业转移指南，支持沿江省市发展现代服务业，引导制造业企业延伸服务链条，推动商业模式创新和业态创新。鼓励制造业领域相关政府投资基金积极参与投资长江经济带重大产业项目。

14. 支持科技创新平台和人才队伍建设。支持相关国家科研院所（基地）和技术机构自主开展创新研究，改善科研基础条件。支持沿江省市科技创新中心、综合性国家科学中心以及国家自主创新示范区、全面创新改革试验区发挥引领示范作用，推动长江经济带创新驱动产业转型升级。对沿江省市吸引聚集人才积极予以资金倾斜支持，支持沿江省市依法落实个人所得税优惠、津贴补

贴、科研经费等政策，吸引高层次人才创新创业。

六、支持长江经济带城乡融合发展，绘就山水人城和谐相融新画卷

15. 积极支持推进新型城镇化。围绕加快长江流域城市群发展，鼓励沿江省市统筹有关政策和资金，支持长三角城市群、长江中游城市群、成渝城市群、黔中滇中城市群发展，按照沿江集聚、组团发展、互动协作、因地制宜的思路，推进人口和产业集聚，发挥城市群的带动、引领和支撑作用。支持沿江省市实施城市更新行动。通过农业转移人口市民化奖励资金，支持沿江省市拓宽农业转移人口进城落户渠道，提高农业转移人口基本公共服务保障水平，不断增强长江沿线省市地区吸纳农业转移人口能力，有序推动有能力在城镇稳定就业和生活的农村人口举家进城落户。

16. 支持巩固拓展脱贫攻坚成果。通过中央财政衔接推进乡村振兴补助资金等渠道，支持沿江脱贫地区巩固拓展脱贫攻坚成果。通过革命老区转移支付等渠道，支持赣南等原中央苏区、大别山革命老区等地改善生产生活条件。支持沿江欠发达地区衔接推进乡村振兴，加快产业发展，大力发展特色养殖业、种植业、加工业、乡村旅游业，推进一二三产业融合发展。加快石漠化治理等重大生态工程建设，提高农村低收入人口参与度和受益水平。通过中央教育相关转移支付，支持沿江地区教育发展和脱贫家庭子女教育，推进学前教育资源进一步向脱贫村倾斜。支持做好易地扶贫搬迁后续扶持工作。落实"四个不摘"要求，完善监测帮扶机制，防止返贫和新致贫。

17. 支持重点水域禁捕和退捕渔民安置保障。落实长江十年禁渔要求，通过农业资源及生态保护补助资金，支持沿江省市对长江水生生物保护区及保护区外的长江干流、重要支流和大型通江湖泊等重点水域禁渔工作。中央财政加大对城乡居民基本医疗保险基金的补助力度，鼓励引导退捕渔民按规定参加基本医疗保险。沿江省市要落实养老保险缴费补贴政策，对"三地分离"退捕渔民，按规定给予养老保险缴费补贴。中央财政通过就业创业有关补助资金，支持以转产就业为核心做好渔民安置保障。

七、加强统筹协调，推进工作落实

18. 完善体制机制，加强组织领导。各有关方面要以习近平新时代中国特色社会主义思想为指导，增强"四个意识"、坚定"四个自信"、做到"两个维护"，不断提高政治判断力、政治领悟力、政治执行力，认真落实党中央、国务院决策部署，落实中央统筹、省负总责、市县抓落实的管理体制，用好财政

资金直达机制等，切实将各项财税支持政策落实到位。财政部要会同有关部门，按照长江经济带发展战略和本方案的要求，聚焦党中央、国务院和推动长江经济带发展领导小组确定的重点工作任务，研究制定细化政策措施。相关地方各级财政部门要结合本地实际，因地制宜，主动作为，压实责任，推动工作落地生根。

19. 调动各方力量，形成强大合力。充分发挥财税政策的引导支持作用，加快形成全社会共同参与的共抓大保护、不搞大开发格局。推动上中下游的互动协作，推动下游地区人才、资金、技术向中上游地区有序流动。鼓励支持各类企业、社会组织参与长江经济带发展，加大人力、物力、财力等方面投入。对符合税制改革和长江经济带发展方向的税收政策，在现行税收制度框架内支持在沿江省市优先实施。

20. 加大激励引导，激发内生动力。支持相关部门做好宣传舆论引导工作，营造崇尚生态文明的良好氛围，提升全社会坚持生态优先、绿色发展的思想认识，形成共抓大保护、不搞大开发的行动自觉。保护长江流域特色文化，支持推进全流域文化和旅游资源整合提升。落实政府环境监控主体责任，强化企业责任，按照谁污染、谁治理的原则，把生态环境破坏的外部成本内部化，激励和倒逼企业自发推动转型升级。发挥广大人民群众积极性、主动性、创造性，群策群力、共建共享，共同推动长江经济带高质量发展。

国家发展改革委关于加强
长江经济带重要湖泊保护和治理的指导意见

发改地区〔2021〕1617号

上海市、江苏省、浙江省、安徽省、江西省、湖北省、湖南省、重庆市、四川省、贵州省、云南省发展改革委：

湖泊是水资源的重要载体，长江经济带范围内湖泊水系众多，分布有我国五大淡水湖。作为河流生态系统的关键要素，鄱阳湖、洞庭湖、太湖、巢湖、洱海、滇池等重要湖泊水量丰富，在保障长江经济带生态、水资源、防洪等安全和促进流域经济社会发展等方面发挥着不可替代的作用。

推动长江经济带发展战略实施以来，沿江省市在大力推进长江干流和重要支流保护治理的同时，加强湖泊保护修复，取得明显成效。但由于湖泊具有水域面积广阔、水体交换缓慢、污染物易扩散等特殊规律，保护和修复较之长江干支流难度更大。加之沿湖工农业和人口、城镇密布，经济发展长期与湖争水争地，城市建设特别是房地产开发侵占湖泊生态空间，长江经济带重要湖泊普遍面临生态功能受损、水源涵养能力不足、水环境恶化、生物多样性萎缩、蓄洪能力下降等突出问题。为深入贯彻习近平生态文明思想，进一步强化长江经济带重要湖泊保护和治理，持续改善长江经济带生态环境质量，经推动长江经济带发展领导小组同意，现提出如下意见。

一、总体要求

（一）指导思想。以习近平新时代中国特色社会主义思想为指导，全面贯彻党的十九大和十九届二中、三中、四中、五中、六中全会精神，深入贯彻落实习近平生态文明思想，立足新发展阶段，完整、准确、全面贯彻新发展理念，融入和服务新发展格局，紧扣长江经济带发展目标任务，紧盯重要湖泊主要问题，以鄱阳湖、洞庭湖、太湖、巢湖、洱海、滇池等重要湖泊为重点，以湖泊生态环境保护为突破口，江湖同治、水岸同治、流域同治，推进重要湖泊从过度干预、过度利用向自然修复、休养生息转变，构建完整、稳定、健康的湖泊生态系统，助力长江经济带高质量发展。

（二）基本原则。生态优先，绿色发展。牢固树立绿水青山就是金山银山理念，充分发挥大自然的自我修复能力，对重要湖泊生态系统实施有效保护。根据湖泊生态系统承载能力进一步调整优化湖区产业结构布局，以水定产、量水而行，推动区域绿色可持续发展。

统筹推进，一体治理。遵循自然生态系统演替规律和江河、湖泊演变规律，尊重自然、顺应自然，把握江河湖泊是一个有机整体，按照山水林田湖草生态系统的整体性、系统性及其内在逻辑，统筹考虑江湖生态系统要素，推进综合治理、系统治理、源头治理。

因地制宜，分类施策。充分总结长江经济带重要湖泊保护治理实践经验，深入分析不同类型湖泊特点，科学区分湖泊共性和个性问题，抓住湖泊保护治理的主要矛盾和矛盾的主要方面，聚焦重点区域、领域和关键要素，突出抓重点、补短板、强弱项，科学治理、精准保护。

深化改革，完善机制。对标对表长江经济带发展、长三角一体化发展等重大国家战略对湖泊保护治理提出的新要求，健全湖泊保护治理体制机制，完善湖泊保护治理政策，促进科技创新，进一步提升湖泊治理能力和水平，建立健全湖泊保护和治理长效机制，完善湖泊保护治理体系。

（三）总体目标。到2025年，太湖、巢湖不发生大面积蓝藻水华导致水体黑臭现象，确保供水水源安全。洞庭湖、鄱阳湖、洱海、滇池生态环境质量得到巩固提升，生态环境突出问题得到有效治理，水质稳中向好。洞庭湖、鄱阳湖等湖泊调蓄能力持续提升，全面构建健康、稳定、完整的湖泊及周边生态系统。到2035年，长江经济带重要湖泊保护治理成效与人民群众对优美湖泊生态环境的需要相适应，基本达成与美丽中国目标相适应的湖泊保护治理水平，有效保障长江经济带高质量发展。

二、着力优化空间布局

（四）加快构建管控体系。紧密围绕长江经济带重要湖泊保护治理目标任务，立足资源环境承载能力，统筹考虑湖泊生态系统的完整性、自然地理单元的连续性和经济社会发展的可持续性，加快编制长江流域国土空间规划，建立健全流域统一的空间规划体系。开展资源环境承载能力和国土空间开发适宜性评价，识别湖区重要生态系统，有效衔接生态保护红线，合理安排各类空间和要素。优化国土空间开发保护布局，因地制宜谋划湖泊水资源利用、水污染防治、水生态修复、水生生物保护等空间。加强重点湖泊流域保护治理规划实施监测评估预警，严格实施国土空间用途管制。

（五）推进自然资源确权登记。探索推进鄱阳湖、洞庭湖、太湖、巢湖、洱海、滇池等重要湖泊自然资源统一确权登记，构建法治化、规范化、标准化、信息化的自然资源统一确权登记体系。厘清不同自然资源类型边界，清晰界定重要湖泊流域等生态空间自然资源资产的所有权主体。积极探索取水权登记的途径和方式，健全水资源产权制度，促进水资源优化配置。

三、积极推进生态保护

（六）加强水域岸线保护。依法依规划定湖泊管理范围，科学划定湖泊岸线保护区、保留区、控制利用区和开发利用区，明确分区管控和用途管制要求，严格管控可能影响防洪安全、供水安全和生态安全的项目建设和活动，依法履行涉河建设项目和活动许可，切实落实生态环境影响评价制度。禁止围湖造地，有序实施退地退圩还湖。加强湖区采砂管理，严厉打击非法采砂行为。持续规范推进湖泊"清四乱"（乱占、乱采、乱堆、乱建），常态化开展塑料垃圾清理，不断巩固清理整治成效。

（七）实施湿地保护修复。坚持保护优先、自然恢复为主、人工修复相结合，布局实施长江重点生态区生态保护和修复重大工程，统筹推进重要湿地保护和修复。加强湿地保护管理基础设施建设，积极推进湿地自然生境及重要野生动植物栖息地恢复，促进重要湿地生态系统功能稳步提升。完善卫星遥感监控体系，强化湿地监督检查，依法坚决制止围垦占用、巧立名目侵占湿地行为，对有条件恢复的湿地要加快退养还滩、还湿。

（八）提升生物多样性水平。以洞庭湖、鄱阳湖等为重点，开展湖泊生物多样性调查监测和生物完整性指数评价，实施中华鲟、长江江豚等珍稀濒危物种拯救行动，推进迁地和人工繁育保护相结合，加强关键栖息地保护和遗传资源保存。健全湖泊休养生息制度，严格执行有关湖泊禁渔制度，坚决打击非法捕捞行为，有效恢复水生生物多样性。依法严格外来物种引入管理，加强重大危害入侵物种治理。加强候鸟保护，改善湖泊候鸟栖息地环境。

四、深入实施污染治理

（九）强化生态环境突出问题整改。持续抓好长江经济带生态环境警示片、中央生态环境保护督察披露涉及重要湖泊的问题整改，分门别类建立问题台账，明确整改方案，狠抓负面典型，强化执法监督。探索建立流域污染联防联控机制，组织查摆深层次问题，建立湖泊生态环境问题整改长效机制，发现一起，整改一起，销号一起。

（十）加大污染综合防治力度。深入推进实施湖区城镇污水垃圾处理、化工污染治理、农业面源污染治理、船舶污染治理和尾矿库污染治理"4＋1"工程，不断巩固湖泊环境污染治理成果。保障湖区城乡生活污水处理设施运行，规范入湖排污口建设，强化工业园区污水处理设施排查整治。严格控制农业面源污染，支持使用有机肥料、绿色农药，提高湖区畜禽粪污综合利用率。

五、切实保障饮用水源地安全

（十一）强化水源地环境保护。以保障南水北调中线工程水源地水质为重中之重，实施水源专项执法行动，严肃查处饮用水水源保护区内的违法行为。以洞庭湖、太湖等为重点，排查和取缔对水源影响较大的排污口、码头等。定期调查评估集中式地下水型饮用水水源补给区环境状况，开展地下水污染场地修复试点。对未达到Ⅲ类水质要求的饮用水水源地要制定并实施供水保障和水质达标方案。

（十二）提升水源地安全保障能力。合理布局湖区饮用水水源地及取水口，制定并公布饮用水水源地名录，划定饮用水水源保护区，加强湖区重要城市应急备用水源建设，提升城乡饮用水源安全保障水平。开展城市饮用水水源地规范化建设和饮用水水源安全评估，推进影响饮用水安全的重污染企业搬迁改造。强化太湖、巢湖等湖泊蓝藻高发期饮用水水源地监测，"一湖一策"制定完善突发水污染事件应急预案。

六、加快推动绿色发展

（十三）强化水资源节约集约利用。深入实施国家节水行动，推动湖区生产、生活、生态用水向节约集约利用方向转变。扎实推进工业、农业、城镇节水提效，严控高耗水项目建设，强化湖区重点监控用水单位用水计划和定额管理。强化水资源论证，健全水资源承载能力监测预警机制，加强取用水监测计量，严格区域用水总量控制。

（十四）调整完善产业结构。严格落实长江经济带发展负面清单制度，加快产业清洁生产、循环化改造、资源综合利用，科学构建湖区产业发展格局。强化"散乱污"企业整治，推动太湖、巢湖等流域造纸、印染等传统产业升级改造，有序推动相关产业向资源承载能力较强的地区转移，妥善做好退出产业和湖泊禁渔等后续基本民生保障。在太湖、洱海、洞庭湖等开展生态产品价值实现路径探索，推进生态价值转化。

（十五）大力推动经济转型。积极发展战略性新兴产业，因地制宜培育生物技术、新能源、新材料、绿色环保等产业。在太湖等有条件的湖区积极发展现代服务业，充分吸纳就业人员。引导发展多种形式适度规模经营，在洞庭湖、鄱阳湖等大力发展高效生态农业。推动滇池、洱海等发展湖泊旅游，创建全域旅游示范区，做强做优生态农业、生态旅游、度假康养等特色优势产业，助力推进湖区产业转型发展。

七、健全完善体制机制

（十六）强化河湖长制。 按照统一规划、流域统筹、各担其责的原则，依托河长制、湖长制平台，完善以流域管理与行政区域管理相结合的湖泊管理体制，完善湖长制组织体系，压紧压实湖泊保护治理属地责任。探索建立跨省湖泊湖长协调联动机制，协调解决湖泊保护治理跨区域、跨流域重大问题。研究建立跨区域湖泊联防联控机制，加强区域协作与部门联动。严格湖泊保护治理监管考核，健全巡查检查监管制度。

（十七）探索建立生态补偿机制。 鼓励重要湖泊所在地建立生态保护补偿机制，推动重要湖泊及重要湖泊出入湖河流所在地积极探索流域生态保护补偿的新方式，协商确定湖泊水生态环境改善目标，加快形成湖泊生态环境共保联治格局。进一步健全生态保护补偿机制，加大对森林、草原、湿地等重要生态系统的保护力度。发挥中央资金引导和地方政府主导作用，完善补偿资金渠道。

（十八）提升监督执法水平。 充分应用无人机等现代化监控手段，大力推进湖泊监测现代化、自动化、信息化，不断提升监测监控能力和监测效率。建立完善湖泊综合评价体系，定期客观评价湖泊健康和生态安全状况。加快完善湖泊保护治理法律法规体系，大力推进联合执法，着力完善综合监管体系。建立健全湖泊保护行政执法与刑事司法衔接，加大对侵占水域、偷排漏排、非法采砂、非法捕捞等打击力度。

八、强化保障措施

（十九）加强组织领导。 坚持中央统筹、省负总责、市县落实的工作原则，自然资源部、生态环境部、水利部、农业农村部等部门研究制定湖泊保护治理重大规划和政策建议，协调解决跨区域、跨流域重大问题，有关部门给予大力支持。省级层面要履行主体责任，加强谋划，系统推进实施，2021年内出台完成本省区重要湖泊保护治理的政策文件。市县层面按照部署逐项落实到位，进一步强化河长制湖长制基层实践，确保湖泊保护治理取得新成效。

（二十）**深化问题研究。**结合不同类型湖泊的自然特征、功能属性，摸清湖泊保护治理本底情况。针对共性和个性问题，深入开展江湖关系演变、环境污染成因、蓝藻水华机理、高原湖泊保护措施、水生生物保护措施等重大问题研究。稳妥推进实施河湖连通、水利水电、生态环境保护工程等重大工程，促进江湖关系和谐，不断扩大生态环境容量。

（二十一）**强化资金支持。**按照财政事权和支出责任划分，各级政府合理安排湖泊保护和治理的财政资金，将符合条件的湖泊生态环境保护修复项目纳入地方政府专项债券支持范围。积极推动建立政府引导、市场运作、社会参与的多元化投融资机制，引导国有企业、各类金融机构、社会资本依法依规参与湖泊保护治理。定期评估湖泊保护治理成效，按规定开展表彰奖励，进一步突出带动示范作用。

（二十二）**加大宣传力度。**加大重要湖泊在长江经济带生态环境保护宣传力度，充分利用新媒体、媒介宣传推广湖泊保护治理的好经验、好做法，互学互鉴。加强公共参与，大力宣传生态优先、绿色发展理念，引导公众参与长江经济带重要湖泊保护志愿行动，提高公众对河湖保护的责任意识和参与意识，推动形成共同保护长江母亲河的良好氛围。

国家发展改革委

2021 年 11 月 16 日

图书在版编目（CIP）数据

长江经济带山区绿色发展报告. 2021 年 / 周宏芸，朱显岳，李莉著. -- 北京：中国农业出版社，2024. 6.
ISBN 978-7-109-32043-7

Ⅰ. F127

中国国家版本馆 CIP 数据核字第 2024EY8681 号

中国农业出版社出版

地址：北京市朝阳区麦子店街 18 号楼
邮编：100125
责任编辑：王秀田
版式设计：小荷博睿　　责任校对：张雯婷
印刷：北京中兴印刷有限公司
版次：2024 年 6 月第 1 版
印次：2024 年 6 月北京第 1 次印刷
发行：新华书店北京发行所
开本：700mm×1000mm　1/16
印张：13.5
字数：245 千字
定价：68.00 元